DISEÑO DE PATRONES
FUNDAMENTOS

TRAZADO Y CONSTRUCCIÓN DE PATRONES CREATIVOS

JENNIFER LYNNE
MATTHEWS-FAIRBANKS

Diseño del libro Designarchy

Fotografía Interior David Fairbanks

Ilustraciones Jennifer Lynne Matthews-Fairbanks

Escrito por Jennifer Lynne Matthews-Fairbanks

Prólogo Dawn Marie Forsyth

Servicios para nuestros lectores:

Ventas para universidades y al por mayor:

Fairbanks Publishing, LLC ofrece precios especiales para universidades y compras.

Las compras al por mayor están disponibles a través de Ingram Distributing o directamente a través de Fairbanks Publishing LLC, en porcelyne.com.

Actualizaciones:

La información que contiene este libro, es actual en el momento de su publicación. Para posibles actualizaciones, visite nuestro sitio web www.porcelyne.com.

Contacto:
Fairbanks Publishing LLC DBA Porcelynne
Jennifer@porcelynne.com

Copyright © 2020

Publicado por Fairbanks Publishing, LLC

Todos los derechos reservados. Ninguna parte de este libro podrá ser reproducido de manera electrónica o por otros medios, sin permiso expreso y por escrito del autor, excepto si el uso que se hace es para hacer algún comentario o revisión, o tomarlo como parte de bibliografía y hacer alguna reseña, para su inclusión en revistas, periódicos o cualquier otro medio de prensa digital.

ISBN: 9798665077475

PRÓLOGO

Escrito por Dawn Marie Forsyth

Artista, Diseñadora, Consultora Creativa, Oradora Motivacional y Profesora de Diseño
DAFOMA Studios
www.dafomastudios.com

Los fundamentos en diseño, hacen habitualmente referencia a la forma, líneas, detalles, materiales y color. Estos conceptos son una estrategia para resultados en dos dimensiones. Cuando buscamos resultados en tres dimensiones, consideramos ideas sobre la forma, perspectiva, volumen y movimiento, luz y sombra. ¿Cuál es la diferencia entre las dos aproximaciones? La dimensión 2-D se sostiene en la superficie, mientras que 3-D hace referencia a la profundidad de la superficie.

La ropa surge de un boceto de dimensión 2-D y termina en una dimensión 3-D con toda su riqueza y complejidad. La forma de la ropa es tanto interior como exterior. Es como nos movemos, como somos vistos, cómo ocupamos el espacio y nos da visibilidad en el mundo. La trazado y consturcción de patrones creativos, llevan las líneas dibujadas en 2-D a formas, volumen y movimiento, construidas de manera que se adaptarán a nuestros cuerpos.

Fairbanks se interesa en el mundo de las técnicas de diseño, como en el mundo de la moda que está hecha a mano por humanos a través de la inventiva de la mente. Sus dones son cuantiosos cuando se habla del paisaje de nuestros cuerpos y aplicación de la forma, la confortabilidad y usabilidad. Como educadores compartimos la pasión sobre la importancia de incorporar "un alivio" en la comprensión de las técnicas del mundo de los patrones sin dejar de lado los conceptos de diseño.

Hay una precisión en los bocetos, que muchos diseñadores quieren evitar por miedo a que les impida ser creativos. Sin embargo, es importante ser conscientes que los fundamentos del diseño, se refieren tanto a la estética visual como a la funcionalidad del diseño propiamente dicho. Este "matrimonio" de ideas, requiere el conocimiento de los detalles, como herramientas, medidas, materiales y el cuerpo humano. Puede parecer contradictorio, pero aprender las reglas que se centran en el movimiento y la función del cuerpo puede permitir la libertad en los conceptos creativos. Esto es lo que Fairbanks proporciona en su aproximación a Diseño de Patrones: Fundamentos.

Cuando dirigía el programa de Diseño de Modas en FIDM (Fashion Institute of Design & Merchandising), tuve la oportunidad de conocer a Jennifer Fairbanks. Se convirtió en miembro de la facultad y daba cursos de confección y diseño de patrones tanto para principiantes y avanzados. Colaboramos en ese momento, en un proyecto para un curso especializado para la confección de lencería. Este curso coincidió con el lanzamiento de su segundo libro de diseño de lencería: Bare Essentials: Bras.

Cuando comenzó su escuela de diseño sin fines de lucro, me convertí en miembro de la Junta Asesora para enfoques educativos, incluyendo este libro. Creo que ha escrito una aproximación entusiasta a la educación de patrones y contrucción que permitirá a los principiantes asimilar las reglas con facilidad, e inspirar la exploración de posibilidad de las variaciones de diseño. Para que aquellos que tienen algunas nociones en la creación de patrones, este libro abordará conceptos ya conocidos pero con una aproximación no tenida en cuenta anteriormente.

> "El diseño es un viaje de creación con éxito destinado a hacer distinciones y definir intenciones".
>
> - Dawn Marie Forsyth

PREFACIO

Este libro ha sido un gran viaje para mí. Comencé a escribir este libro hace cinco años, hacía apenas seis meses que tuve a mi hija. Pensaba que podría continuar con todo esto, con una niña a bordo, pero estaba equivocada.

En los meses siguientes al nacimiento de mi hija, decidí que no quería continuar enseñando diseño en la Universidad. Sentía que la educación del diseño de moda debería ser accesible para todo el mundo, no solo para aquellos que podían permitírselo. Es por esto, que abrí una tienda donde podría enseñar según mis propias reglas, vender telas y estar con mi hija.

La tienda creció durante los cuatro años siguientes pasando a ser una escuela de diseño sin ánimo de lucro. Desarrollé el currículum de diseño y realicé cursos tanto para adultos como para niños en mi comunidad. Al final del cuarto año, mi familia y yo decidimos mudarnos a floridad, para estar cerca de mis padres. Cerramos la tienda y nos trasladamos el verano de 2017.

Desde nuestro cierre, he estado trabajando de manera rigurosa para terminar este libro, mientras gestionaba mi tienda online de suministros para confección. Escribí este libro basándome en experiencias que he ido recapitulando mientras que enseñaba a estudiantes de todas las edades. He ajustado la forma en que se presenta y entiende esta información.

Me encanta el trazado de patrones, desde que empecé a hacerlos. Antes de comenzar en la Fashion Institute of Technology de Nueva York, solía hacer mis patrones en función de cómo creía que estaban hechos. Nunca usé un patrón comercial. Cada vez que confeccionaba mi propia ropa, creaba mis propios patrones colocando mis prendas sobre la tela y recortaba la forma general, o reproducía las prendas de tiendas de segunda mano. Entendí la idea de hacer patrones, pero nunca tuve llegué a confeccionar una prenda perfecta. El Instituto cambió todo mi criterio. Finalmente pude hacer una combinación entre la confección, el trazado y el ajuste. Siempre estuve enamorada del arte de confeccionar ropa y el trazado de patrones

Tengo una gran biblioteca sobre libros de trazados de patrones, algunos me gustan por sus gráficos y otros los uso como referencia. Desafortunadamente, la mayoría están escritos demasiado técnicos para que yo los entienda completamente. He realizado este libro para ayudar a las personas, como yo, a comprender todos los conceptos y el lenguaje de la redacción de patrones.

Uno de los mayores retos que he encontrado, como profesora del trazado de patrones, fue ayudar a mis estudiantes a comprender por qué los patrones se trazaban de una manera particular. En Diseño de Patrones, incorporo tanto la realización del patrón como la confección en cada ejercicio- La mayoría de los trazados de los libros de patronaje, tan son solo trazos sin un significado concreto, lo que hace que la conexión entre el trazado y la razón del trazado sea más difícil de entender.

Espero que encuentres en Diseño de Patrones una herramienta educativa útil para el trazado de patrones y los métodos de construcción. A pesar de que este libro me llevó cinco años en completarse, los próximos libros no lo harán tanto, ya que he escrito el borrador completo de mi segundo libro de esta serie, el cuál es el trazado de patrones base desde las medidas.

No podría haber conseguido todo lo que he conseguido sin la ayuda de otros. Me gustaría dar las gracias a mi marido David, por su apoyo infinito con todos mis "locos" objetivos y proyectos, y también a mi hija, Emily, por mantenerme alerta y asistirme en mis proyectos de confección.

También me gustaría dar las gracias a Alex, por trabajar conmigo en la elaboración del primer boceto de este libro. No creo que hubiera sido capaz de terminarlo sin ti.

-Jennifer Fairbanks

Diseñador, Autora, Emprendedora y Madre

Website: Porcelynne.com
Blog: Blog.Porcelynne.com
Instagram: porcelynnesupplies
Facebook: porcelynnesupplies
Twitter: porcelynne
YouTube: YouTube.com/Porcelynne

TABLA DE CONTENIDOS

Capítulo 1
Introducción al diseño de patrones 13
    Patrones base 14
    Herramientas 15
    Las reglas 16
    Patrones 16
    El hilo de la tela 16
    Telas 17
    Entretelas 17
    Las direcciónes de la tela 17
    El corte del patrón 18
    Uso de las herramientas 19
        Reglas cuadriculadas 19
        Punzón 20
        Muescador 20
        Rueda de marcado 20
    Estándares de confección industrial vs commercial 21
    Usar patrón base a media escala 21
    Como usar este libro 21

Capítulo 2

Patrones básicos 23

- Margen de costura 24
- Muescas en los patrones 25
- Perforaciones 26
- Pinzas del pecho 27
- Patrones de las entretelas 27
- Marcajes del patrón base 29
  - Patrón base frontal del corpiño 29
  - Patrón base trasero del corpiño 29
  - Patrón base frontal de la falda 30
  - Patrón base trasero de la falda 30
  - Patrón base frontal del pantalón 31
  - Patrón base trasero del pantalón 31
  - Patrón base de la manga 32
- Ejercicio de patrones 2.1- Como hacer un patrón 33
- El corte de la tela 37

SECCIÓN 1: FORMAS 39

Capítulo 3

Pinzas 41

- Ejercicio de costura 3.1- Pinzas 42
  - Opción A: Punto de fuga anudado a mano 43
  - Opción B: Punto de fuga por pespuntes 43
- Ejercicio de patrones 3.2 - Pinza francesa 44
- Ejercicio de patrones 3.3 - Pinza en el cuello 48

Ejercicio de patrones 3.4 - Pinzas en hombro y sisa 50

Ejercicio de patrones 3.5 - Pinza en busto frontal central 52

Ejemplo de costura 3.5 - Pinza en busto frontal central 55

Ejercicio de patrones 3.6 - Acumulación de pinzas en la cintura 56

Ejercicio de patrones 3.7 - Acumulación de pinzas en el cuello 58

Ejercicio de patrones 3.8 - Acumulación de pinzas en el lateral de la falda 61

Ejercicio de patrones 3.9 - Pinzas plegadas en el cuello 63

Ejercicio de patrones 3.10 - Falda corte A 65

Ejercicio de patrones 3.11 - Manga recta 66

Capítulo 5

Fruncidos 79

Ejercicio de patrones 5.1 - Crear fruncidos 80

Ejercicio de costura 5.1 - Fruncidos 81

Ejercicio de patrones 5.2 - Manga abultada 82

Ejercicio de patrones 5.3 - Pierna de pantalón fruncida 84

SECCIÓN 2: LÍNEAS 87

Capítulo 6

Líneas de estilo 89

Ejercicio de patrones 6.1 - Línea de estilo curvada 90

Ejercicio de costura 6.1 - Línea de estilo curvada 91

Ejercicio de patrones 6.2 - Línea de estilo de esquina 92

Ejercicio de costura 6.2 - Línea de estilo de esquina 94

Ejercicio de patrones 6.3 - Corpiño princesa delantero 95

Ejercicio de patrones 6.4 - Corpiño princesa trasero 97

Ejercicio de patrones 6.5 - Manga de camisa de dos piezas 99

Capítulo 7

Combinar estilos 101

Ejercicio de patrones 7.1 - Corpiño delantero con corte imperio y fruncidos 102

Ejercicio de patrones 7.2 - Corpiño trasero con corte imperio 104

Ejercicio de patrones 7.3 - Falda godet acampanada 108

SECCIÓN 3: DETALLES 111

Capítulo 8

Bolsillos 113

Ejercicio de patrones 8.1 - Bolsillo de parche tradicional 114

Ejercicio de costura 8.1 - Bolsillo de parche tradicional 115

Ejercicio de patrones 8.2 - Bolsillo de parche con forma 117

Ejercicio de costura 8.2 - Bolsillo de parche con forma 118

Ejercicio de patrones 8.3 - Bolsillo de costado o en la costura 119

Ejercicio de costura 8.3 - Bolsillo de costado o en la costura 120

Ejercicio de patrones 8.4 - Bolsillo curvado 121

Ejercicio de costura 8.4 - Bolsillo curvado 123

Capítulo 9

Añadidos 125

Ejercicio de patrones 9.1 - Añadido en la espalda y localización de botones en la parte posterior del corpiño 126

Ejercicio de costura 9.1- Añadido en la espalda y localización de botones en la parte posterior del corpiño 129

    Opción A: Ojal a máquina 132

    Opción B: Ojal a mano 132

Ejercicio de patrones 9.2 - Tapeta abotonada del corpiño delantero 133

Ejercicio de costura 9.2 - Tapeta abotonada del corpiño delantero 136

Capítulo 10

Cuellos **139**

Ejercicio de patrones 10.1 - Cuello marinero 140

Ejercicio de costura 10.1 - Cuello marinero 142

Ejercicio de patrones 10.2 - Cuello Mao 144

Ejercicio de costura 10.2 - Cuello Mao 147

Ejercicio de patrones 10.3 - Cuello convertible y pie de cuello 149

Ejercicio de costura 10.3 - Cuello convertible y pie de cuello 152

Capítulo 11

Bandas **155**

Ejercicio de patrones 11.1 - Puño de manga corta 156

Ejercicio de costura 11.1 - Puño de manga corta 158

Ejercicio de patrones 11.2 - Cinturilla de falda, añadido y cierre con cremallera 160

Ejercicio de costura 11.2.A - Cremallera 162

Ejercicio de costura 11.2.B - Cremallera invisible 164

Ejercicio de costura 11.2.C - Cinturilla y añadido en la falda 166

SECCIÓN 4: ACABADOS **169**

Capítulo 12

Vistas **171**

Ejercicio de patrones 12.1 - Vista del cuello 172

Ejercicio de costura 12.1 - Forro del cuello 175

Ejercicio de patrones 12.2 - Falda de tiro bajo, vista y cremallera solapada 177

Ejercicio de costura 12.2.A - Cremallera solapada 180

Ejercicio de costura 12.2.B - Falda de tiro bajoy vista 182

Capítulo 13

Dobladillos..**185**

    Ejercicio de patrones 13.1 - Dobladillo recto..186

    Ejercicio de costura 13.1 - Dobladillo cosido a máquina...187

    Ejercicio de patrones 13.2 - Dobladillo cónico..188

    Ejercicio de costura 13.2 - Dobladillo con costuras deslizantes..............................190

PATRONES BASE 193

Sobre el Autor 217

CAPÍTULO 1
INTRODUCCIÓN AL DISEÑO DE PATRONES

El diseño de patrones o denominado de manera más técnica como, «trazado de patrones», se puede describir como el proceso de transferir la visión del diseñador de moda al papel. Este proceso convierte una idea o concepto, en un patrón de dos dimensiones. El patrón de dos dimensiones define como la prenda de tres dimensiones está ensamblada.

El diseño de prendas se crea a través del arte del trazado de patrones. Sin creadores de patrones o patronistas, la conversión a dos dimensiones no existiría.

Por esta razón, he elegido el nombre para este libro como Diseño de Patrones, ya que el trazado es el acto de diseñar en papel.

Pocos diseñadores comienzan desde cero cuando crean un nuevo diseño. Más bien comienzan con una plantilla ya existente y hacen modificaciones sobre ella. Esto debe hacerse sin alterar el tamaño. En este libro, mostraremos los pasos para modificar los bloques de construcción estándar, o patrones base.

PATRONES BASE

Los patrones base o «slopers» son la estructura principal a partir de la cual se realizan los ajustes. Se consideran el esqueleto de una prenda. No hay características de diseño para estas formas, aparte del modelado básico, las llamados «pinzas». Los slopers también se pueden denominar "bloques". Un solo sloper se puede utilizar para crear innumerables diseños.

Los patrones base se hacen habitualmente en cartulina o cualquier tipo de tablero duro grueso que soporte el uso repetido para la elaboración de patrones.

En este libro, se trabaja con patrones base a «media escala», y se proporcionan al final del libro. Estos patrones base corresponden exactamente a la mitad de la talla estándar 8.

Al usar patrones base (slopers) a media escala, simplifica el aprendizaje y la práctica de la fase de trazado de patrones. De esta manera son fáciles de manejar en áreas de trabajo pequeñas. Los patrones base a media escala, además, reducen el gasto de papel, permitiendo comprender los conceptos básicos de trazado.

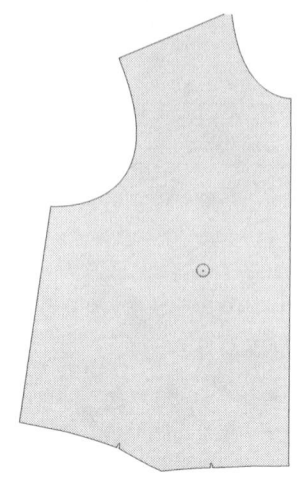

Patrón base corpiño frontal

Las formas a media escala, no se usan habitualmente de manera profesional en la industria, solo en la fase de aprendizaje del trazado de patrones.

Los patrones bases de este libro se pueden descargar también, sin coste adicional, en nuestro sitio web: www.porcelyne.com.

Nuestro libro para el trazado de patrones base, está previsto su lanzamiento para 2019. El trazado de patrones base será una guía de como crear el trazado del patrón base para sus propias proporciones, las de su cliente o un conjunto de medidas únicas.

La mayoría de los diseñadores usan un juego completo de patrones base de todas las tallas, que incluyen el cuerpo delantero y trasero, falda delantera y trasera, mangas, pantalones delantero y trasero, y el torso completo delantero y trasero. Éstos patrones base se pueden usar para crear múltiples diseños. Mi objetivo es enseñar cómo modificar estos patrones base básicos, pero a media escala.

La mayoría de los patrones base se crean habitualmente para las medidas promedio de los clientes objetivo de un diseñador. Junior, petites y tallas grandes, con ejemplos de los mercados de clientes objetivo. Cada uno de estos clientes, varían en su talla, forma y proporción.

El conjunto de pastrones base puede variar de un diseñador a otro, así algunos pueden incluir los de ropa interior y sujetadores, cortes al bies y patrones de punto. Ninguno de los patrones base que se acaban de mencionar se tratan en este libro. Para los patrones base de sujetadores y ropa interior, puede consultar mis otros libros: Bare Essentials: Sujetadores and Bare Essentials: Ropa Interior.

Este libro trata especialmente los patrones base del cuerpo del vestido, falda, manga y pantalones.

HERRAMIENTAS

Existen herramientas específicas para el trazado de patrones. Estas herramientas son necesarias para llevar a cabo los ejercicios de este libro.

Punzón – Esta herramienta se usa para marcar los patrones para la costura de varios componentes dentro de un patrón, a través de la colocación de «perforaciones».

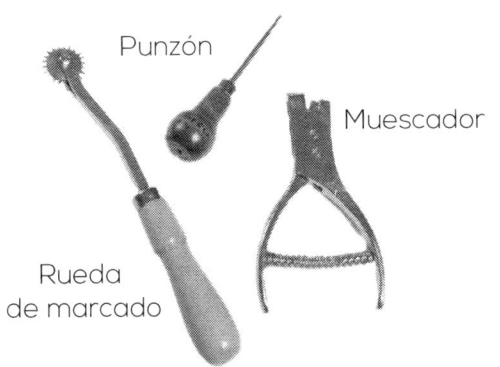

Muescador – Esta herramienta - también conocida como piqueteador o alicate de perforacion, tiene el aspecto de un perforador, pero sólo realiza un corte con una pequeña hendidura o una muesca en el borde de su papel.

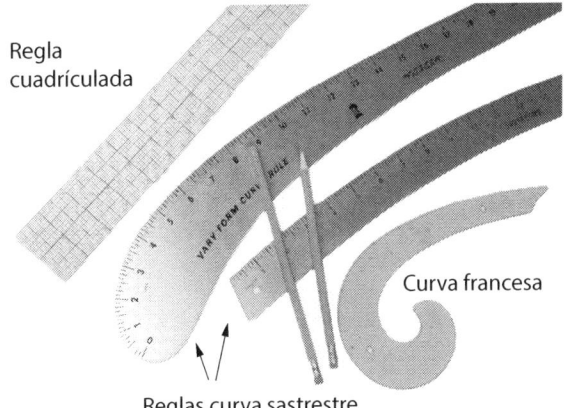

Regla cuadriculadas – La regla con cuadrícula de 2" o 5 cm con unidades tanto en pulgadas como en centímetros, se usa habitualmente para hacer patrones. Las reglas largas de 18" a 24" o 50 cm sin marcas, también se necesitan para dibujar líneas largas a escala completa. Para los patrones a media escala, son más apropiadas las reglas de una longitud de 1" a 2,5 cm.

Curva francesa – Estas reglas curvadas se usan para la forma de la sisa, escotes y otras curvas más pequeñas. Para los trazos a media escala, use la regla proporcionada al final del libro.

Regla curva de sastre – Pueden ser de metal o de plástico y contener varias formas curvas. Particularmente, prefiero la forma de curva variada así se puede dar forma a las caderas, a las líneas curvadas largas e incluso a sisas. Use la regla curva para la cadera, que encontrará al final de este libro para el trazado a media escala.

Papel para patrones – Puede ser con puntos, marcados con X, o con marca alfanumérica que contiene números y letras. Cualquiera de los papeles usados se puede emplear como rejilla para alinear las piezas que componen el patrón. Cuando esto no sea posible, se puede usar papel de póster que se puede encontrar en cualquier establecimiento que tenga suministros para oficina.

Papel de etiquetas – Este papel grueso se usa para hacer patrones más duraderos o patrones base. Es de color manila, y cuando no está disponible, se puede usar el papel empleado para hacer carteles.

Cinta adhesiva transparente – Se puede cortar fácilmente, y su superficie permite escribir sobre ella. Si no es de la marca Scotch®, se puede emplear cualquier tipo de cinta del estilo.

Pesos para patrones – Se pueden usar para sujetar el papel y evitar usar cinta adhesiva. En caso de no encontrarlos, se pueden sustituir con cualquier bolsita o lata de comida lo suficientemente pesada y de fácil manejo para colocar sobre el patrón.

LAS REGLAS

Hay ciertas reglas básicas para aprender a trazar patrones. Estas reglas se deben aprender con el fin de emplearlas para cubrir las necesidades específicas para realizar determinados tipos de patrones.

Dada mi experiencia, animo a hacer justo eso, y llevar estas reglas a las situaciones que vayan surgiendo.

A veces, al romper las reglas, se crea una nueva técnica que puede cambiar la forma en la que trabaja y crea nuevos patrones.

PATRONES

Los patrones son representaciones de la prenda cosida en dos dimensiones. Los patrones son diferentes a sus patrones base ya que tienen márgenes para la costura, información, perforaciones, muescas y además, se crean para un diseño específico. Se muestra un ejemplo debajo.

Se discuten dos tipos de patrones: comercial e industrial. Los patrones comerciales son patrones que puedes comprar para coser en el propio domicilio. Los patrones industriales se usan de manera profesional por diseñadores de moda y creadores de patrones.

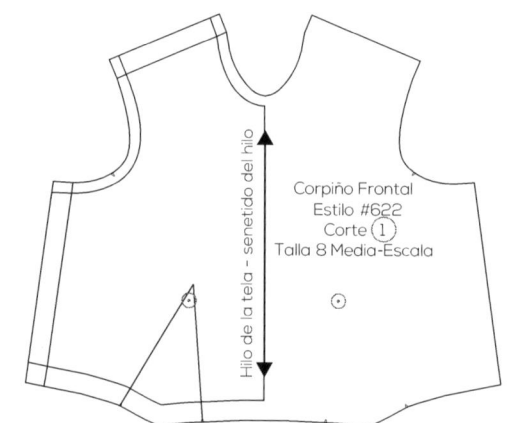

EL HILO DE LA TELA,

El hilo de la tela o sentido del hilo se indica en todos los patrones, tanto comerciales como industriales. El sentido def hilo marcado en el patrón indica la dirección donde se tendrá que cortar la tela. El sentido del hilo del patrón recorre de manera paralela al borde final de la tela, o también denominado «orillo». En los patrones, elhilo de la tela está marcada normalmente con flechas como se indica en la imagen anterior.

El sentido del hilo del patrón indica como una prenda caerá sobre el cuerpo.

TELAS

El tejido principal usado para probar los diseños y los patrones es un tejido 100% algodón sin blanquear denominado «muselina». La muselina es una tela versátil para poder probar diseños. No hay cara correcta o incorrecta en la tela, y es fácil de coser con máquina además de que es bastante económica.

Cuando un diseño está en su fase final de desarrollo, todos los cambios necesarios se hacen en el patrón. La prenda final se realiza en la tela adecuada o la tela para la que fue diseñado el patrón, en lugar de la muselina.

La «entretela» es otro tipo de tela usada en costura. Esta tela generalmente es fusible y puede ser de tela de calada, de punto o material no tejido.

La entretela más común es la no tejida. Está disponible en varios grosores dependiendo de su uso final. La entretela fusible tiene un lado recubierto con pequeños puntos de pegamento activados por calor.

Planchar una entretela fusible con muselina o cualquier otra tela de moda, hace que el tejido sea más estable y ofrezca mayor resistencia a deshilacharse, de manera que ayuda a la tela a mantenerse en lugares específicos. La entretela se encuentra en muchas partes de la prenda, incluyendo cuellos, revestimientos y cinturillas.

FORROS

Los forros en el contexto del patronaje y la costura, son pequeñas piezas que se alinean en el interior de una prenda en un área específica. Los forros se cortan habitualmente en el mismo tejido que se usa en la prenda, ya sea muselina o la tela ya escogida para realizar la prenda completa.

El forro se puede usar para finalizar una prenda cuyo extremo acaba curvado o en ángulos, como puede ser una sisa o un escote. El forro siempre tiene entretela.

LAS DIRECIONES DE LA TELA

Todas las telas tejidas tienen un sentido. El sentido del hilo del diseño del patrón debe coincidir con el hilo de la tela, el sentido del hilo para que la prenda se adapte de manera correcta.

El contrahilo o «trama», abarca desde orillo a orillo. De derecha a izquierda. El grano cruzado tiene una pequeña capacidad de estiramiento por la forma en la que se teje la tela.

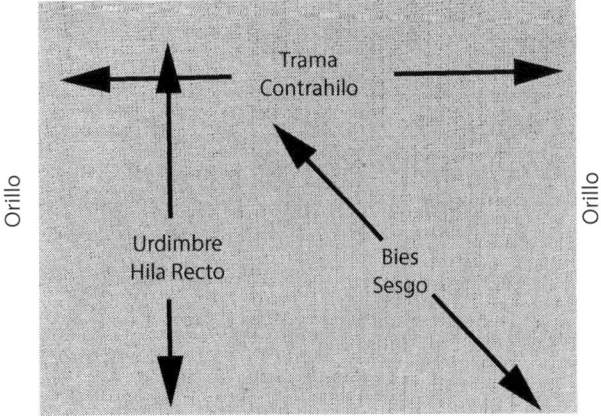

El contrahilo con su capacidad de estiramiento se usa mejor para adaptarse al contorno del cuerpo. El cuerpo humano cambia de forma a lo largo del día,

INTRODUCCIÓN AL DISEÑO DE PATRONES

expandiéndose y contrayéndose en distintas situaciones como pueden ser antes y después de las comidas, haciendo ejercicio, etc.

Una prenda cortada en el grano opuesto se puede estirar en longitud a medida que se usa y puede limitar los movimientos del cuerpo después de las comidas, por ejemplo.

El hilo recto o «urdimbre» recorre la tela en su longitud, paralela al borde del orillo. El hilo recto generalmente se alinea hacia arriba y abajo en el cuerpo, ya que el hilo es aquí más estable que en la trama.

El «bies» recorre en un ángulo de 45° desde orillo a orillo del tejido. El bies de una tela contiene el mayor estiramiento de una tela tejida. El uso del bies no se trata en este libro.

EL CORTE DEL PATRÓN

Los patrones comerciales se crean para cortarse en el pliegue de la tela. Esta es la manera más rápida de cortar, pero puede causar problemas de ajuste.

Esta manera rápida de cortar acentúa los errores de corte. Es muy difícil alinear un patrón en el pliegue exacto de la tela. Si está desalineado incluso por ¼" (6 mm), puede causar que las prendas sean demasiado grandes o pequeñas.

Otra razón por la que el corte por el pliegue puede ser problemático, es que las líneas de pliegue de las telas de diseño no están siempre en el grano correcto del tejido. Esto puede causar que la prenda aparezca torcida cuando se lleva puesta. En la industria, se hacen patrones completos.

El método industrial de corte de patrones es poner la tela plana, sin doblar. Esto refuerza así las prácticas de fabricación.

Los patrones industriales se hacen generalmente como patrones completos, y para los patronistas, los realizadores de muestras y diseñadores de moda, significa que no hay direcciones de "corte en el pliegue". Lo que garantiza la precisión en el corte.

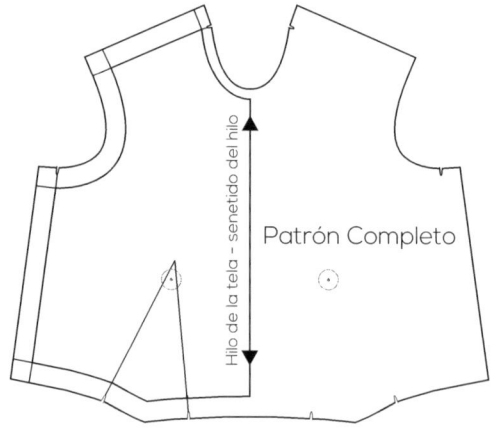

Patrón Completo

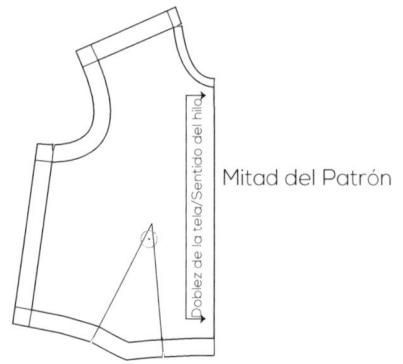

Mitad del Patrón

Colocando la tela en plano (sin plegar), con un patrón completo, permite un mayor uso de la tela. Cuando se corta plegado, el desperdicio de tela puede ser de hasta un 40 %. Al diseñar los patrones para un mejor uso de la tela, se reduce la cantidad desperdiciada, y por tanto, disminuirá también el coste de la prenda.

No todos los patrones se pueden crear como patrones completos. Por ejemplo, la parte trasera del corpiño con una apertura central no puede hacerse como un patrón completo. Las piezas del patrón que aparecen en ambos lados tanto derecho como izquierdo de una prenda, pero no se conectan en la mitad, requiere para realizarse una pieza de patrón derecha e izquierda.

Los patrones comerciales usan instrucciones de corte como "Corte 2", pero no pueden hacerse cuando se usan telas dispuestas de forma plana.

Para colocar los patrones de manera correcta para cortarlos, asegúrese que la línea de grano del patrón es paralela al grano/orillo del tejido.

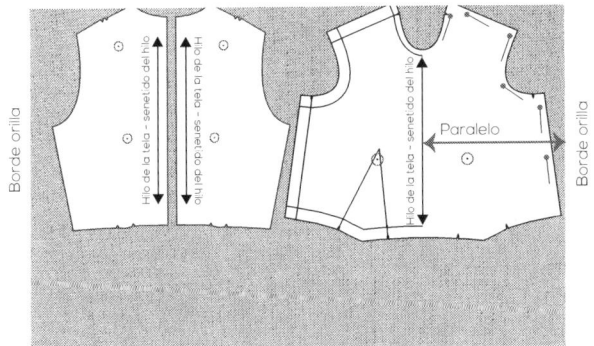

En los EE.UU. la forma más común en que se miden los patrones es por un décimo sexto u octavo de una pulgada. Su regla debe tener estos incrementos de medida. En algunos casos, como es el diseño de lencería, se usan medidas más pequeñas como 1/32" o 1/64".

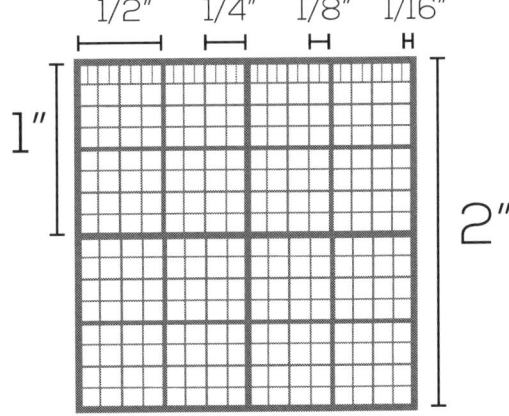

Consulte la regla que se encuentra a continuación, y familiarícese con las medidas más comúnmente usadas.

En otros países, se emplea el Sistema Métrico. Las reglas cuadriculadas métricamente son generalmente de 50 por 5 cm en medida. Observe la regla que se encuentra a continuación, las medidas métricas más comúnmente usadas.

USO DE LAS HERRAMIENTAS

REGLAS CUADRICULADAS

Es importante familiarizarse con la regla cuadriculada, ya que en la creación de patrones es necesario su uso.

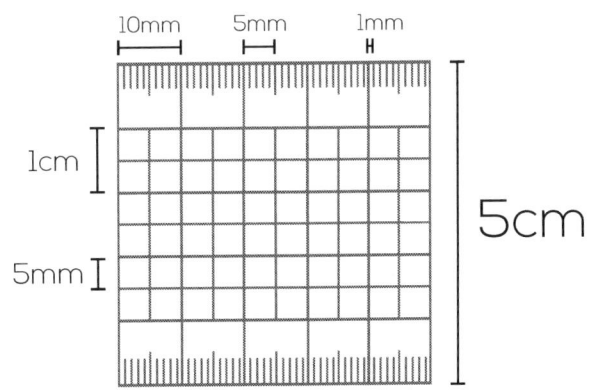

PUNZÓN

El punzón tiene dos usos en el trazado de patrones. Se usa para transferir marcadas de una cara del patrón a la otra, cuando el patrón está doblado por la mitad. Simplemente presione el punzón en el papel para crear un pequeño orificio.

El segundo uso del punzón es transferir marcas del patrón en la tela para guiar la costura. Las marcas que se transfieren a la tela se denominan «perforaciones». A escala industrial, la máquina perforadora se usa para taladrar un orificio en la pila de tela.

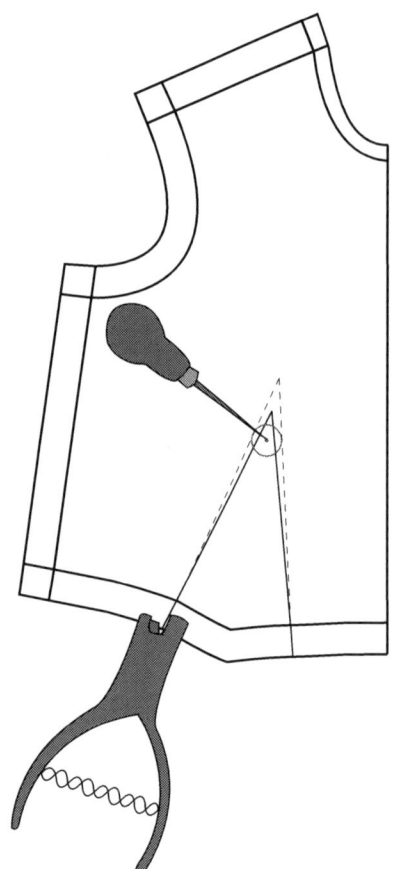

MUESCADOR

El muescador se usa para marcar puntos de costura en el borde del papel del patrón. Esta herramienta se parece a un alicate perforador, pero en realidad solo realiza un corte redondeado en el papel.

El propósito de esta herramienta es indicar los puntos de costura como son los márgenes de la costura.

Los patrones comerciales típicamente usan una muesca en forma de triángulo inclinado hacia fuera. Cuando se realiza el corte de un montón, un solo recorte cuesta menos que cortar un triángulo. Una muesca triangular es menos precisa, ya que es un ancho completo de 1/4" a 1/2" (6 mm a 1,3 cm). Un recorte es más fácil y preciso al alinear piezas de patrón para coser.

La herramienta muescadora se usa únicamente sobre papel. Para transferir las muescas en el papel, a la tela, se realiza un recorte poco profundo de 1/8" (3 mm). Cualquier recorte de más de 1/8" (3 mm) puede hacer que una prenda se deshilache y se desarme la costura.

RULETA DE MARCADO

La ruleta de marcado contiene una rueda dentada. En este libro, es principalmente usada para transferir la forma

Para usar la ruleta con precisión, sujétela por el mango realizando un ángulo hacia arriba, no hacia abajo. Presionando para realizar una curva hacia arriba asegurará que la transferencia de las marcas sea precisa. Cuándo se sostiene al revés, es más fácil que se pierda el control y las marcas no sean como realmente quiere.

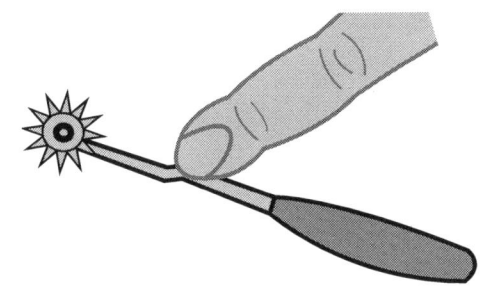

LOS ESTÁNDARES DE CONFECCIÓN INDUSTRIALES VS. COMERICALES

El patrón comercial usado a nivel doméstico de costura usará unos estándares diferentes aa los usados en la industria.

Este libro sigue los estándares de la industria.

USANDO PATRONES BASE A MEDIA ESCALA

La mejor manera para practicar técnicas de trazado es usando los patrones base a media escala. Permite ahorrar papel y tela, pero se puede seguir viendo los resultados de la técnica de diseño escogida.

Las medidas entre el trazado a escala completa y media pueden ser confusas. Cuando se utiliza una medida diferente para el trazado a media escala, se indica en las instrucciones.

Todos los márgenes de costura que se muestran en los ejercicios son medidas estándares de costura industriales tanto para el trazo de escala media como para el de completa. Esto se hace para que la curva de aprendizaje vaya desde la muestra de trazados hasta el trazado profesional y personal.

Para cualquier medida no indicada como media escala, se usarán las medidas universales empleadas para todo el trazo, tanto a media como a escala completa.

COMO USAR ESTE LIBRO

Comprender las herramientas y terminología del trazado industrial, es clave para poder usar este libro. Por favor, diríjase a la parte final de esta sección para consultar los términos.

La primera sección de este libro, titulado «Formas», explica el proceso para crear formas, usando pinzas, pliegues y fruncidos.

Las pinzas son unas herramientas básicas para dar forma a una prenda. Una pinza no encajará en el cuerpo sin darle la forma apropiada.

Cada capítulo de la primera sección incluye instrucciones de las costuras básicas para completar los ejercicios.

Es necesario comprender como construir el patrón final. Trazando con el conocimiento

INTRODUCCIÓN AL DISEÑO DE PATRONES 21

de como será montado, no sólo aumentará la comprensión de las técnicas, sino que también impulsará sus habilidades a un nivel superior.

Cada ejercicio o trazado involucrará la modificación del patrón base usando las formas de media escala proporcionadas en el final de este libro. Estos patrones base a media escala se diseñaron para trabajar con la forma de vestidos a media escala marca PGM talla 8.

El formato de las secciones "Detalles" y "Acabados" es algo distinto. Cada ejercicio detalla el trazado, y luego los pasos de la costura se proporcionan para completar la construcción del diseño. Los pasos básicos de costura para las uniones y los pliegues se excluyen de esta sección.

CAPÍTULO 2

PATRONES BÁSICOS

Cada trazado que se crea debe transformarse en un patrón. Un borrador, por sí mismo, no contiene márgenes de costura o algún patrón o información de la costura para el usuario.

Las siguientes páginas describen los pasos básicos de trazar, aplicar los márgenes de costura, colocar muescas y etiquetar patrones. Consulte este capítulo para completar todos los trazados del libro, ya que las instrucciones no se repetirán.

A lo largo del libro, se pueden ofrecer pasos para un patrón adicional para cada diseño, los conceptos básicos seguirán siendo los mismos.

MARGEN DE COSTURA

El margen de costura es el espacio entre la línea de costura (donde se cose una prenda) y el borde del patrón.

El margen de costura sirve de guía para la persona que está usando el patrón. Cada patrón tiene margen de costura, pero la anchura puede variar dependiendo del patrón, como se discute abajo. Primero trataré los estándares de los EE.UU.

Los patrones comerciales contienen márgenes de costura de 5/8". Las máquinas de coser domésticas tienen una marca definida a 5/8" en la placa para apoyar esta medida.

En la margen (y este libro) la mayoría de los márgenes de costura son 1/2". Se aplican excepciones a escotes, cuellos, detalles decorativos y el uso de aplicaciones de fantasía. Su forma curva o compleja requiere el uso de un margen de costura de ¼".

El margen más estrecho para estos detalles es necesario, porque tienden a tener curvas nítidas. El margen de costura más estrecho permite el acabado de la prenda.

La manera más simple de determinar el margen de costura es el siguiente: si mantiene la prenda unida, es ½", si no mantiene la prenda unida, es ¼".

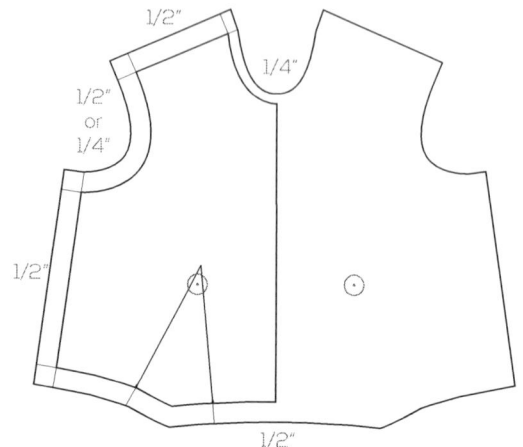

Los patrones comerciales no son consistentes al asignar los márgenes de costura. Cada compañía de patrones puede usar su propio margen de costura para cuellos y otros detalles. Esas medidas puede varíar de ¼" a 5/8".

En la industria, un corpiño, con una manga unida, utiliza un margen de costura de ½" en la sisa. Un corpiño con un acabado frontal o ribeteado usa un margen de costura de ¼" en la sisa.

Estas reglas son estándares básicos. Las excepciones a estas reglas se pueden encontrar en mercados como los de alta costura y de presupuesto limitado.

La alta costura hace referencia generalmente, a prendas finas cosidas a mano. Los márgenes de costura en alta costura son mucho más grandes, por lo que una prenda se puede modificar para que se ajuste. Estos márgenes de costura pueden tener hasta 1" de ancho.

Estas prendas se diseñan para que se ajusten de manera profesional y puedan ser alteradas para adaptarse a cada cliente. El diseño de prendas necesita flexibilidad para permitir modificaciones menores para que se ajuste a la variación de la forma del cliente.

De manera alternativa, la ropa económica es ropa barata producida en masa. Las prendas económicas pueden tener márgenes de costura más pequeños de 1/4 " a 3/8" para conservar la tela y reducir los costos de producción del fabricante.

Los estandares para la Unión Europea y la creación de patrones métricos adoptan un enfoque ligeramente diferente. La mayoría de las telas tejidas utilizan el margen de costura de 1 cm, pero esto puede variar de 1 a 1,3 cm dependiendo de los métodos de construcción empleados. Debido a estas cantidades variables, se usarán 1.3 cm para márgenes de costura de 1/2" y 6 mm en lugar de cantidades de 1/4". Se debe tener en cuenta que algunos de los cálculos en los ejercicios pueden no sumar consistentemente en métrica, ya que las conversiones métricas se redondean.

MUESCAS EN LOS PATRONES

El propósito de la muesca es marcar en un patrón para coser y proporcionar una guía para el uso individual del patrón.

El lugar de la muesca indicará donde comenzar y finalizar la puntada. Las muescas se encuentran en el borde de los patrones.

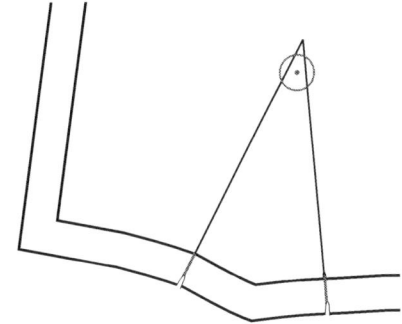

El lugar principal donde se encontrará una muesca es al final de las pinzas como se indica en la imagen.

Las patas de una pinza se extienden en un patrón a través del margen de costura para determinar el lugar de la muesca. El muescador se usa para recortar el papel al final de esas líneas.

Las muescas del margen de las costuras se necesitan para ayudar al usuario con la construcción de la costura. Estas muescas generalmente se usan para indicar el orden de la confección.

En la imagen inferior, las muescas en el patrón indican que se cose el hombro desde el cuello hacia la sisa. La segunda muesca indica que la costura lateral tiene que coserse desde la sisa hasta el dobladillo.

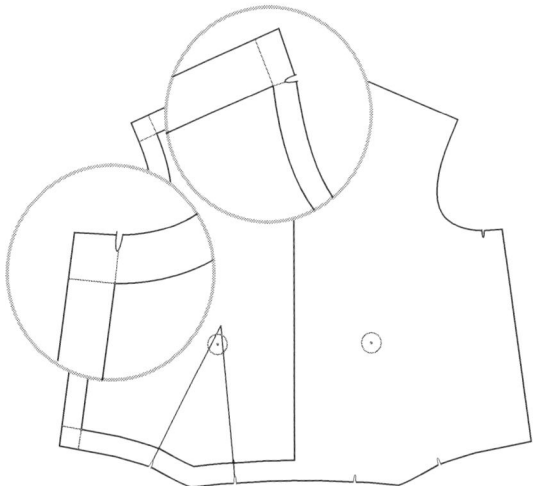

PATRONES BÁSICOS 25

Este lugar de la muesca específico se usa para este libro.

De manera alternativa, el siguiente patrón indica un orden diferente para coser. El hombro se cose desde la sisa hacia el cuello y la costura lateral se cose desde el dobladillo hasta la sisa.

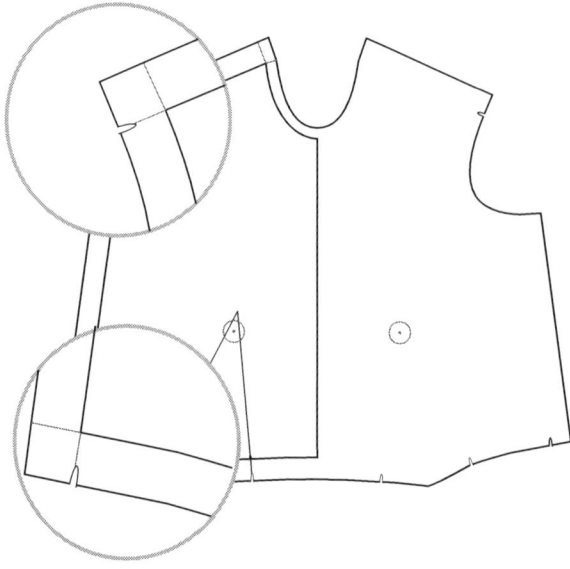

No hay ninguna regla que indique que una forma sea mejor que otra. En este libro, las muescas se colocan para coser una prenda desde el centro del cuerpo hacia afuera y desde la parte superior del cuerpo hacia abajo.

Cada patronista tiene su propia preferencia en cuanto el orden de elaboración, que se basa en su propio juicio a la hora de confeccionar.

Algunos patronistas prefieren no hacer muescas en los patrones simples (como los creados en este libro). En lugar de muescas, los márgenes de costura usados en el patrón se indican por escrito.

Ya sea haciendo muescas en los márgenes de costura o por escrito, los patronistas proporcionan las instrucciones necesarias a los que van a confeccionar la prenda, para que siga el orden de elaboración de la prenda.

Si los márgenes de costura no se indican, su ubicación quedará a criterio de la persona que confeccione la prenda. Esta persona decidirá el ancho del margen de costura que quiera usar.

La falta de información sobre el margen de costura puede causar problemas de ajuste. Si hubiera querido un margen de costura de ½" (1,3 cm), pero no se indica, y la persona que realiza la prenda cose un margen de costura de 5/8" (1.6 cm), puede alterar el ajuste de la prenda.

La colocación adicional para muescas se mostrarán en distintos ejercicios a lo largo de este libro.

PERFORACIONES

Las perforaciones en un patron se usan para indicar los puntos de costura. Estas perforaciones se transfieren desde el papel del patron a la tela, para guiar la costura.

Las perforaciones se usan para definir pinzas, pliegues, bolsillos y botones. Se indican con un punto y un círculo rojos en los patrones.

Para marcar una pinza con una perforación para coser, se mide hacia el interior del extremo de la pinza o "punto de fuga" y se baja hasta ½" (1,3 cm) en el centro. Esta cantidad es universal, tanto para la costura de escala media como completa.

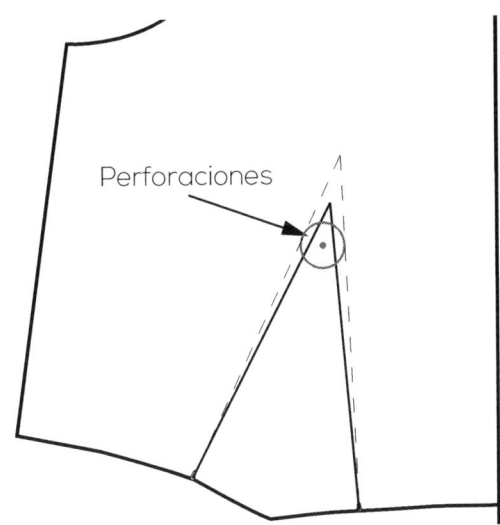

Las perforaciones también se usan para pliegues, la localización de bolsillo sobrepuesto y la del botón. Se tratará en lo siguientes capítulos.

PINZAS DEL PECHO

No todas las pinzas se tratan de la misma manera. Una pinza en el cuerpo delantero de una prenda, se debe alterar desde la línea de la pinza original para dar espacio al busto de la mujer.

Crear un patrón para el cuerpo con la pinza inalterada desde el patrón base, dará como resultado un punto afilado en el punto del busto o "vértice".

El pecho de la mujer no es un puntiagudo, sino de forma redondeada, la pinza en el cuerpo se debe acortar para permitir el volumen del pecho. El término «caída del pecho», se usa para hacer referencia a los pasos de dejar caer el punto de fuga del pliegue lejos del vértice. El punto de fuga de una pinza es donde una pinza se desvanece en una prenda.

La caída básica usada en este libro es 1/2" (1,3 cm). La cantidad es específica para la forma de media-escala. Para las caídas del pecho básicas en un patrón base a escala completa, se usa 1" (2,5 cm) (el doble del tamaño).

La caída del busto variará en función del tamaño, pero ese tema no se trata en este libro. Se tratará en series posteriores del libro.

En la ilustración siguiente, la línea de la pinza original, es punteada hasta el vértice. Para hacer la pinza del busto, se marca la pinza midiendo 1/2" (1,3 cm) centrada entre las patas de la pinza.

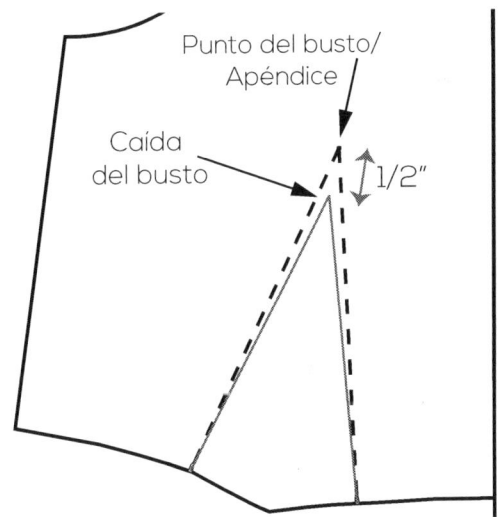

La caída del busto modificada, cambiará el punto de fuga de la pinza original. La perforación se confunde con la caída del busto. Se necesitará añadir una perforación a la nueva pinza como se discutió anteriormente.

PATRONES PARA LAS ENTRETELAS

Tal se explicó previamente, la entretela habitualmente es una tela termoadhesiva para estabilizar y reforzar una pieza del patrón. Saber qué tipo de entretela se va a usar, dictará como un patrón es trazado para la entretela.

He visto patrones para entretelas trazadas de dos maneras, cada una tiene diferente propósitos y usos en una prenda acabada.

Cuando daba clases en el entorno universitario, los patrones creados eran 1/8" (3 mm) más pequeños que los patrones a los que se añadieron.

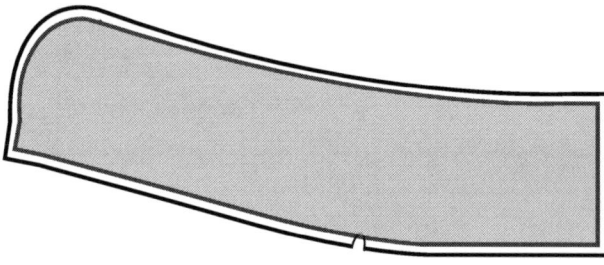

Esto ayuda a reducir el volumen en la prenda terminada, pero requiere crear una pieza de patrón por separado.

En aplicaciones industriales, es habitual fusionar la entretela con la tela y cortar la pieza del patrón con la entretela ya adherida en la parte posterior. Para hacer esto en aplicaciones no industriales, puede hacerse una copia directa del patrón que se va a reforzar.

He usado, de manera profesional, una combinación de cubiertas de entretelas, algunas cubren ciertos márgenes de costura, pero evita otros.

Usualmente se emplean patrones de entretelas, ya sea por solicitud del cliente o de otra persona, como puede ser un instructor. Se debe ser consistente en el marcaje de los patrones, para facilitar el trabajo a quién confecciona la prenda.

Se mostrará el trazado de la entretela en varios capítulos a lo largo del libro, algunos podrían incluir modificaciones que no están descritas aquí.

MARCAS DEL PATRÓN BASE

Cada patrón base tiene muescas y piezas únicas. Este libro usa siete patrones bases únicos, todos se encuentran en la parte final del libro.

PATRÓN BASE FRONTAL DEL CORPIÑO

El patrón base frontal del corpiño contiene una pinza en la cintura. Las muescas se encuentran al final de la pinza y en el vértice se encuentra una pequeña perforación. La sisa también contiene una muesca sencilla.

PATRÓN BASE TRASERO DEL CORPIÑO

El patrón base trasero del corpiño contiene dos pinzas. Una en el punto medio del hombro y otra en la cintura. Hay muescas al final de cada pinza y una pequeña perforación en el punto de fuga. La parte trasera de la sisa contiene dos muescas.

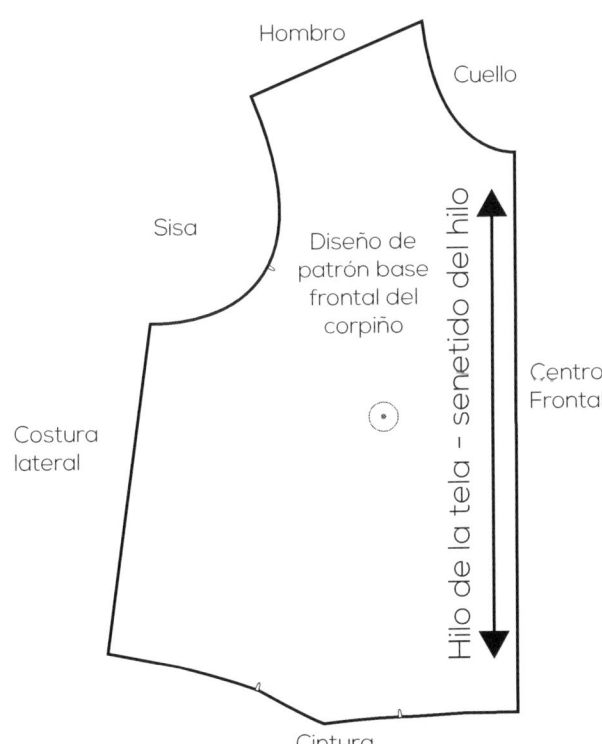

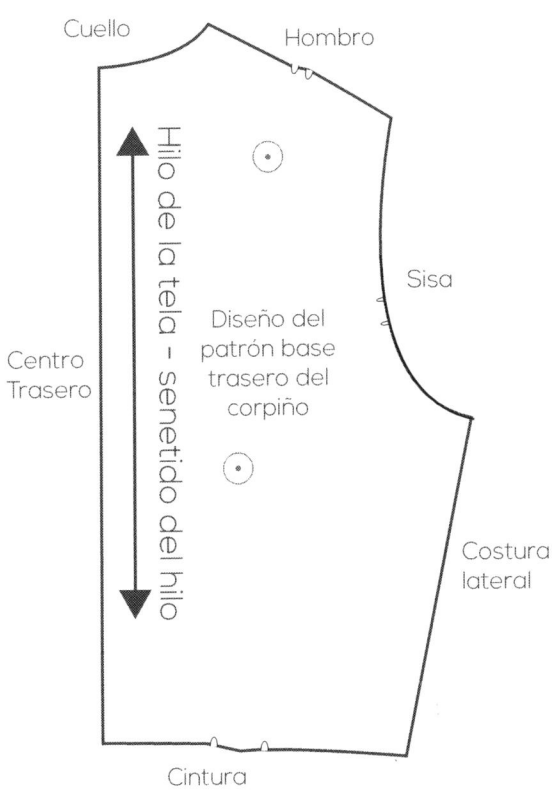

PATRONES BÁSICOS

PATRÓN BASE FRONTAL DE LA FALDA

El patrón base frontal de la falda tiene una pinza en la cintura. Esta pinza se alinea con la pinza del corpiño cuando las dos piezas se cosen juntas. La pinza tiene dos muescas y un pequeño orificio para el punto de fuga. La costura lateral tiene una muesca indicando el nivel de la cadera. Esto es también una muesca que ayuda a la alineación de la parte frontal de la falda con la de la parte trasera.

PATRÓN BASE TRASERO DE LA FALDA

El patrón base trasero de la falda tiene dos pinzas en la cintura. La pinza más cerca al centro trasero se alinea con la pinza del corpiño cuando las dos se cosen juntas. Cada pinza tiene dos muescas y un pequeño orificio para el punto de fuga. A nivel de la cadera la costura lateral también contiene un pequeño orificio.

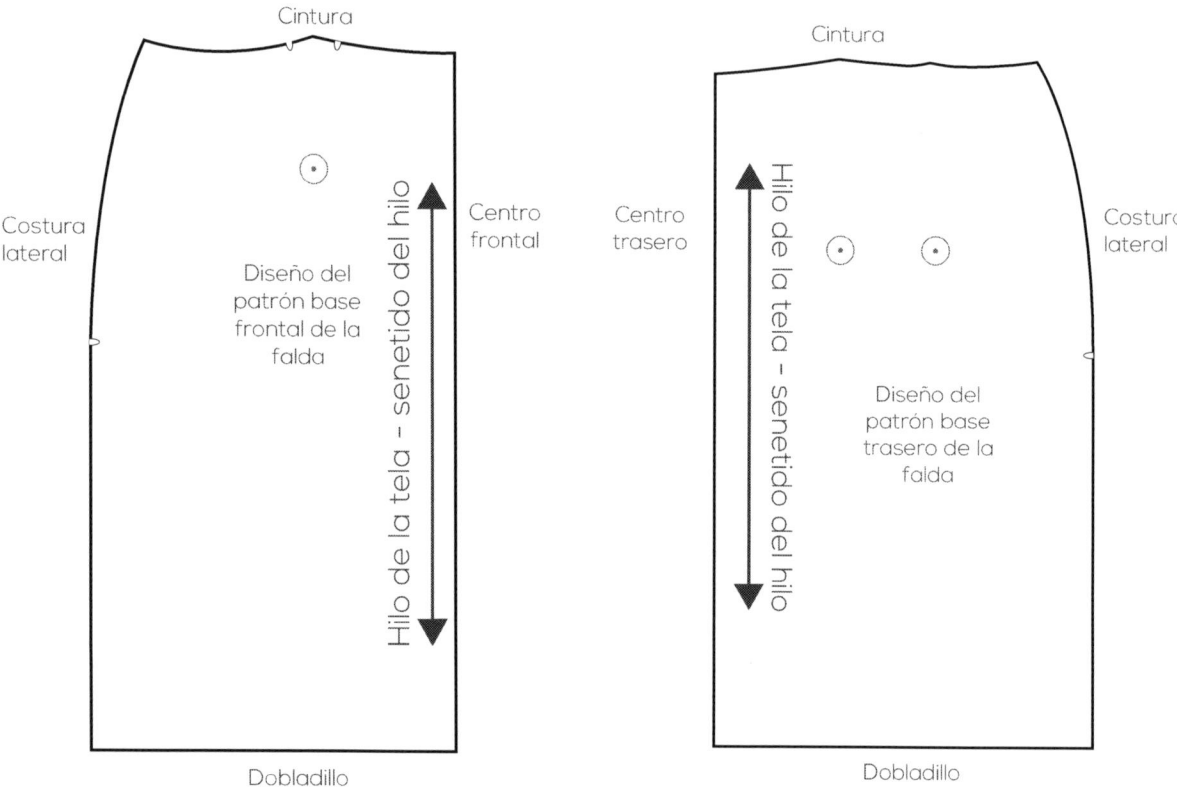

PATRÓN BASE FRONTAL DEL PANTALÓN

El patrón base frontal del pantalón contiene una pinza en la cintura, como el patrón base de la falda. La pinza tiene dos muescas y un pequeño orificio para el punto de fuga.

PATRÓN BASE TRASERO DEL PANTALÓN

El patrón base del pantalón contiene dos pinzas en la cintura, tal como el patrón base trasero de la falda. Cada pinza contiene dos muescas y un orificio para el punto de fuga. La cadera tiene una muesca para alinearse con las partes frontal y trasera. El tiro también tiene una muesca en el nivel de la cadera.

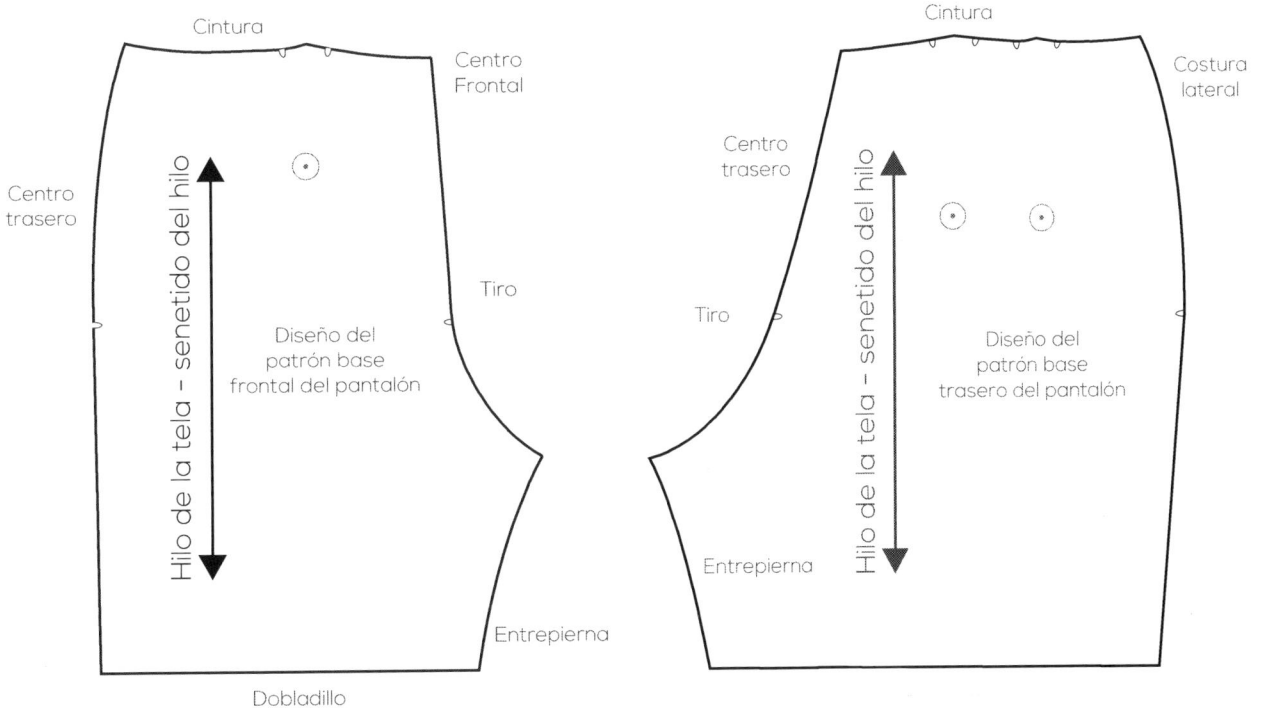

PATRONES BÁSICOS

PATRÓN BASE DE LA MANGA

La manga tiene una pinza a nivel del codo en la parte trasera de la manga. Hay dos muescas en la pinza y un pequeño orificio para el punto de fuga.

La parte superior de la manga tiene una muesca sencilla en la parte más alta, indicando donde alinear la manga con la costura del hombro.

La parte inferior de la copa de la manga tiene una muesca doble en un lado y una muesca sencilla en el otro. La muesca doble se usa para alinear la manga con la parte posterior del cuerpo cuando se cose. La muesca sencilla en la parte delantera se usa para alinear la manga con la sisa del corpiño frontal.

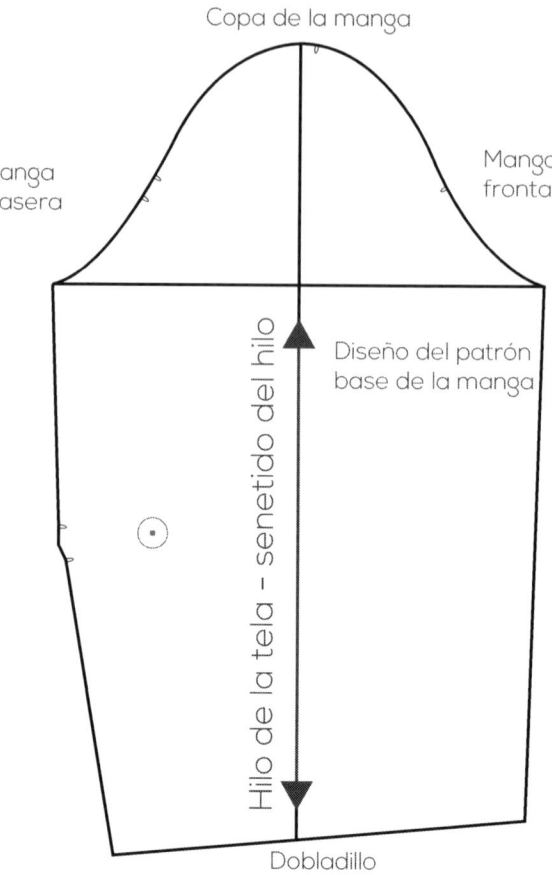

EJERCICIO DE PATRONES 2.1
COMO CREAR UN PATRÓN

Nuestro primer ejercicio será realizar el molde básico del corpiño y crear un patrón. Es importante seguir estos pasos para terminar con un patrón útil. Puedes crear un patrón de cualquier molde siguiendo estas instrucciones. Prepare el trazado de su patrón cortando papel con dimensiones 15" (alto) por 20" (ancho) (40 x 50 cm). Use un lápiz afilado o un portaminas para todos los pasos.

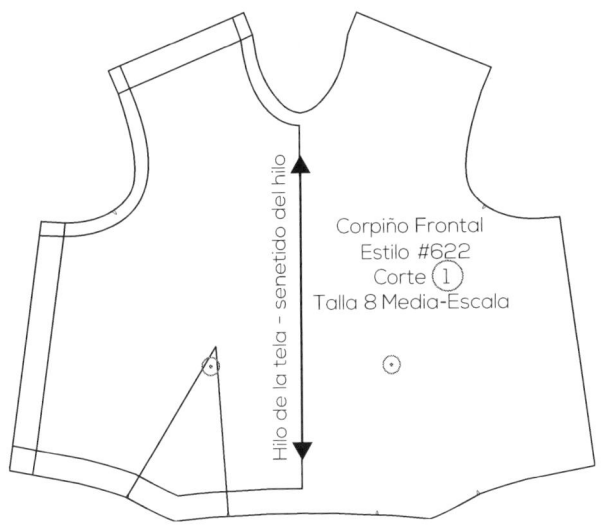

PASO 1

Comience el trazado con el hilo de la tela, el sentido del hilo en el papel. Dibújela a mitad del camino. Alinee la regla con cuadrícula con los puntos, los números o letras del papel del patrón. Apriete la regla y dibuje la línea de grano en el centro del papel. Esto le servirá como el lugar de colocación del patrón base o molde.

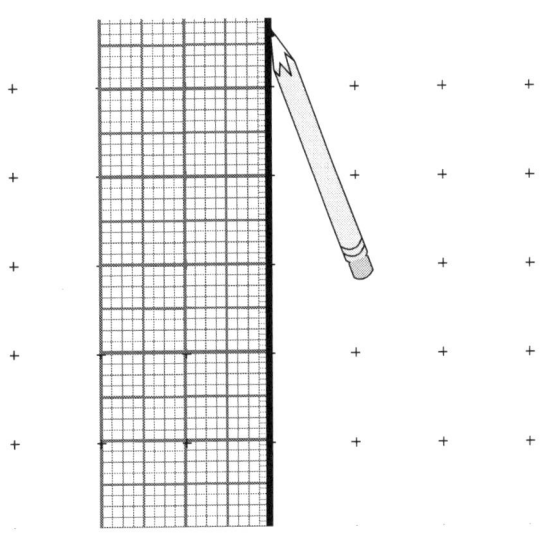

PASO 2

Para todos los trazos, trabajamos con el lado izquierdo de la prenda. Alinee la parte superior del patrón base del corpiño frontal con la línea de grano. Luego, trace los bordes del patrón base sobre el papel. El borde recto largo (alineado con la línea de grano) de este patrón base se denomina centro frontal. Asegúrese de marcar las muescas y los orificios que están en el patrón base, rodee la marca del orificio en lápiz sobre el papel.

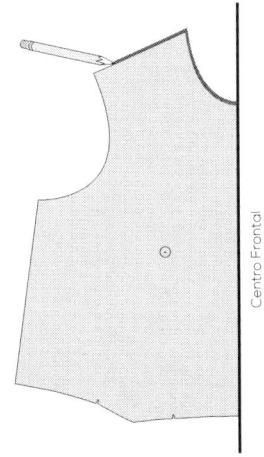

PASO 3

Añada la pinza dibujando las patas de la pinza con una línea discontinua, conectando las muescas con el orificio o punto de fuga de la pinza.

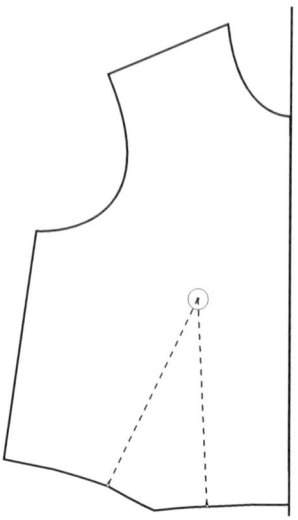

PASO 4

Esta pinza está en el corpiño frontal y por lo tanto, necesitará el ajuste de caída del busto al punto de fuga. Dibuje en la nueva pinza y el punto de fuga, cayendo el punto de fuga en ½" (1.3 cm).

Si está completando el trazado con la parte trasera del corpiño, pantalón, manga o falda, sáltese el paso de la caída del busto.

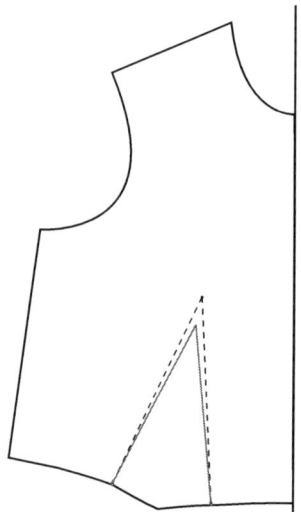

PASO 5

Marque la pinza por coser añadiendo un orificio en el centro de la pinza a 1/2" (1,3 cm) desde el punto de fuga de la pinza. Rodee el orificio en rojo. Esto ayuda a que la marca destaque en el patrón.

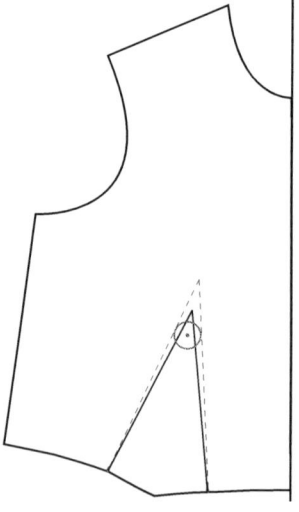

PASO 6

Añada los márgenes de costura comenzando por las líneas rectas del patrón. Los hombros y las costuras laterales usan ½" (1,3 cm) de margen. Extienda las líneas rectas del patrón en todas las direcciones añadiendo ½" (1,3 cm). Dibuje una línea a 90 grados en las costuras de las esquinas como se muestra a la derecha.

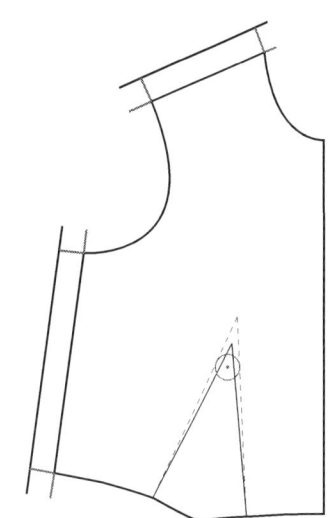

PASO 7

Marque el margen de costura para las curvas usando la regla cuadriculada. La sisa se asume que tendrá una manga unida, por lo tanto, el margen de costura es de ½" (1.3 cm). El cuello es de ¼" (6 mm) y la cintura es de ½" (1.3 cm). Encuentre un punto en la regla que cumpla con la medida y mueva la regla alrededor de la marca de la curva con pequeños guiones o puntos, manteniendo un ángulo de 90 grados desde la línea de costura.

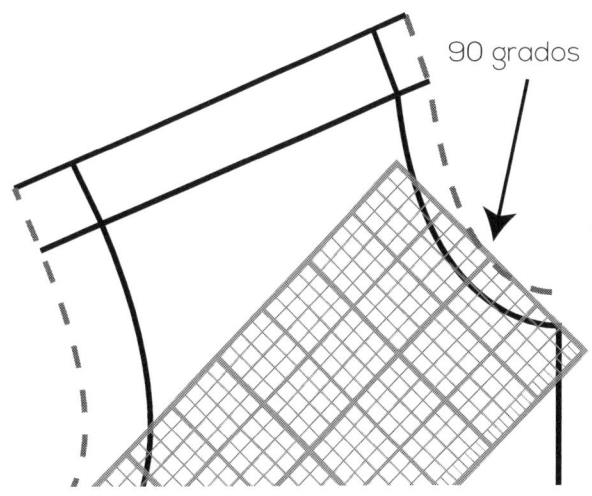

90 grados

PASO 8

Utilice la regla curva de sastre de media escala y las curvas francesas (que se encuentran en la parte posterior de este libro) para unir los puntos. Mueva las reglas para crear cada parte de la curva y únalas para crear una curva suave. Asegúrese de que todas las líneas de costura y las patas de las pinzas se extienden a lo largo del margen de costura.

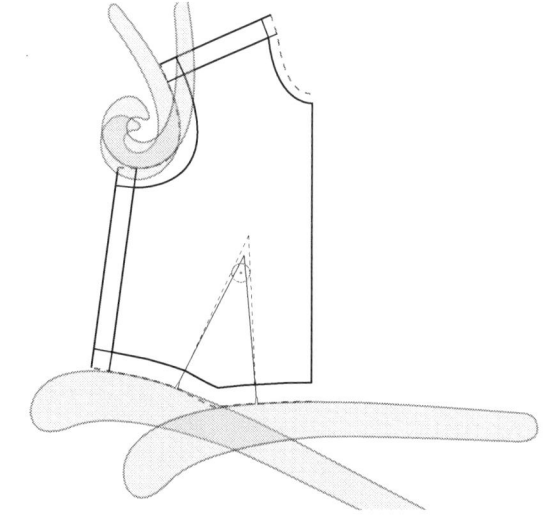

PASO 9

Doble el papel en el centro, siguiendo el sentido del hilo. El truco es en crear 3 puntos antes de doblar toda la línea. Esto ayudará a asegurarse que se dobla completamente recta. Una vez que se han creado los 3 puntos, aplane lentamente el pliegue. Cuando el pliegue sea correcto, apriete el pliegue pasando la regla hacia abajo.

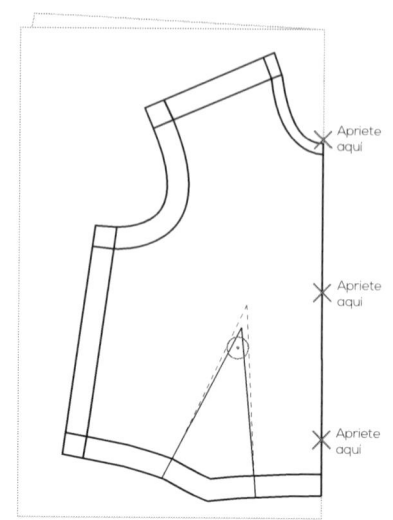

PASO 10

Corte el patrón plegado en los márgenes de costura más externas (no corte en el borde doblado). Haga esto cuidadosamente manteniendo el patrón en la mesa o una superficie plana tanto como sea posible y simplemente levantando el borde para cortar. También puede engrapar el patrón plegado para asegurarse de que está cortando con precisión.

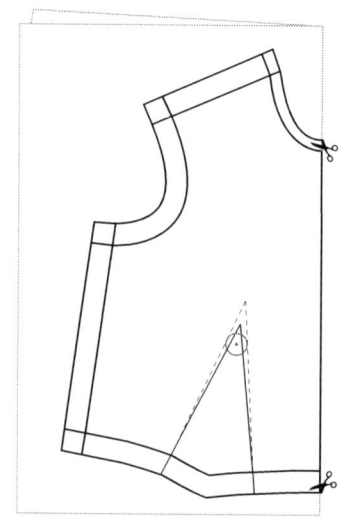

PASO 11

Transfiera la perforación al otro lado del patrón empujando el punto del punzón a través de la perforación mientras que este doblado y rodéelo con un círculo en rojo. Con el patrón todavía doblado, realice una muesca en los extremos de las pinzas, el hombro y la costura lateral. De esta manera las marcas del patrón necesarias se han transferido al otro lado, por lo tanto, no es necesario dibujar los márgenes de costura.

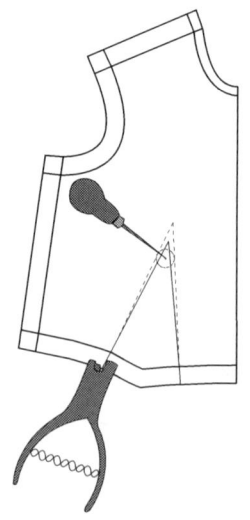

PASO 12

Añada la información pertinente del patrón, incluyendo: nombre o número de estilo, nombre del patrón, direcciones de corte y talla. Etiquete y marque el hilo de la tela, el sentido del hilo con flechas. Marque la cantidad de corte en rojo. Otra información que puede agregar es: su nombre o nombre de la empresa con la fecha.

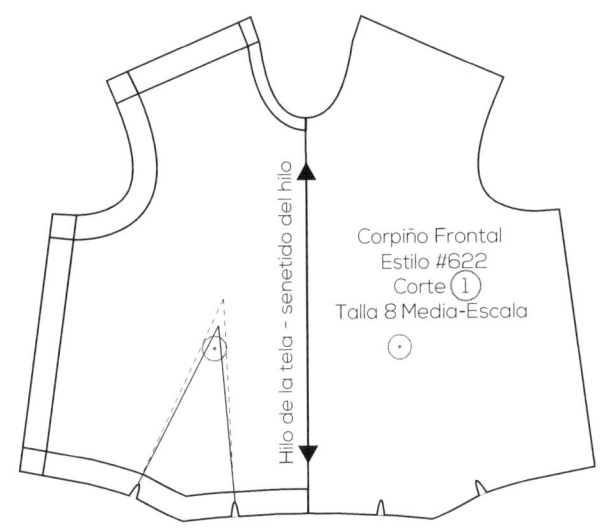

CORTE DE LA TELA

Coloque el patrón, alineado a la línea de grano, paralelo al orillo. Ancle por los márgenes de costura y no en el cuerpo del patrón para evitar que los pasadores puedan manchar la prenda.

Al cortar el patrón sobre la tela, no corte la muesca en la tela con el muescador o piqueteador. Cortar la tela con un muescador es algo pesado. Use las tijeras para hacer un pequeño recorte de 1/8" (3 mm) en la tela, independientemente de lo grande que sea la muesca.

Presione el punzon a la profundidad de un tercio a través del patrón y la tela. Esto hará que el agujero sea visible después de un manejo excesivo de la tela. El punzón no debe romper los subprocesos, solo empujar los hilos separados.

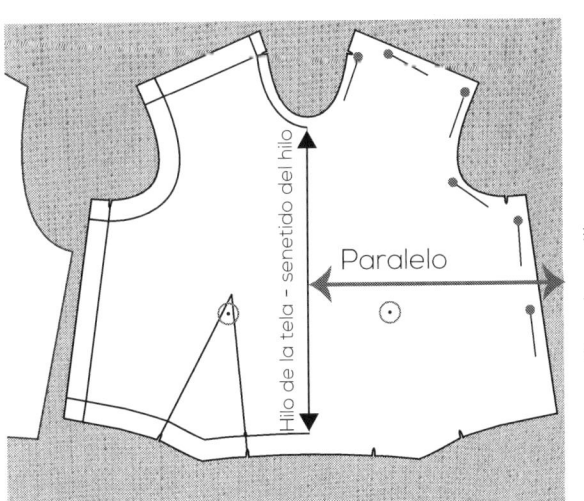

SECCIÓN 1

FORMAS

Capítulo 3: Pinzas

Capítulo 4: Plisados y pliegues

Capítulo 5: Fruncidos

CAPÍTULO 3

PINZAS

Las pinzas son una característica de cualquier patrón básico que se puede encontrar en muchas prendas. Añaden forma a una pieza de patrón que es plana. Una pinza se puede encontrar comúnmente en el cuerpo para dar forma al busto.

Las pinzas se encuentran en varias localizaciones de una prenda desde la cintura hasta los escotes, dobladillos y cuellos. Mientras que las pinzas se usan para dar forma, también se pueden añadir de manera decorativa para dar dimensión a una prenda.

La manera más simple para describir el propósito de una pinza: "es un pellizco de tela que se coge en varios puntos de la prenda, para acentuar la forma del cuerpo".

Todas las pinzas contienen dos partes: un punto de fuga y dos patas. De manera más sencilla, el punto de fuga es donde la pinza termina o se desvanece en la prenda y es la punta absoluta de la pinza.

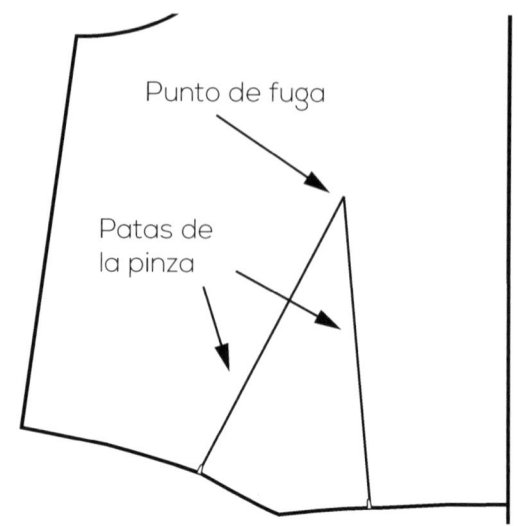

EJERCICIO DE COSTURA 3.1

PINZAS

Ser capaz de coser una pinza, es de suma importancia para comprender como se traza, y por qué usamos un taladro y hacemos muescas al final. Las patas de la pinza se cosen juntas con el final de la costura en el punto de fuga, a ½" (1,3 cm) más lejos de la perforación.

PASO 1

Cada pinza consiste en un orificio y dos muescas. Doble la pinza de manera que las muescas coincidan en el borde del tejido. Sujete las muescas juntas. El orificio se encuentra en la doblez cuando las muescas están correctamente unidas. Si no es así, alinee su patrón y verifique el lugar las muescas y orificios.

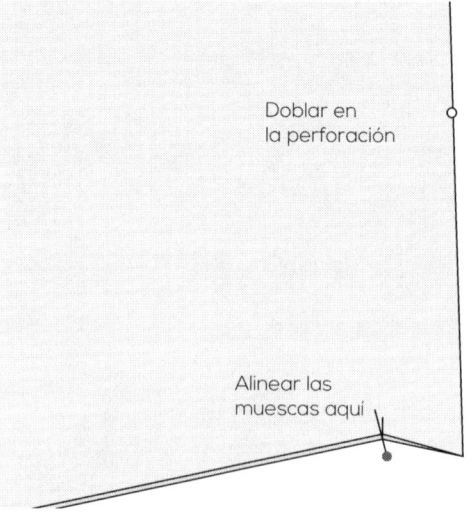

PASO 2

Marque con un alfiler la pinza en la perforación, luego mida 1/2" (1,3 cm) más allá del agujero en el pliegue y coloque un segundo alfiler. Este segundo alfiler indica el punto de fuga de la pinza. Los principiantes pueden dibujar una línea desde la muesca hasta el pasador más lejano como guía. Coser más allá de la perforación, evita un agujero de la prenda.

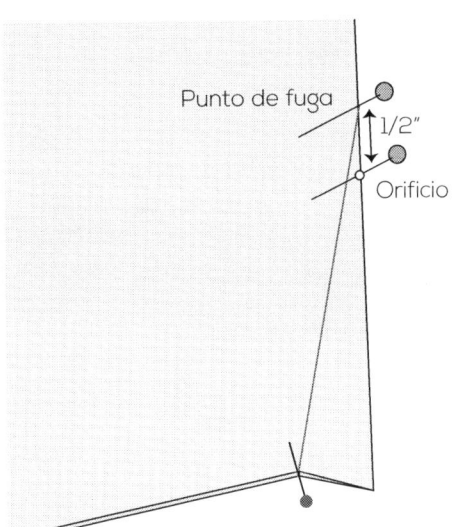

OPCIÓN A: PUNTO DE FUGA ANUDADO A MANO

PASO 3A

Para comenzar a coser en el punto de fuga, coloca un alfiler en el pliegue y baje a la parte inferior. Deje un resto de hilo bastante largo y cosa las muescas. Realice un pespunte solo en el extremo con muesca. Anude los hilos a mano en el punto de fuga.

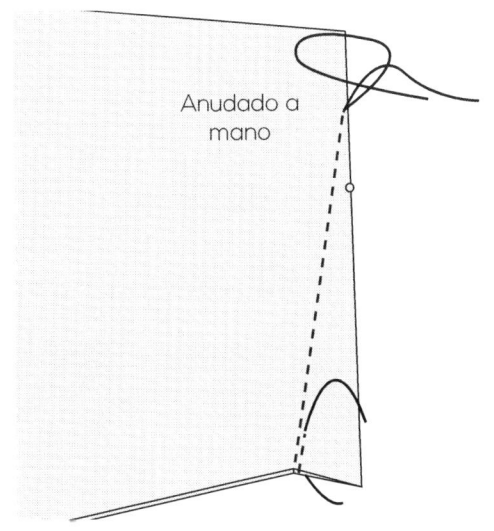

OPTION B: PUNTO DE FUGA MARCADO POR PESPUNTE

PASO 3B

Para comenzar a coser en las muescas, comience a ¼" (6 mm) desde la muesca cortada y haga un pespunte hasta el borde. Complete la puntada con un pespunte en el final restante. Realizar un pespunte en el punto de fuga puede hacer que la pinza quede fruncida al final si no se cose con cuidado.

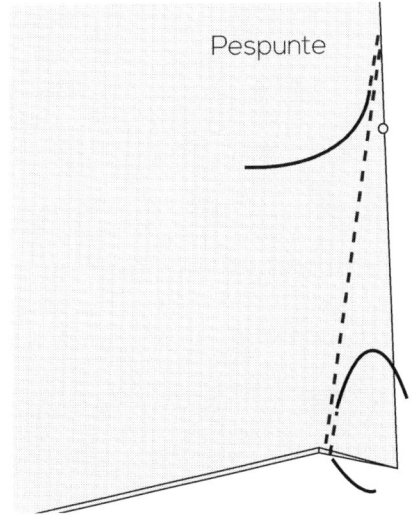

PASO 4

Apriete sus pinzas hacia el centro de su prenda para darle a su tela un tirón mientras la planche para que la costure quede plana. Si su pinza está en una sisa o en la costura lateral, planche la pinza hacia abajo en su prenda.

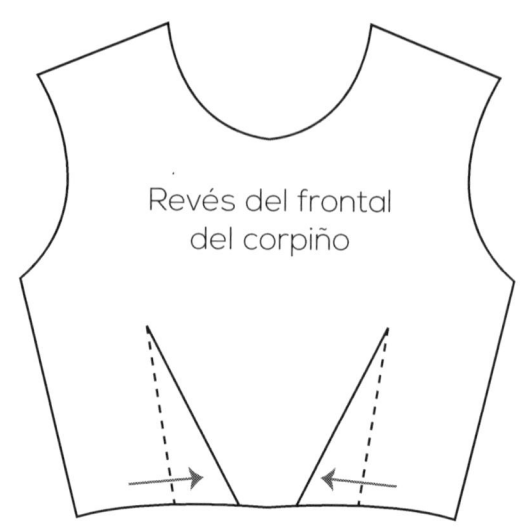
Revés del frontal del corpiño

MANIPULACIÓN DE PINZAS

El acto de alterar un patrón usando las pinzas se llama manipulación de pinzas. Hay dos métodos para alterar un patrón: cortar y propagar, y pivote.

El método de cortar y abrir, realiza lo que su nombre implica. Se corta el patrón para mover la pinza. Pivotar o rotar, es el método que no usa tijeras ya que emplea el punto de fuga da las pinzas del patrón base para mover la pinza de una posición a otra.

Este y los capítulos siguientes en esta sección pueden utilizar cualquiera de estos métodos, aunque en cada ejercicio solo se muestra uno de ellos.

EJERCICIO DE PATRONES 3.2

PINZA FRANCESA

Este ejercicio mostrará como un patrón básico se modifica para reflejar diseños con una pinza francesa. La pinza francesa es una pinza en ángulo desde el lateral de la costura hasta el busto, en lugar de la pinza del pecho del patrón básico. Este ejercicio emplea la técnica para el patrón de cortar y abrir.

FORMAS

PASO 1

Prepare el corpiño siguiendo los pasos 1 y 2 del ejercicio de patronaje 2.1. Asegúrese de marcar las muescas y el punto de fuga en el vértice de la pinza.

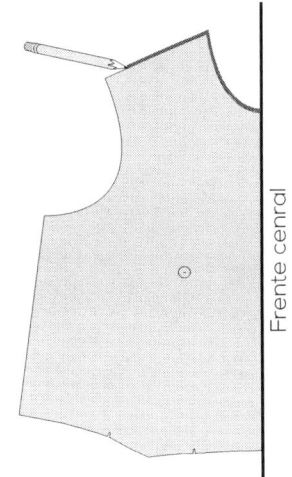

PASO 2

Dibuje en la pinza original del patrón base con líneas punteadas desde las muescas hasta el vértice. Añada una línea al vértice indicando el lugar de la nueva pinza. En este ejercicio, la pinza se mueve con un ángulo descendente. Tenga en cuenta que una pinza lateral que haga con cualquier otro ángulo no se llama pinza francesa.

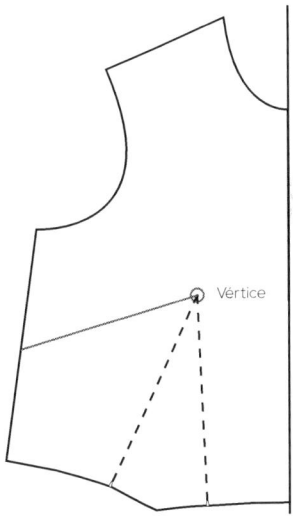

PASO 3

Corte sobre la nueva línea de la pinza desde la costura lateral hasta el vértice.

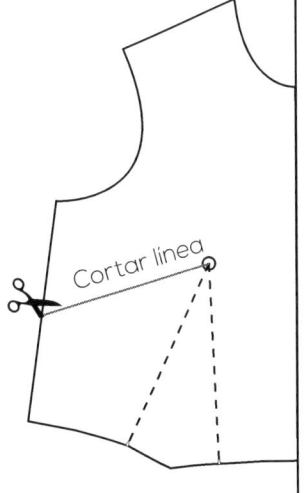

PASO 4

Doble la pinza original cerrada, plegando una de las patas de la pinza y alineándola con la otra pata de la pinza. Pegue la pinza antigua con cinta adhesiva. Esta pinza se ha eliminado y su posición se ha movido a la línea de corte. Esta manipulación cambia la apariencia del diseño sin alterar la talla o el ajuste de la prenda.

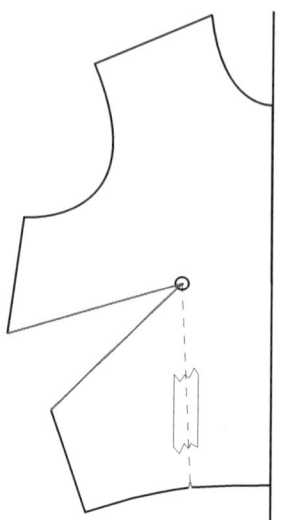

PASO 5

Pegue papel tras el espacio abierto. La parte exterior de la forma de la pinza o "cabeza de la pinza" se crea al doblar la nueva pinza cerrada. Apriete sobre la pata de la pinza en el lado que se pliega. En este caso, se pliega hacia abajo. Realice un pliegue en la línea inferior y dóblela en la otra pata de la pinza. Coloque un dedo en la punta de la pinza mientras que la doble, para ayudar a plegarlo correctamente. Tenga en cuenta que el patrón no será plano.

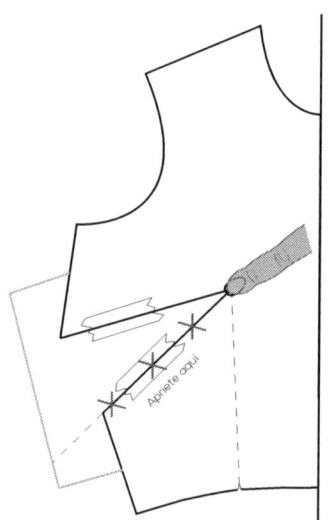

PASO 6

Use la ruleta de marcado para trazar sobre la costura donde la pinza se dobla. Abra el patrón doblado. La línea punteada indica la forma de la parte superior de la pinza, la cual es la cantidad de tejido que la pinza usará para tener su forma.

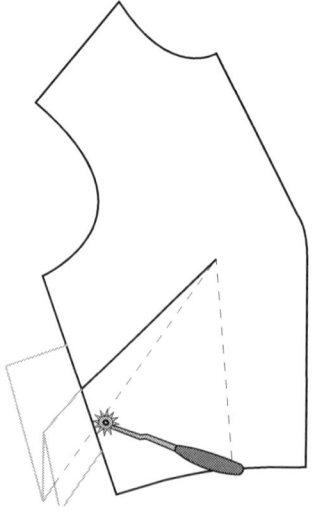

PASO 7

Dibuje los bordes de la cabeza de la pinza con la regla y el lápiz. Complete su patrón ajustando la pinza del busto con una caída de busto a ½" (1,3 cm). Dibuje una nueva pinza desde este punto de fuga.

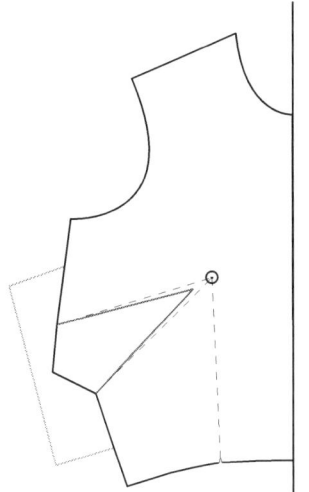

PASO 8

Añada un margen de costura alrededor de todo el patrón, siguiendo los estándares industrirales como se comentaron anteriormente.

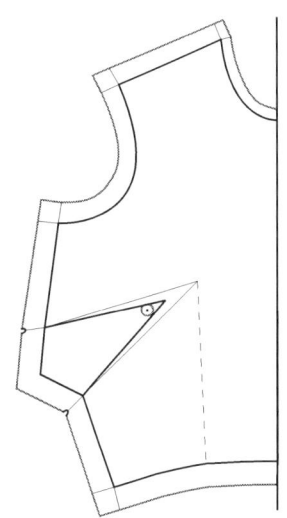

PASO 9

Coja la mitad del patrón y conviértalo en un patrón completo doblando el papel por el centro. Siga las instrucciones de capítulos anteriores para completar el patrón.

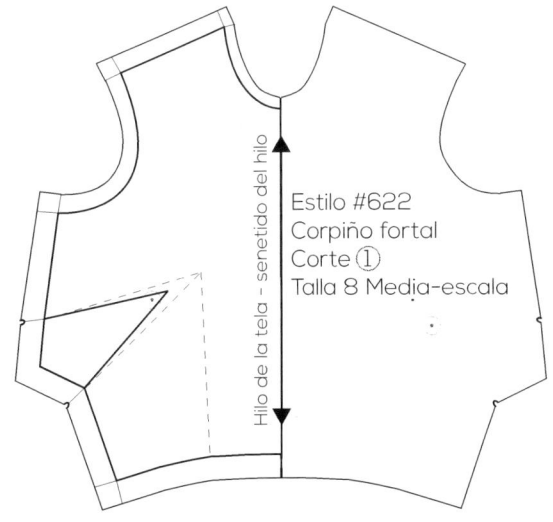

Estilo #622
Corpiño fortal
Corte ①
Talla 8 Media-escala

EJERCICIO DE PATRONES 3.3

PINZA EN EL CUELLO

Este ejercicio modifica la cintura básica de un corpiño con pinzas, moviendo la pinza en el cuello. En este ejercicio se empleará el método de corte y apertura.

PASO 1

Prepare el trazado del corpiño como se mostró previamente. Elija el lugar de su pinza en el cuello, dibújela y corte en la nueva línea de la pinza.

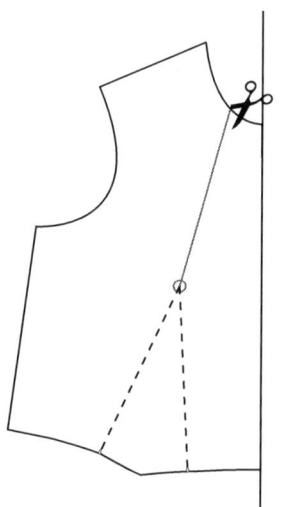

PASO 2

Doble la pinza original cerrada tal como se hizo en el último ejercicio. Coloque cinta adhesiva en la antigua pinza cerrada y coloque papel detrás de la nueva apertura de la pinza.

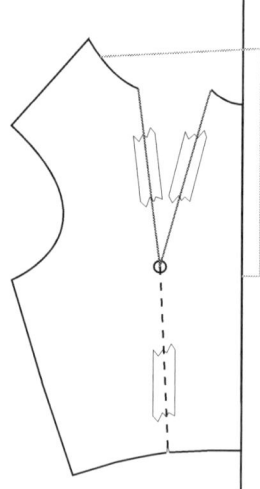

FORMAS

PASO 3

Con el papel añadido, doble la pinza hacia el centro frontal. Pliegue en la línea más cercana al centro frontal y alinéela a la otra pata de la pinza. Use su dedo para sujetar la punta de la pinza plana. Trace la forma del escote con su ruleta de marcado para crear la forma de la cabeza de la pinza.

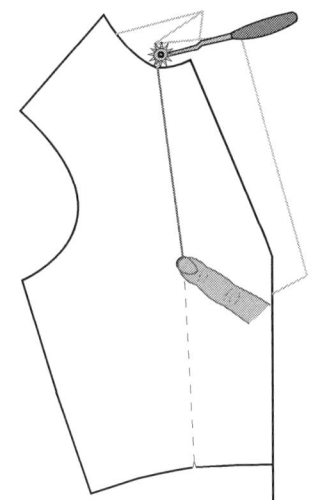

PASO 4

Marque la caída del busto de ½" (1,3 cm) como se demostró previamente. Dibuje las patas en la nueva pinza. Este ejercicio lleva la pinza al punto de fuga sobre el vértice.

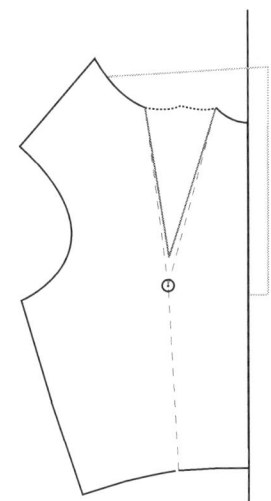

PASO 5

Complete el patrón como se demostró previamente.

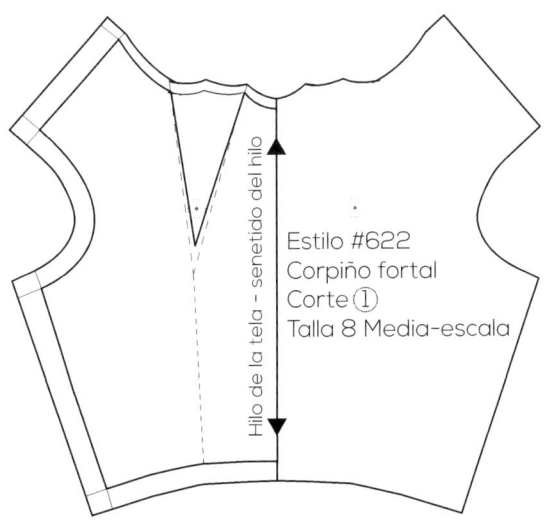

Estilo #622
Corpiño fortal
Corte ①
Talla 8 Media-escala

EJERCICIO DE PATRONES 3.4

PINZAS DEL HOMBRO Y LA SISA

Para este ejercicio modificaremos el patrón básico para mover la pinza de la cintura a la sisa y al hombro. Este ejercicio emplea el método corte y apertura para crear dos pinzas, una en la sisa y otra en el hombro.

PASO 1

Comience con el patrón básico del corpiño frontal como se demostró previamente. Escoja el lugar de ambas pinzas y dibuje líneas desde ambos lados del vértice.

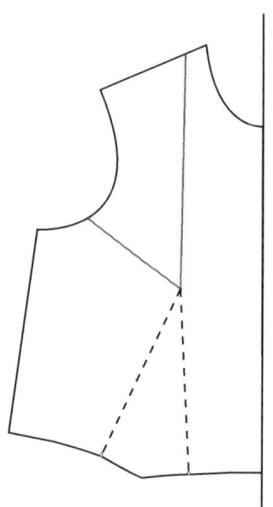

PASO 2

Corte en las dos líneas nuevas de las pinzas. Asegúrese de cortar hacia el vértice, pero no a través de él. Cierre la pinza original y pegue las piezas con cinta adhesiva, eliminando la pinza de la cintura. Coloque las aberturas de las pinzas de manera bastante uniforme y péguelas en su lugar. Propáguelos de manera que las aberturas sean aproximadamente iguales, es una preferencia personal, y será más fácil coser el diseño una vez terminado.

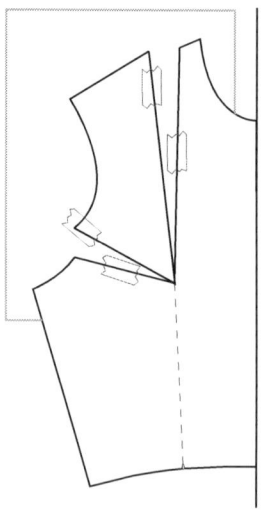

PASO 3

Doble las pinzas como se mostró previamente y use la ruleta de trazado con las pinzas cerradas para crear la forma de la cabeza de la pinza. Las pinzas del hombro se pliegan desde el centro frontal y la sisa se pliega hacia abajo.

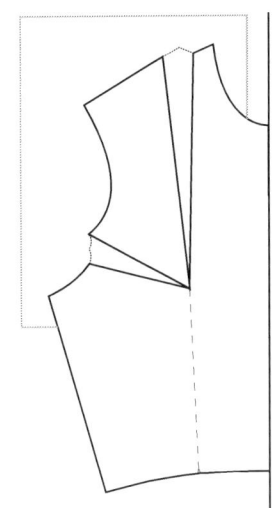

PASO 4

Añada la caída del busto de ½" (1,3 cm) para ambas pinzas y dibuje en la nueva pinza las patas. Añada los márgenes de las costuras y los orificios de las pinzas. Cuando dos o más pinzas están dándole forma al busto, se pueden acortar a diferentes longitudes para dar una estética visual. En este paso, se mantendrán iguales.

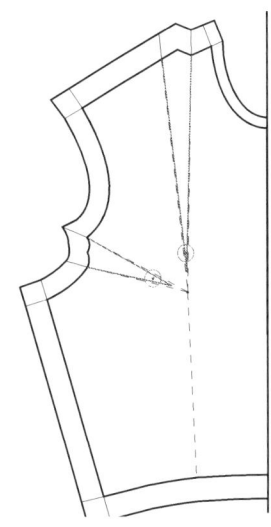

PASO 5

Complete el patrón como se demostró previamente.

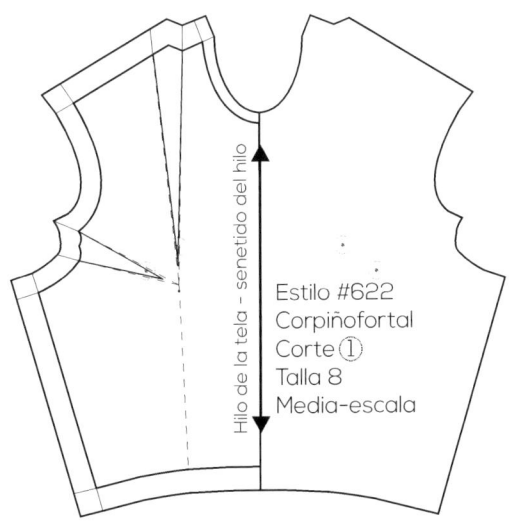

EJERCICIO DE PATRONES 3.5

PINZA DEL BUSTO DELANTERO CENTRAL

El método de rotación o pivotante, es el segundo método para alterar el patrón base a través de la manipulación de una pinza. En este ejercicio, modificamos el lugar de la pinza moviéndola al centro frontal del corpiño.

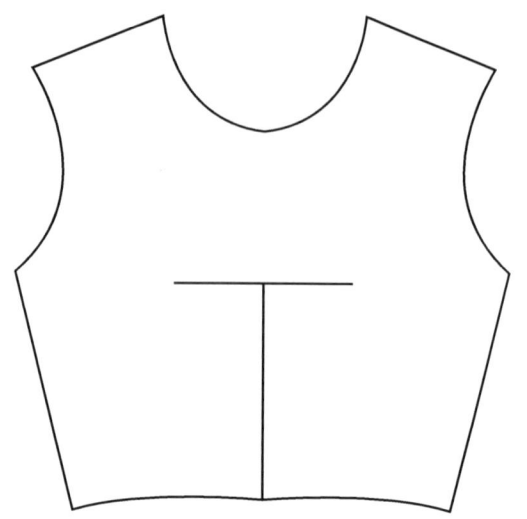

PASO 1

Coloque una marca de lápiz, paralela al vértice, en el centro frontal del patrón base.

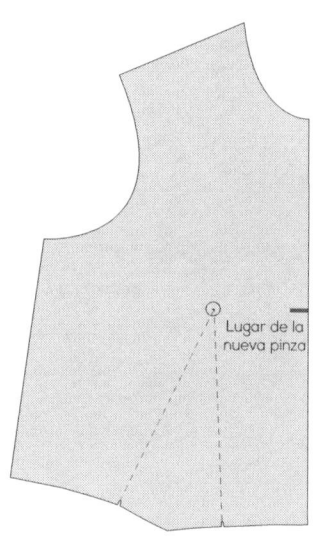

Lugar de la nueva pinza

PASO 2

Comience con el hilo de la tela, el sentido del hilo como se mostró previamente, pero no trace el patrón base completo. Alinee la línea central frontal con el hilo de la tela, el sentido del hilo. Trace el borde del patrón base desde la marca en tu patrón base hasta que alcance la muesca de la primera pata de la pinza. Esto se puede hacer en cualquier dirección alrededor del patrón base.

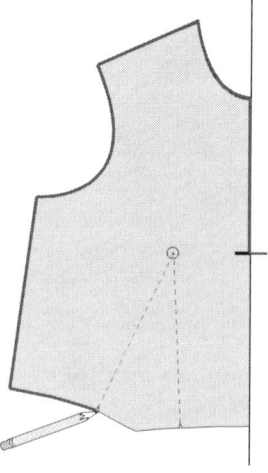

PASO 3

Coloque el punzón o la punta del lápiz en el vértice. Gire el patrón base alrededor, por lo que la línea que acaba de trazar se alinea hasta la muesca de la segunda pata de la pinza como se muestra en la imagen.

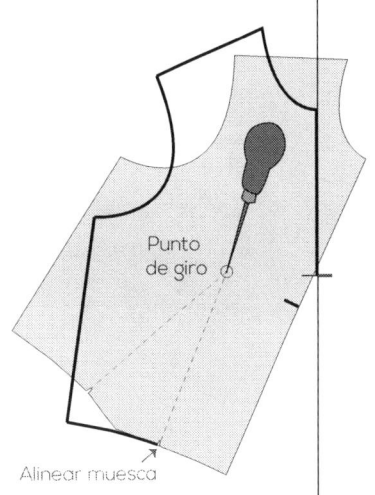

Punto de giro

Alinear muesca

PASO 4

Trace la otra parte del patrón base, desde la pata de la pinza con la muesca a la marca del lápiz sobre el patrón base que marcó para el lugar de la pinza en el Paso 1.

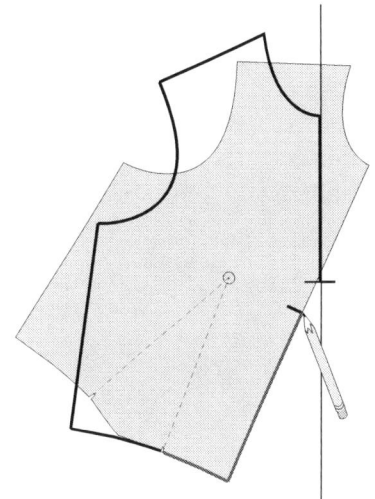

PASO 5

Dibuje la nueva pinza conectando ambas marcas en el vértice en el patrón. El estándar para la caída del busto es dejar caer la pinza 1/2" (1,3 cm), pero esta pinza es una excepción. La parte delantera del cuerpo no está formada en el frente central, por lo tanto, añadir la caída del busto hará que la prenda esté mal ajustada y que se vea una burbuja al final de la pinza cosida.

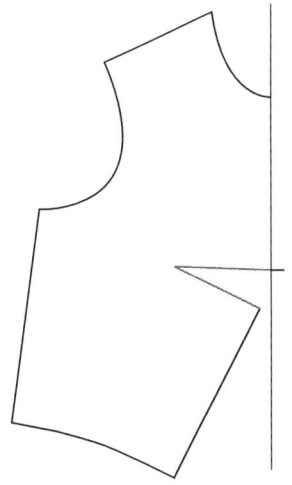

PASO 6

Extienda la línea frontal central inferior hasta la línea de grano. La ilustración que se muestra en la página 52 tiene una línea de costura desde el extremo de la pinza hasta la cintura, pero sin línea de costura por encima de la pinza. La parte superior del frente central se doblará para crear un patrón completo. Agregue 1/2" (1,3 cm) de margen de costura a la parte inferior del frente central.

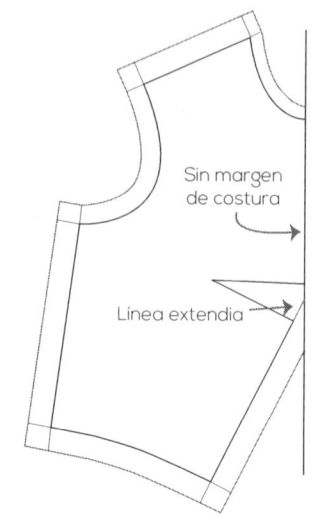

PASO 7

Marque su perforación estándar de ½" (1,3 cm) del punto de fuga de la pinza. Para una guía de costura, necesitará perforaciones adicionales. En la pata de la pinza que cruza la línea de grano, marque 1/8" (3 mm) debajo de la pata de la pinza en la línea de grano. La segunda perforación se mueve sobre la segunda pata de la pinza 1/8" (3 mm) en el centro extendido frontal de la línea de costura.

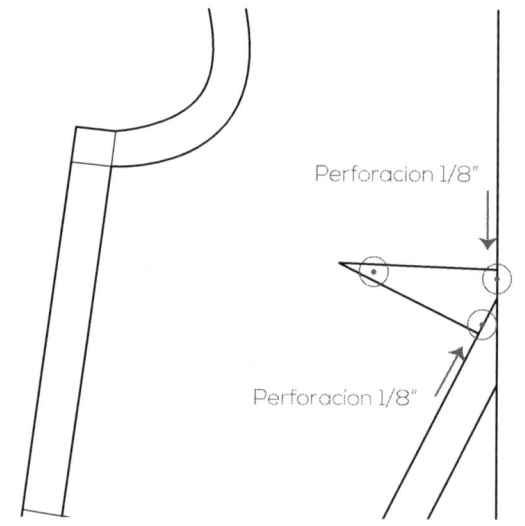

PASO 8

Complete el patrón como se mostró previamente. Coloque una muesca adicional en margen de costura adicional en la parte delantera central de la cintura.

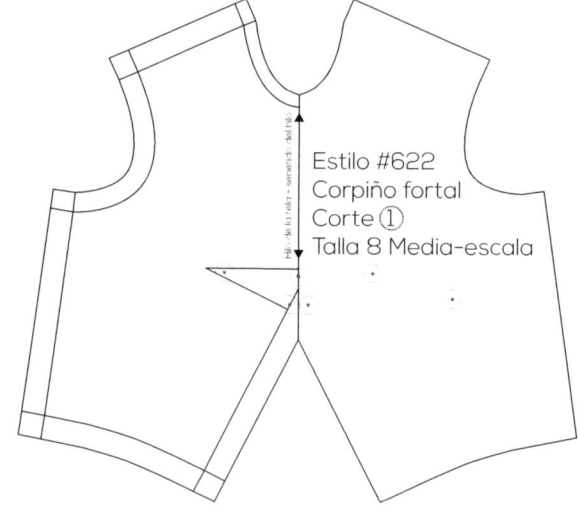

EJERCICIO DE COSTURA 3.5
PINZA DEL BUSTO FRONTAL CENTRAL

Esta pinza no es la típica pinza colocada en cualquier lugar del cuerpo. Es importante, para el diseño de patrones de entender cómo el patrón afectará a la costura de la prenda. Siga estos pasos para de entender completamente por qué se marca la pinza con perforaciones adicionales.

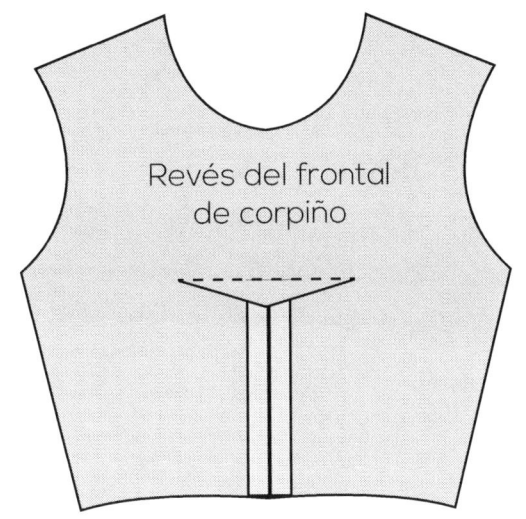

Revés del frontal de corpiño

PASO 1

Esta no es una pinza tradicional y contiene perforaciones adicionales. La prenda se cose primero en el centro frontal. Esta costura se cose junta, como se muestra con la línea punteada. A continuación, se plancha la costura. La punta de la pinza no se plancha abrir, pero planchéla para abrirla tanto como sea posible.

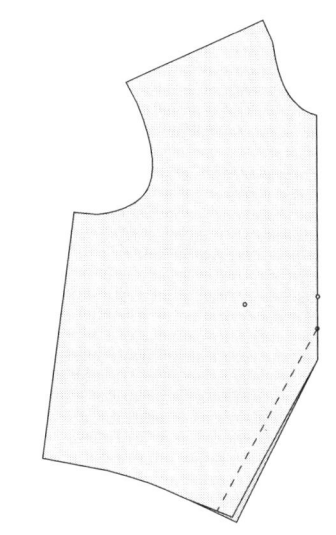

PASO 2

Doble la parte superior del corpiño hacia abajo, alineando las perforaciones de las pinzas en el pliegue. Esto hará que las perforaciones adicionales en el frontal central del cuerpo se alineen. Sujete y cosa desde el punto de fuga de una pinza, pase la perforación inferior por 1/8" (3 mm) y continúe hasta el punto de fuga de la otra pinza. Esta pinza se llama un «pinza ojo de pez».

Dolbar en las perforaciones

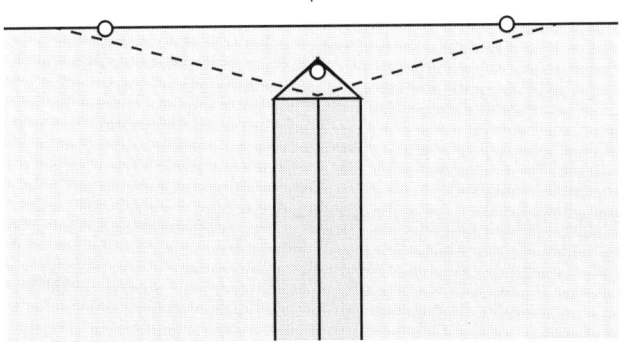

PINZAS 55

EJERCICIO DE PATRONES 3.6

ACUMULACIÓN DE PINZAS EN LA CINTURA

Una acumulación de pinzas en la cintura añade detalles al diseño para crear interés en una prenda sencilla. Una acumulación de pinzas es una serie de pinzas que se crean unas junto a otras en una localización determinada.

PASO 1

Prepare el trazado del corpiño como se demostró previamente, y luego, recorte la pinza completamente

Pinza recortada

PASO 2

El diseño que estamos creando en este ejercicio tiene tres pinzas paralelas en la cintura. Dibuje líneas paralelas ½" (1,3 cm) desde los dos lados de la pinza recortada. En este ejercicio, hemos usado ½" (1,3 cm) para media-escala. Use 1" (2,5 cm) para un trazado a escala completa.

PASO 3

Las tres pinzas deben bajarse desde el vértice. Marque la caída del busto de 1/2" (1,3 cm) hacia abajo desde el vértice en ambas patas las pinzas y cuadre una línea a través de las nuevas líneas de las pinzas. Dibuje una línea diagonal corta hacia el vértice desde la caída del busto de las nuevas pinzas.

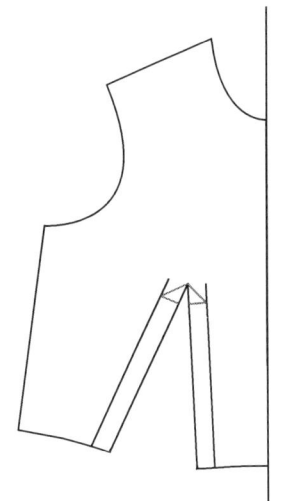

PASO 4

Corte en las nuevas líneas paralelas, y a continuación sobre la línea diagonal, alinéela con el punto del busto. Asegúrese de cortarlas. Recuerde, «recortar hacia, no a través», Agregue papel detrás de las pinzas abiertas. Extienda las piezas de la misma manera y coloque cinta adhesiva en su lugar. Distribuya las piezas uniformemente y peguélas al papel con cinta adhesiva.

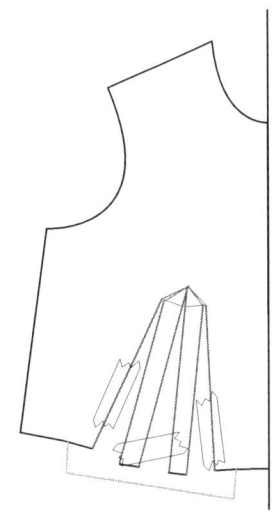

PASO 5

Doble las pinzas para crear la forma de la cabeza de la pinza en la cintura usando la ruleta de marcado. Añada las perforaciones a ½" (1,3 cm) del punto de fuga y complete el patrón como se mostró previamente.

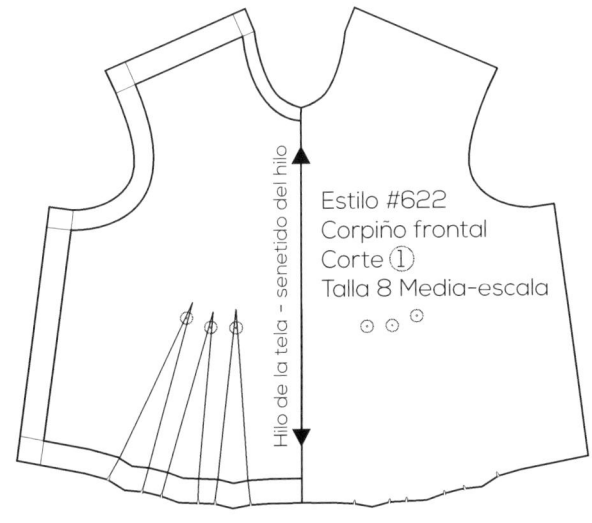

EJERCICIO DE PATRONES 3.7

ACUMULACIÓN DE PINZAS EN EL CUELLO

Este ejercicio añadirá varias pinzas en el cuello usando el patrón base del corpiño frontal de este libro. El diseño modificado tendrá una pinza a través del vértice y dos pinzas más pequeñas. Este estará en un patrón de forma de estrella en el escote.

PASO 1

Prepare el trazado del corpiño frontal como se demostró previamente. Dibuje tres líneas de su elección tanto en longitud como en dirección, desde el escote. Asegúrese dibujar una línea directamente al vértice del patrón base. Este ejercicio le mostrará como tratar las pinzas que no están posicionadas para dar forma al busto. Estas nuevas líneas se convertirán en sus nuevas pinzas.

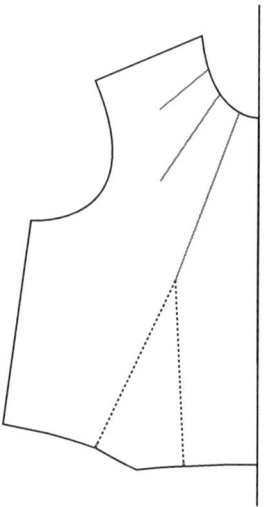

PASO 2

La línea de la pinza que está sobre el vértice debe acortarse para el busto. Añada la caída del busto de ½" (1,3 cm). Escoja los puntos de fuga para las pinzas adicionales. Estas pinzas adicionales son solo para detalles de diseño y no sirven para dar forma. Conecte los puntos de fuga de las pinzas con la caída del busto del punto de la pinza al vértice.

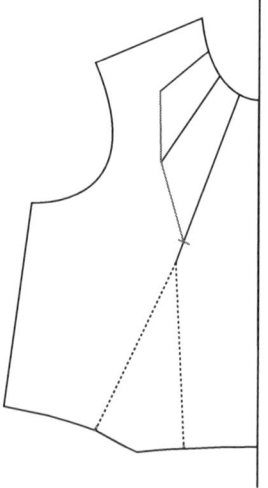

PASO 3

Corte en la línea que conduce al vértice. Cierre la pinza original en la cintura con cinta adhesiva. Esta pinza de la cintura se elimina permanentemente y, el efecto, se mueve hacia el escote.

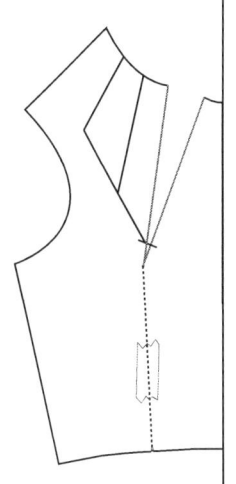

PASO 4

Recorte por cada línea de cada pinza, manteniendo cada pieza conectada. Coloque una pieza de papel detrás de las pinzas. Las pinzas más pequeñas son detalles para el diseño únicamente, por lo tanto, no pueden ser muy grandes. Abra estas pinzas de ¼" (6 mm) para la mitad de la escala. Para la escala completa, use ¼"-1/2" (6 mm – 1,3 cm). La pinza restante distribuirá la pinza del busto por completo.

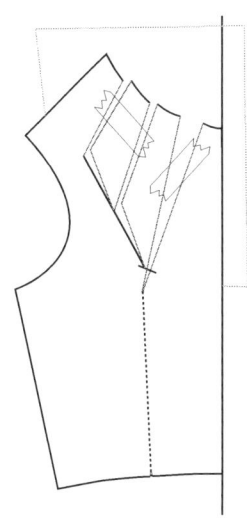

PASO 5

Marque los puntos de fuga de las pinzas más pequeñas en el extremo izquierdo de la abertura del corte. Marque el punto de fuga de la pinza del busto en la mitad de la apertura en la caída del busto.

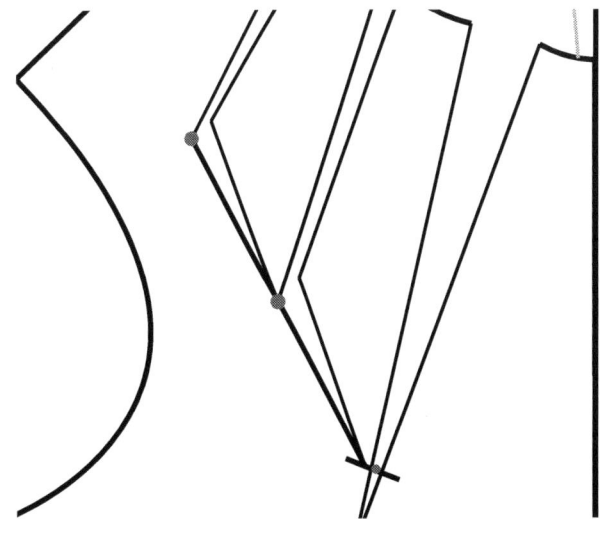

PASO 6

Dibuje desde las patas de la nueva pinza hasta los puntos de fuga desde la apertura del cuello.

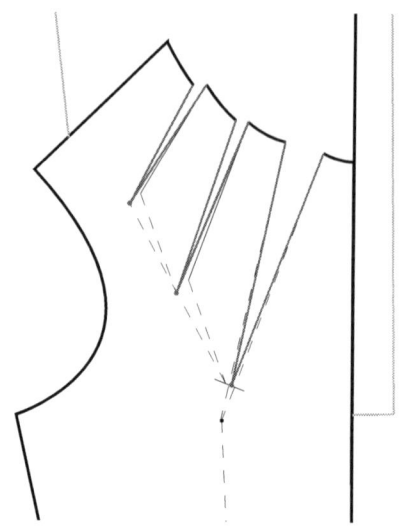

PASO 7

Doble las pinzas para la forma de las pinzas. El cuello original, no se alineará cuando las pinzas están plegadas. Esto se debe a la forma en que cortamos y extendemos. Con las tres pinzas dobladas, usamos la curva francesa para volver a dar forma al cuello. Asegúrese de mantener el centro frontal del cuello a un ángulo de 90 grados o al centro del cuello para ser marcado.

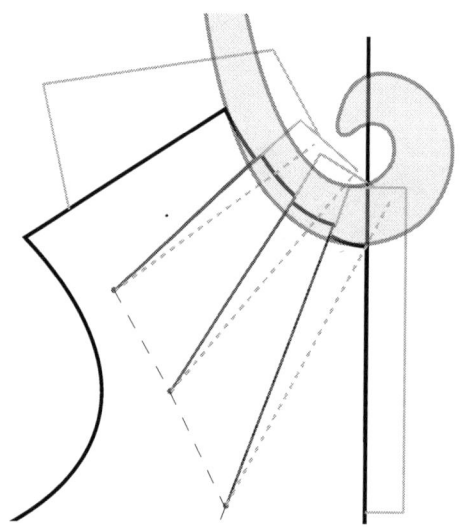

PASO 8

Complete el patrón como se mostró previamente.

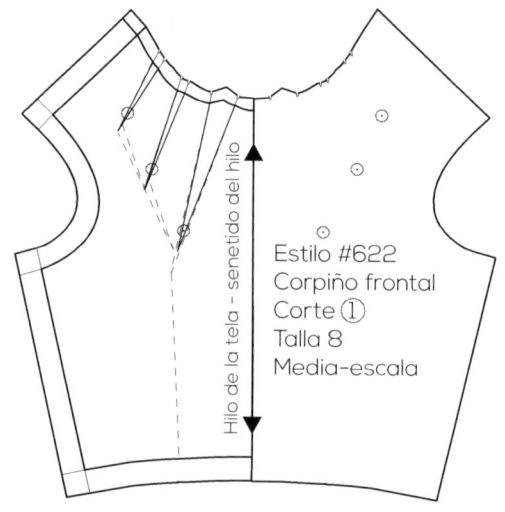

EJERCICIO DE PATRONES 3.8

ACUMULACIÓN DE PINZAS EN EL LATERAL DE LA FALDA

Hasta este punto, toda la manipulación de las pinzas ha estado centrado en el corpiño. En este ejercicio, usamos el patrón base de la falda. Estas pinzas sirven para añadir detalles de diseño a la cadera de una falda básica.

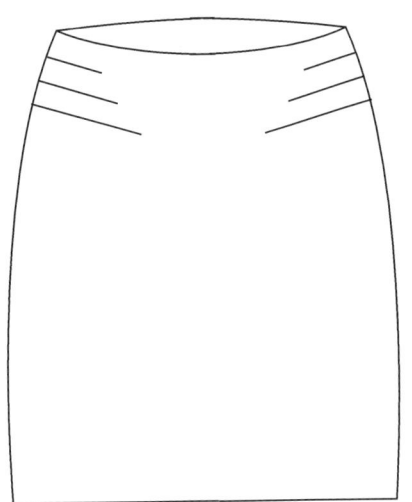

PASO 1

Prepare el papel como se demostró previamente y en el sentido del hilo, sitúe el patrón base de la talda en vez del patrón base del corpiño. Escoja tres posiciones en la costura lateral, y dibuje nuevas líneas de pinzas en la pata de la pinza más cercana a la costura lateral. En este ejercicio, vamos a mostrar tres pinzas, aunque no hay límite en el número que se puede agregar.

PASO 2

La pinza en la parte frontal de la falda es pequeña en tamaño. Hay una mínima forma proporcionada desde esta pinza. Estas nuevas pinzas serán pequeñas y se usan como detalles de diseño. Los puntos de fuga se pueden localizar en cualquier lugar. Escoja sus puntos de fuga. Conecte una línea desde cada una de los puntos de fuga y el punto de fuga original.

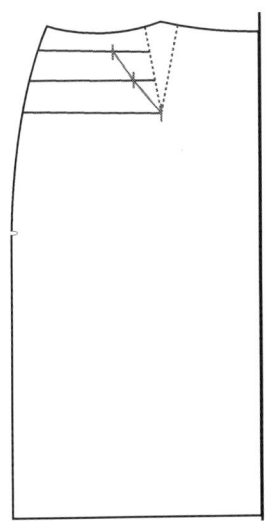

PASO 3

Recorte cada línea. Cierre y pegue la pinza original. Distribuye las nuevas pinzas de igual forma y ponga cinta adhesiva para pegar de las nuevas pinzas.

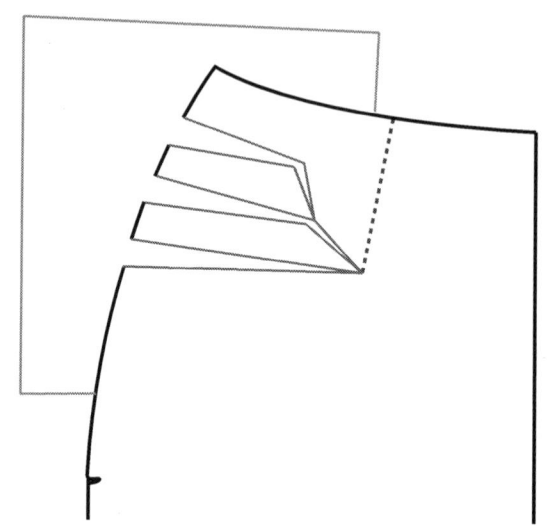

PASO 4

Marque los puntos de fuga de cada pinza, ya que las marcas cortadas las habrán cortado. Dibújelos en cada una de las pinzas nuevas. Doble sus nuevas pinzas cerradas para crear la forma de la pinza en la costura lateral. La costura lateral necesitará ser reformada con la curva de la cadera. Trace la curva lateral con la ruleta de marcado para crear las nuevas cabezas de las pinzas.

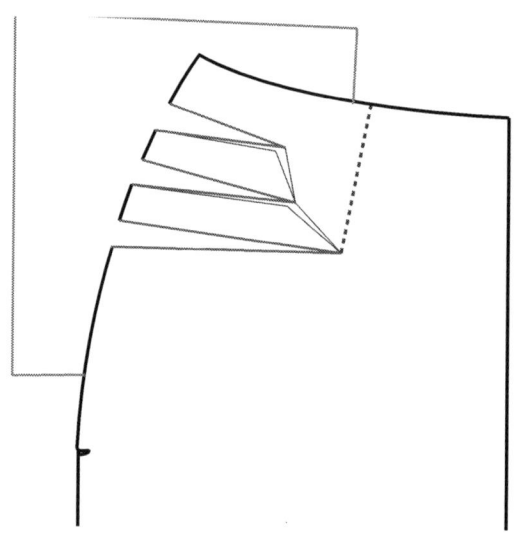

PASO 5

Complete el patrón como se mostró previamente. Añada 1" (2,5 cm) de los márgenes de costura para el dobladillo. La falda tendrá muescas en la parte superior de la costura lateral y en el dobladillo.

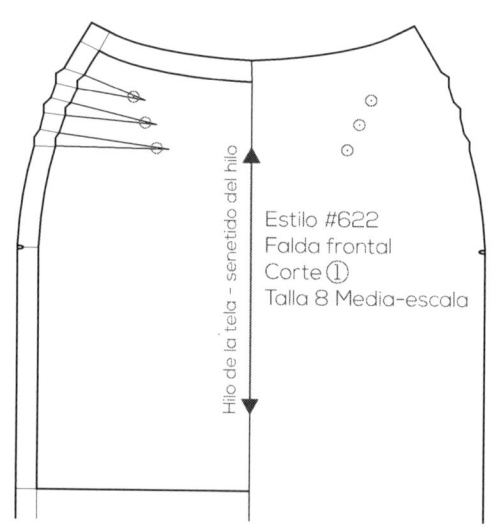

Estilo #622
Falda frontal
Corte ①
Talla 8 Media-escala

EJERCICIO DE PATRONES 3.9

PINZAS PLEGADAS EN EL CODO

Este ejercicio muestra como la manipulación de una pinza puede adaptarse en el patrón base de una manga. Los pliegues requieren pequeñas cantidades de tela. La pinza en el patrón base de una manga es relativamente pequeña. Dividiendo esta pinza, se crearán pequeñas alforzas. Estas pinzas se consideran como detalles del diseño y sirven muy poco para el propósito de dar forma a una prenda.

PASO 1

Prepare el papel como se mostró previamente. Alinee la línea central del patrón base hasta el hilo de la tela, el sentido del hilo del papel y trace la manga con pinzas. Dibuje en la pinza de la manga y recórtela tal como se hizo en la acumulación de pinzas de la cintura. Asegúrese de transferir todas las muescas en la cabeza de la manga en el trazado.

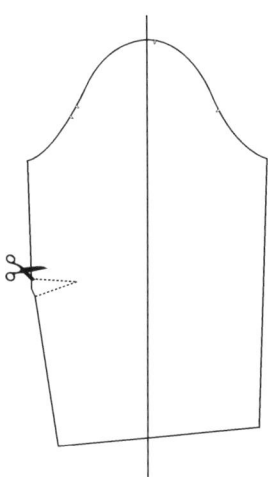

PASO 2

En ambos lados de las patas de las pinzas, dibuje ½" (1,3 cm) líneas paralelas. Use 1" (2,5 cm) para un trazado a escala completa. Tenga en cuenta que la distancia de estas líneas paralelas desde las líneas de la pinza original puede variar basándose en la elección de su diseño. Estas líneas serán las nuevas pinzas. Dibuje una línea que conecte a los puntos de fuga juntos como sucedió en anteriores ejercicios.

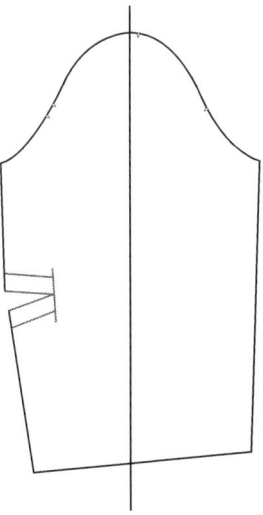

PASO 3

Estas pinzas serán pequeñas. Recorte cada línea y distribuya las pinzas uniformemente para facilitar la construcción de la costura. Ponga cinta adhesiva en su lugar. Cree las cabezas de la pinza doblando el papel y dibujando en la nueva forma de la línea de costura.

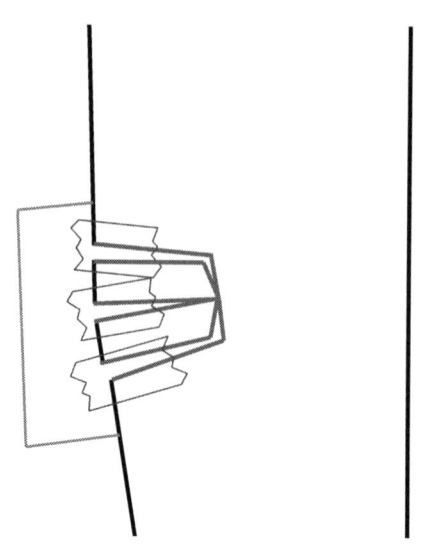

PASO 4

Añada un margen de costura de ½" (1,3 cm) por todos lados. Las muescas de la cabeza de la manga tienen que transferirse al margen de costura. Extienda las muescas hasta el borde del margen de costura, dibujando a un ángulo de 90 grados desde la cabeza de la manga.

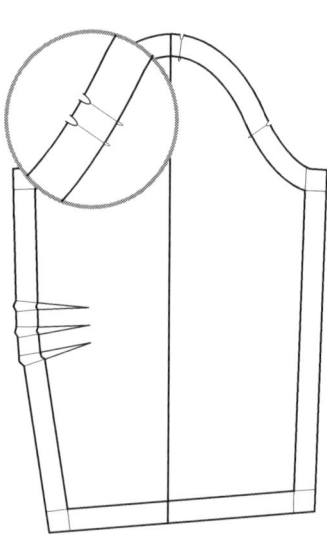

PASO 5

Complete el patrón como se mostró previamente. El diseño requiere una pieza de patrón derecha y otra izquierda. Corte dos hojas de papel cuando recorte sobre las líneas de los márgenes de costura. La manga tiene muescas en la costura de las axilas y el dobladillo.

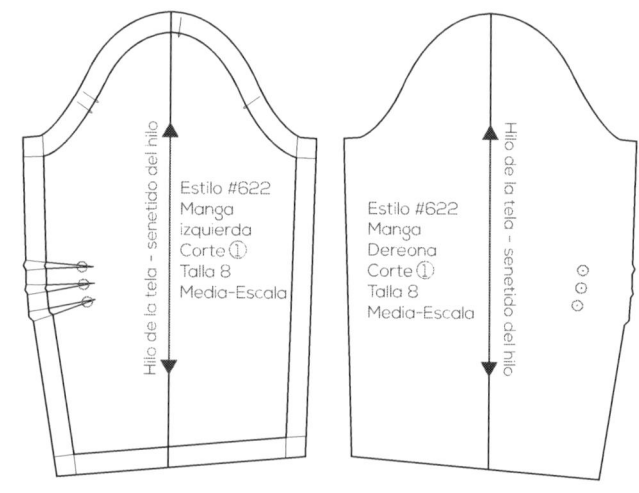

EJERCICIO DE PATRONES 3.10

FALDA DE CORTE A

Una falda de corte A se crea por manipulación de una pinza sencilla de la falda en el patrón base para añadir plenitud en el dobladillo de la falda y eliminar la pinza por completo. Este ejercicio emplea el método del pivote. Los patrones finales ahora se muestran para este ejemplo. Complete los patrones como se mostró previamente.

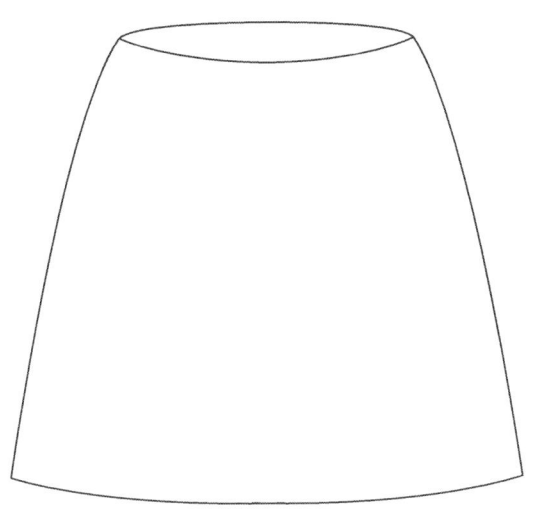

PASO 1

Prepare el papel como se demostró previamente. Alinee la parte frontal de patrón base a el hilo de la tela, el sentido del hilo. Trace el patrón base de la falda en la cintura, desde el centro frontal hasta la primera muesca de la pinza. En el dobladillo de la falda, trace en la parte inferior del patrón base unos centímetros, aproximadamente igual a la distancia que dibujó en la cintura.

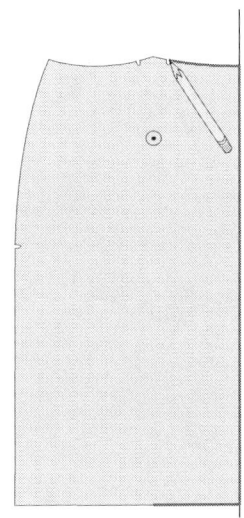

PASO 2

Con el punzón en el orificio de la pinza, rote la pinza en el punto de fuga, para alinearse la segunda muesca con la línea dibujada en la cintura. Trace el lado restante de la falda. Use la regla curva para armonizar con la forma del dobladillo. Asegúrese de mantener las costuras centrales y laterales en un ángulo de 90 grados.

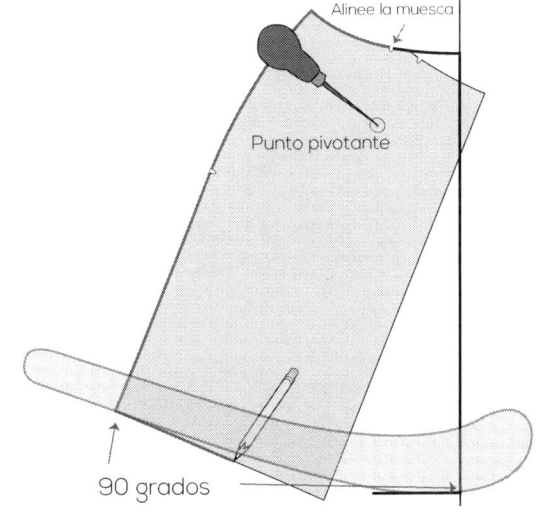

PINZAS 65

EJERCICIO DE PATRONAJE 3.11

MANGA RECTA

Este ejercicio modificará el ajuste del patrón base de la manga para una manga recta por una simple manipulación de la pinza. La pinza se elimina y el dobladillo se amplía. Este ejercicio emplea el método pivotante o rotación. Los patrones finales se muestran ahora para este ejemplo. Complete el patrón como se mostró previamente.

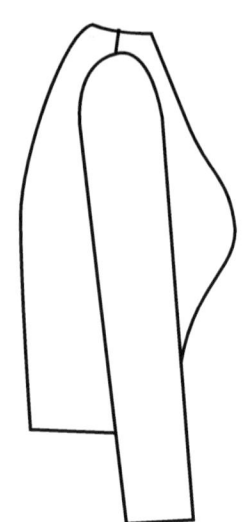

PASO 1

Prepare el papel como se mostró previamente. Use la el hilo de la tela, el sentido del hilo del papel, y alinéelo al patrón base y trace la cabeza de la manga y el lateral de la manga sin pinza. Trace la otra cara desde la cabeza de la manga hacia abajo a la primera muesca de la pinza como se ve en la imagen.

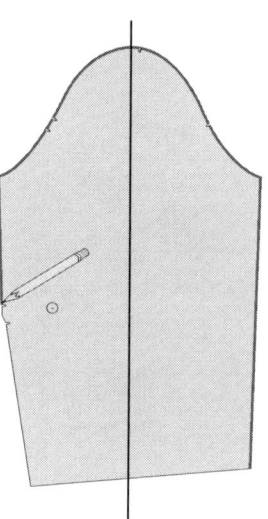

PASO 2

Usando el perforador, rote el patrón base en el punto de fuga, alineando la segunda muesca con la lína que acaba de trazar y continúe el trazo lateral del patrón base. Saque el patrón base. En el dobladillo, una los finales de la líneas dibujadas con una línea recta.

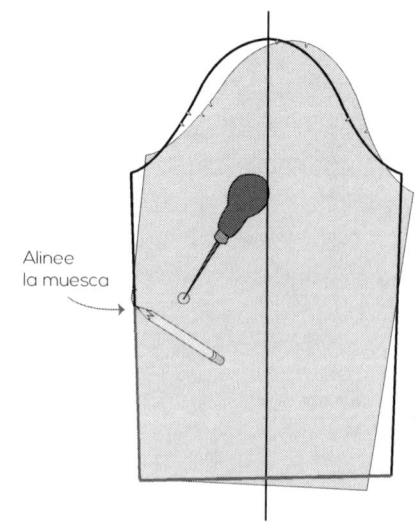

Alinee la muesca

CAPÍTULO 4

PLISADOS Y PLIEGUES

Los plisados y los pliegues ayudan a dar forma a una prenda, muy parecido a una pinza. Estos detalles del patrón también pueden dar volumen a la prenda.

Los plisados y los pliegues se pueden encontrar en cualquier tipo de prenda tanto vestidos como abrigos.

Solo un número seleccionado de modificaciones en el diseño se discuten en este capítulo, pero las posibilidades son infinitas y una vez que entienda el proceso, podrá crear tantas como quiera.

PLISADOS

Un plisado tiene el mismo propósito que una pinza, pero está menos estructurado. Un plisado se indica en el patrón con dos muescas en el borde de la tela y una flecha indicando la dirección donde se doblará la tela. Se pueden encontrar otras marcas para plisados en la industria, pero esta es la única manera en la que se marcarán en este libro.

EJERCICIO DE PATRONES 4.1

CREAR UN PLISADO

La manera más sencilla de hacer un plisado es convertir una pinza en un plisado. Este ejercicio usa el patrón base frontal de la falda.

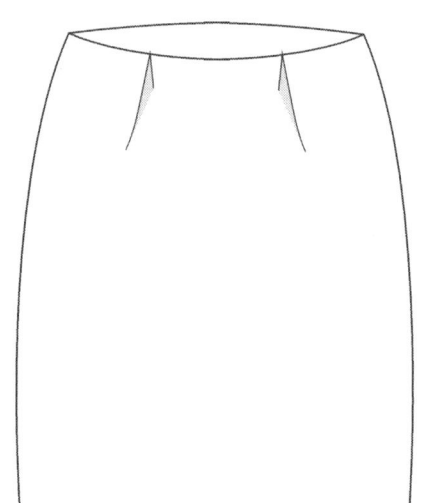

PASO 1

Prepare el patrón base de la falda como se demostró previamente. Transfiera las muescas de la cintura a la línea de la cadera, pero no la perforación.

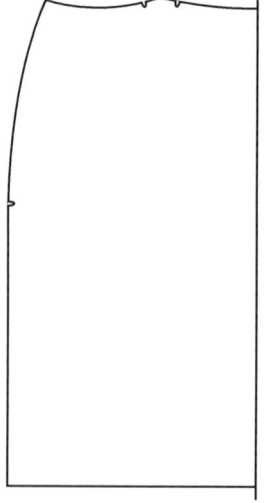

PASO 2

Escoja la dirección en la que quiere que se doble el plisado. Los plisados no tienen que tener las mismas reglas que las pinzas, por eso, puede escoger la dirección en la que lo va a doblar. Ponga una flecha desde el lado donde va a doblar el plisado, al lado donde va a quedar doblado. Así habrá creado un plisado en la falda.

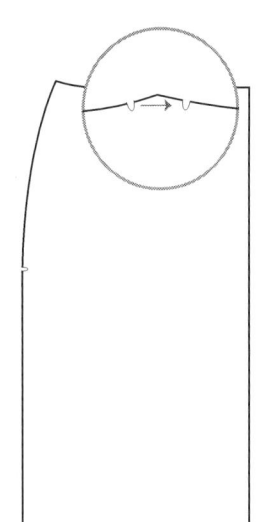

PASO 3

Complete el patrón como se demostró previamente.

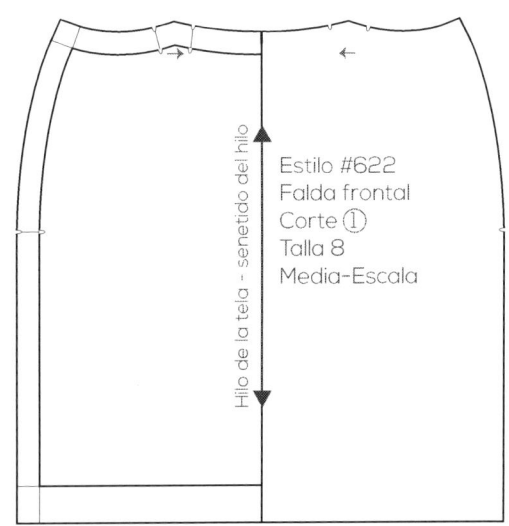

Estilo #622
Falda frontal
Corte ①
Talla 8
Media-Escala

Hilo de la tela - senetido del hilo

EJERCICIO DE COSTURA 4.1

PLISADOS

En el trazado del patrón, es importante comprender el proceso completo desde el trazado del patrón hasta la costura de las muestras. En este ejercicio, se coserá un plisado básico.

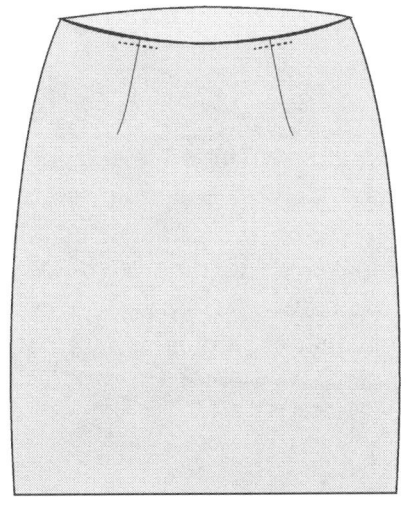

PASO 1

Un pliegue se cose doblando la tela de muesca a muesca siguiendo la dirección de la flecha. Hay dos opciones para preparar el pliegue para la construcción de la prenda.

Doblar muesca a muesca

OPCIÓN A: PUNTADA EN EL MARGEN DE COSTURA

PASO 2A

Coser a máquina el plisado hacia abajo en el margen de costura, utilizando pespuntes en ambos extremos. Esto se logra manteniendo la puntada dentro del margen de costura. Cuando se cose la prenda, esta puntada no se verá.

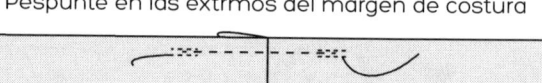
Pespunte en las extrmos del margen de costura

OPCIÓN B: HILVANADO

PASO 2B

La segunda manera de asegurar el plisado es coser fuera del margen de costura con un "hilvanado". Un hilvanado, es la costura más larga que una máquina puede coser, que hace que los hilos sean fáciles de seleccionar. No use hilvanados donde las puntadas se puedan quitar fácilmente.

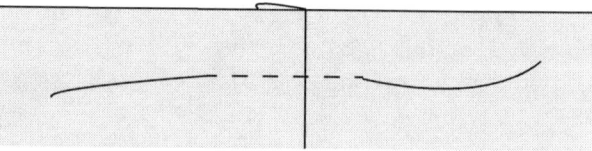
Hilvando en los extremos del margen de costura

PLIEGUES

Un pliegue es un plisado o pinza que está parcialmente cosido. Un pliegue en el patrón es similar a una pinza, pero las patas de la pinza se acortan. Además, tiene dos perforaciones a 1/8" (3 mm) en el interior del final de las patas de las pinzas. La dirección del pliegue se indica con una flecha.

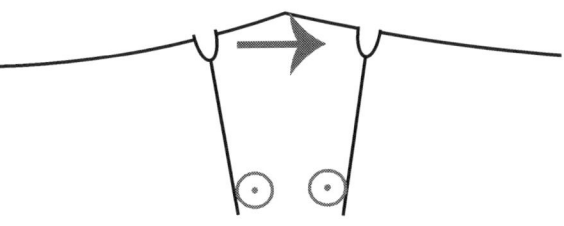

EJERCICIO DE PATRONES 4.2

CREAR UN PLIEGUE

Una manera sencilla para crear un pliegue es convirtiendo una pinza de la cintura en la parte frontal del pantalón del patrón base en un pliegue.

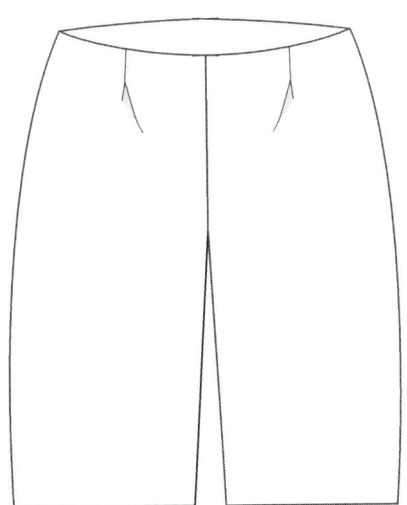

PASO 1

Prepare el papel como se mostró previamente. Alinee la línea de grano del patrón base, paralela a la línea de grano en el papel y trace el patrón base. Marque las muescas y transfiera el orificio.

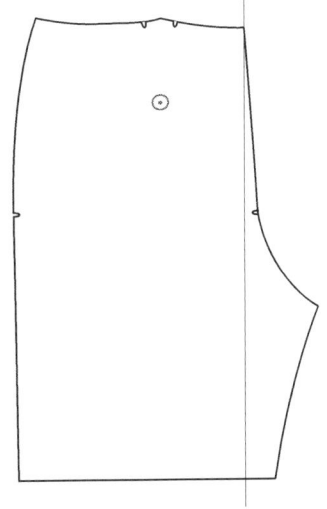

PASO 2

Dibuje a la pinza ligeramente (la porción más baja se eliminará) y escoja una posición antes del punto de fuga para que el pliegue termine. Vuelva a dibujar la porción del pliegue de la línea de la pinza en color más oscuro y borre el resto de la pinza.

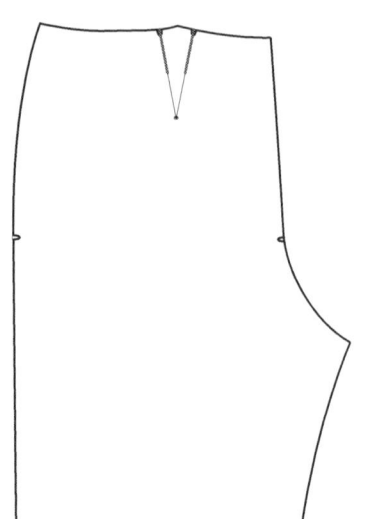

PASO 3

Coloque el punto final del pliegue con una pequeña línea cruzada a 90 grados y añada un orificio a 1/8" (3 mm) del interior de la esquina de la marca. Añada una flecha para la dirección en la que se cierre el pliegue.

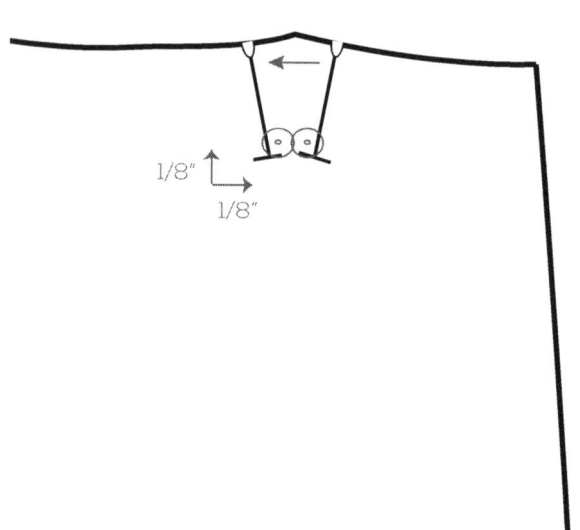

PASO 4

Coloque un margen de costura de ½" (1,3 cm) por todo el perfil. Complete el patrón como se mostró previamente. Crea un patrón derecho y otro izquierdo cortando dos hojas de papel. Coloque muescas de margen de la costura en la cintura y el tiro. Coloque una muesca adicional de margen de costura en la entrepierna.

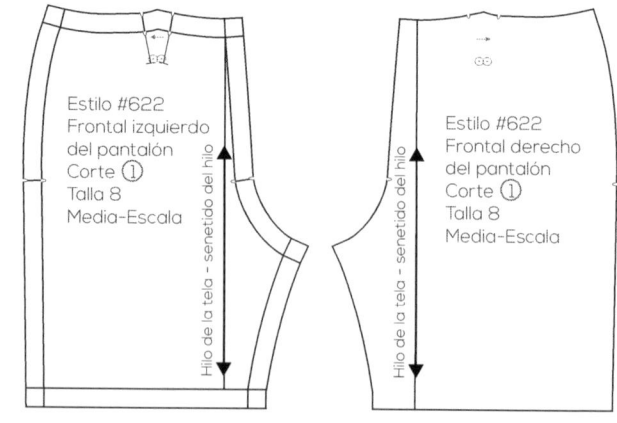

EJERCICIO DE COSTURA 4.2
PLIEGUES

Para comprender completamente el mecanismo de un pliegue, es importante comprender como el costurero percibe el diseño trazado. Estos pasos demuestran la costura de un pliegue básico.

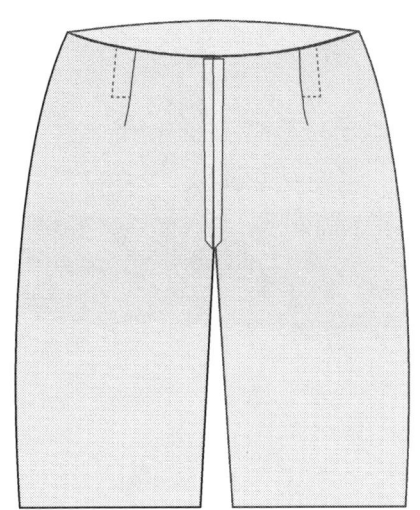

PASO 1

Un pliegue se dobla primero por la parte donde las muescas se alinean y donde los orificios coinciden. Una las muescas juntas y los orificios también.

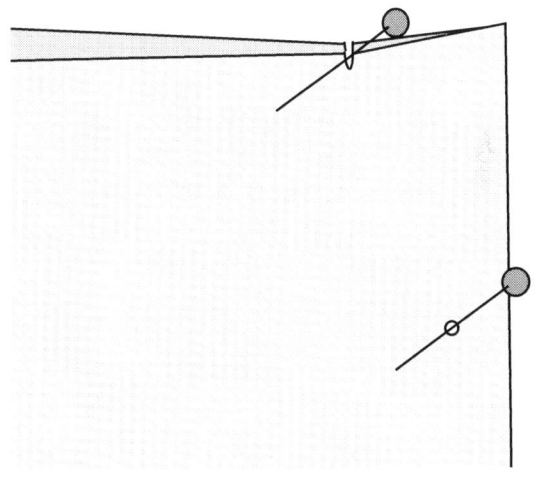

PASO 2

Cosa desde las muescas hacia las perforaciones, cosiendo al exterior del orificio en 1/8 "(3 mm). Cosa más allá de la perforación a 1/8 "(3 mm), luego, gire la aguja en la tela para coser hasta el pliegue de la tela. Haga un pespunte en ambos extremos de la puntada. Doble el pliegue en la dirección indicada por la flecha y asegure la parte superior tal como se hizo en el Ejercicio de Costura 4.1.

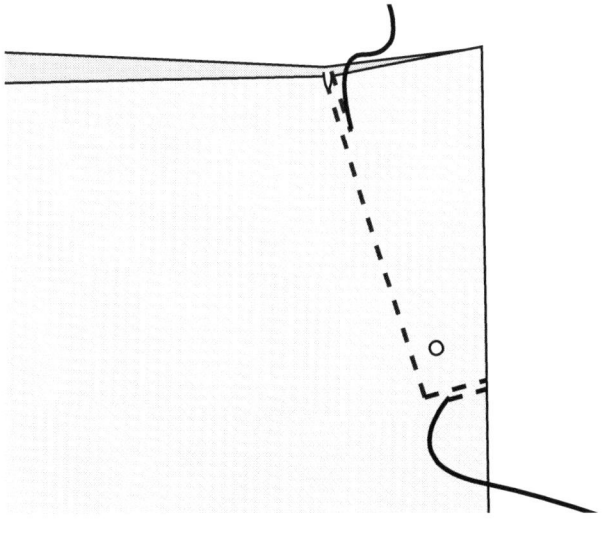

EJERCICIO DE PATRONES 4.3

FALDA TABLEADA FORMA - A

Utilice el trazado de forma A del ejercicio patrón 3.10 para completar este ejercicio. Para añadir plenitud al cuerpo de la falda, se añaden tablas.

PASO 1

Marque el número de tablas que desea tener en la cintura. Estas se pueden dibujar con el espaciado o la dirección que elija. En este ejercicio, se mostrarán tres tablas. Enumere cada segmento. Como guía para alinear estos plisados, dibuje una línea perpendicular a la línea de grano en el centro del trazo como se muestra en la imagen.

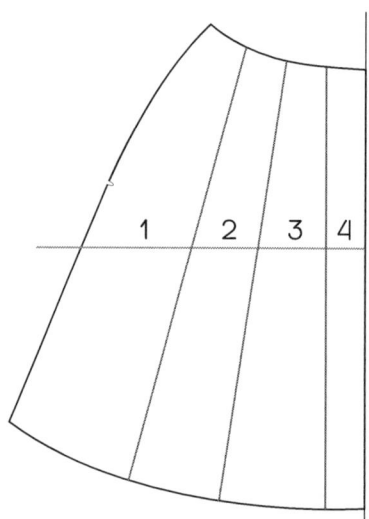

PASO 2

En otra hoja de papel, marque la línea de grano y una línea perpendicular a través con la misma altura hasta dibujar la falda de forma A.

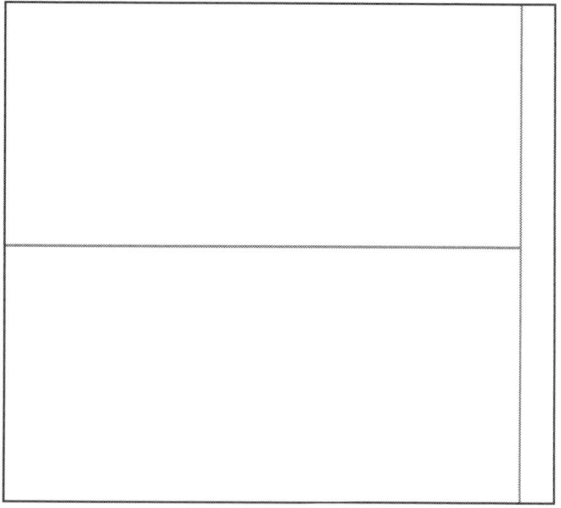

PASO 3

Corte el patrón de la falda separando cada línea de colocación de tabla sobre la vertical. Utilice la línea horizontal como guía y espácielas en la nueva hoja de papel según sus preferencias. Las tablas se pueden espaciar en cualquier cantidad. El tamaño de la tabla acabada será exactamente la mitad de la cantidad repartida. Si desea tener una tabla de una pulgada, espácielo dos pulgadas.

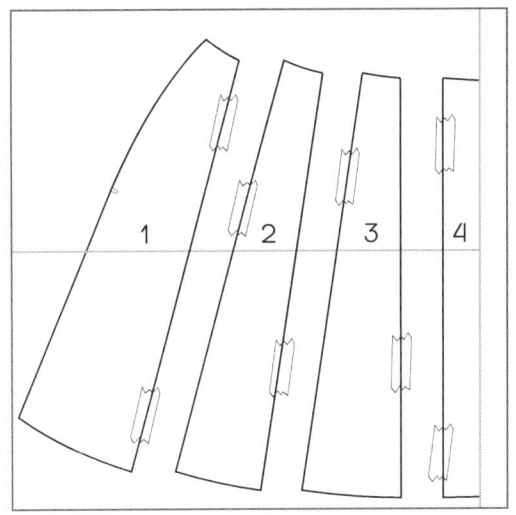

PASO 4

Doble y cierre las tablas en la dirección que elija. Utilice la rueda de marcado para trazar la cintura. Dibuje la forma de la cintura con las nuevas marcas como se ha demostrado en ejercicios anteriores. Dibuje una flecha con la dirección del plegado de las tablas. Use la curva de cadera para armonizar en forma final para el dobladillo.

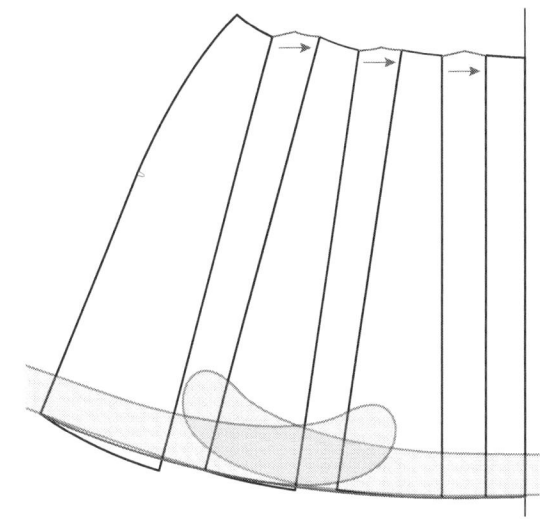

PASO 5

Haga el patrón completo añadiendo papel en la parte derecha y doblando en la el hilo de la tela, el sentido del hilo. Complete el patrón como se mostró previamente.

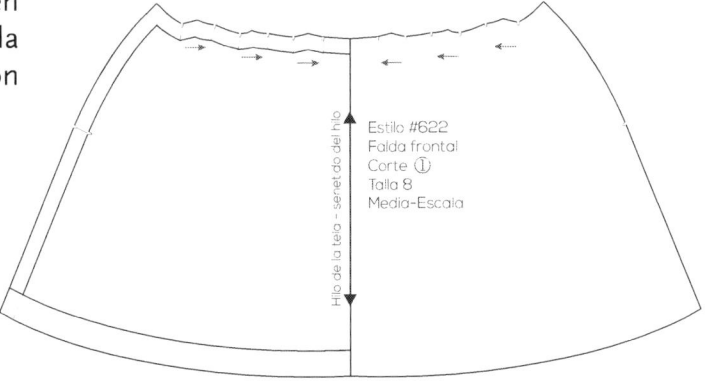

PLISADOS Y PLIEGUES

EJERCICIO DE PATRONES 4.4

MANGA CON DOBLADILLO PLEGADO

Este ejercicio emplea el trazo de la manga recta del ejercicio de patrones 3.11. Se completa añadiendo pliegues a la parte inferior de la manga.

PASO 1

Recorte la manga recta por las líneas exteriores. Elija la ubicación de los pliegues en el dobladillo. En la imagen se muestran seis pliegues espaciados uniformemmente. Marque el final de cada pliegue. Dibuje líneas desde los pliegues hasta la tapa de la manga, espaciándolas de manera uniforme.

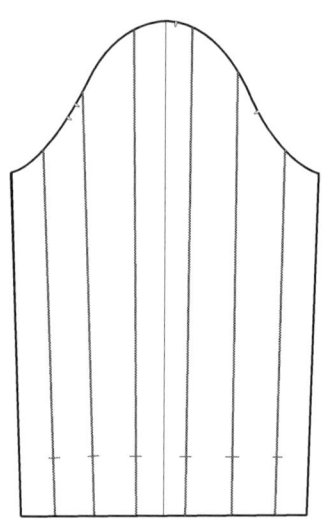

PASO 2

Recorte las líneas desde el dobladillo de la manga hasta la cabeza. Expanda las secciones según sus preferencias, de acuerado del plenitud deseado. Pegue las piezas con cinta adhesiva.

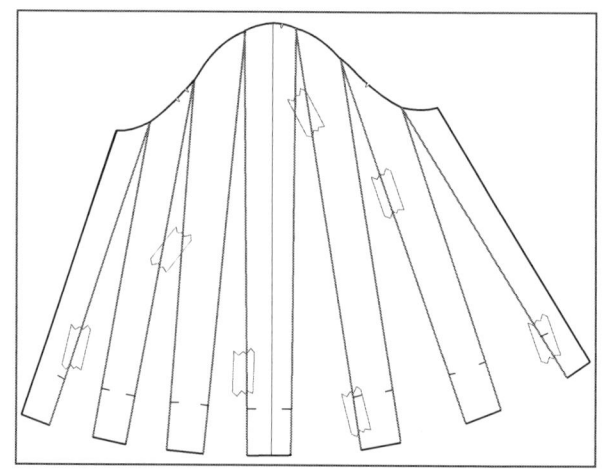

PASO 3

Doble y une los pliegues como se mostró en ejercicios anteriores para recrear la forma del dobladillo de la manga original. Los pliegues se pueden doblar en cualquier dirección deseado. Use la rueda de marcada para hacer un trazo sobre el dobladillo de la manga. Esto define la forma de los pliegues en el dobladillo.

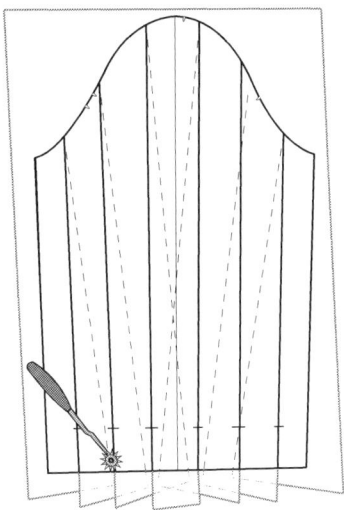

PASO 4

Marque los cruces a los finales de los pliegues, y las direcciones en que se van a cerrar. Añade orificios a 1/8" (3mm) desde las cruces. Complete el patrón como se mostró previamente. Para resaltar el hilo de la tela, el sentido del hilo, dibuje una línea a través de la cabeza de la manga, divida por la mitad y dibuje una línea perpendicular en el centro. Crea un patrón de la manga derecha e izquierda.

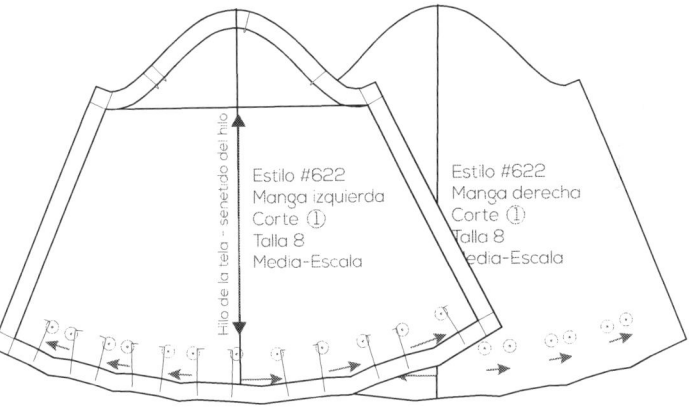

PLISADOS Y PLIEGUES

CAPÍTULO 5

FRUNCIDOS

Los fruncidos se pueden usar en lugar de una pinza. Los fruncidos requieren una situación estratégica para mantener la forma en proporción al resto de la pieza. Puedes incluso manipular la proporción de una prenda para enfatizar un área, tal como un hombro o la pierna de un pantalón.

Los fruncidos se crean alterando la plenitud existente en una prenda. Se puede hacer por método pivotante o método de cortar y abrir.

Los fruncidos también se pueden utilizar para darle una amplitud adicional a la prenda.

EJERCICIO DE PATRONES 5.1

CREAR FRUNCIDOS

Al igual que los pliegues y los plisados, los fruncidos se pueden crear desde una prenda completa a partir de una pinza. La differencia principal es que un fruncido no es un reeemplazo igual a una una pinza. Los fruncidos toman la plenitud de una pinza, más plenitud adicional de cada lado de la pinza original. Un gran ejercicio donde puede intercambiar una pinza por un fruncido es en el codo de una manga.

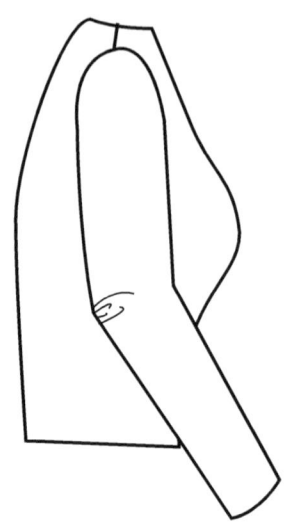

PASO 1

Prepare el trazado de la manga como se mostró previamente. Cuando se convierte una pinza en un fruncido, no puedes hacer una sustitución una a una tal como se hacía con pliegues y plisados. Más bien, los fruncidos deben hacerse con la amplitud añadida desde el principio.

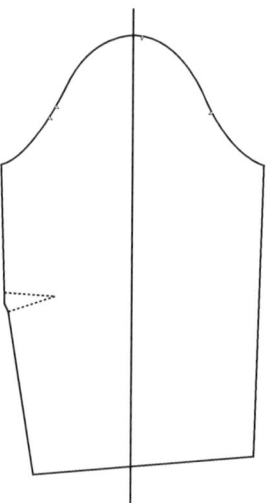

PASO 2

Determine el tamaño del área que quiere terminar con fruncidos. En este ejercicio, se escoge un área de 1" (2,5 cm) para un fruncido a media escala. Divida la cantidad total de los fruncidos por la mitad. Marque ½ de la cantidad (1/2" (1,3 cm) en este caso) en ambos lados de la pinza del codo. Estas marcas se convierten en muescas del área fruncida.

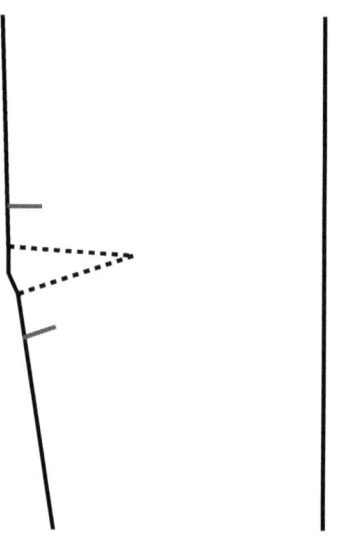

FORMAS

PASO 3

Borre las patas originales de la pinza. Entre las nuevas muescas, marque la cantidad fruncida con una flecha con dos puntas de muesca a muesca. Use una regla de forma curva para redondear la punta de la pinza. Complete el patrón como se mostró previamente. Cree los patrones para la derecha y para la izquierda.

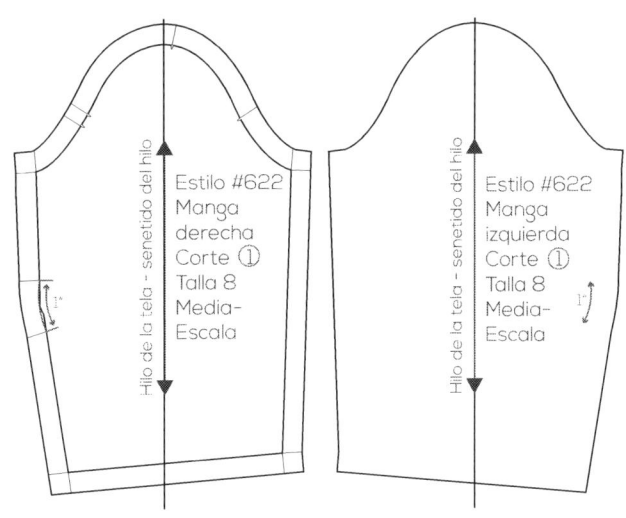

EJERCICIO DE COSTURA 5.1

FRUNCIDOS

Para comprender mejor el efecto de los fruncidos en una prenda, se revisará la costura de los fruncidos en el trazado de la manga de arriba.

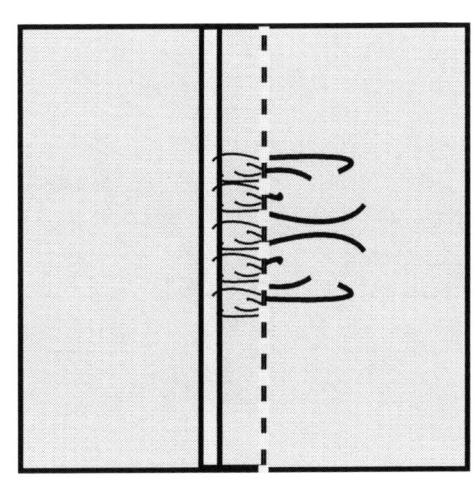

PASO 1

Los fruncidos se distribuyen de igual manera cuando se cose, para no dejar un efecto plisado, sino un efecto fruncido. Cose dos filas de "hilvanes" uno al lado del otro, en el margen de costuras, entre las muescas. Un hilván es la puntada más grande que una máquina puede hacer y no tiene pespunte.

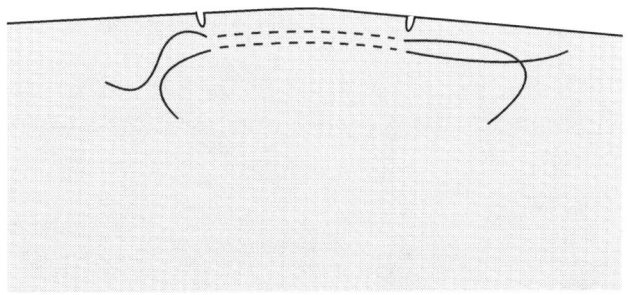

PASO 2

Tire de los hilos hasta la cantidad indicada en su patrón entre las muescas, que era 1" (2,5 cm) para el patrón de la manga anterior. Una vez que reúna el área con la cantidad deseada, haga puntadas a máquina sobre las puntadas de hilvanado para asegurar los frunces.

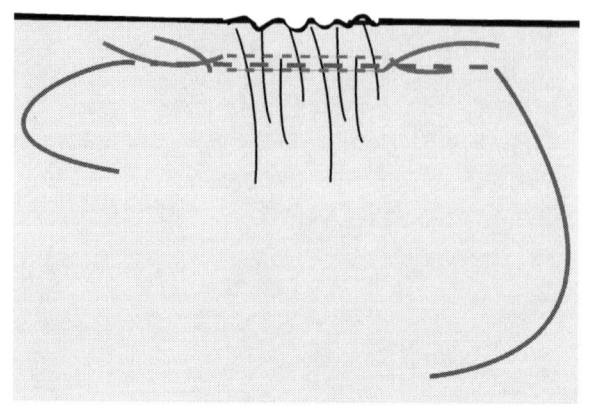

EJERCICIO DE PATRONES 5.2

MANGA ABULTADA

En este ejercicio, modificamos la el patrón base de una manga, añadiendo plenitud a la tapa de la manga usando el método de corte y apertura. Para hacer este ejercicio más desafiante, añadiremos también al altura de la copa de la manga para que se parezca abultada.

PASO 1

Prepare el patrón base de la manga como se mostró previamente. Mida la copa de la manga desde la muesca doble de la parte trasera a la muesca individual en la parte frontal. Para conseguir esta medida, use una cinta métrica de tela o el costado de la regla de cuadrícula y recorra la curva. Indique la cantidad en el patrón.

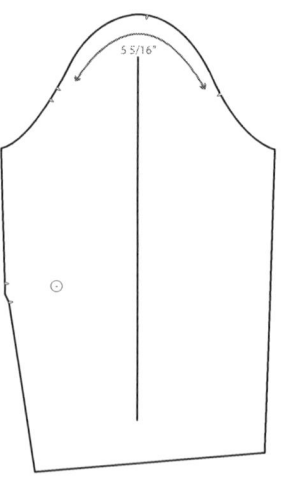

PASO 2

Recorte la manga. En este ejercicio se marcarán cinco zonas en la copa de la manga. Dibuje líneas hasta el dobladillo. Corte en las líneas desde la copa de la manga hasta el dobladillo. Recorte, dejando el dobladillo unido por una pequeña cantidad. Espacie cada sección para conseguir la amplitud deseada y pegue las piezas con cinta adhesiva.

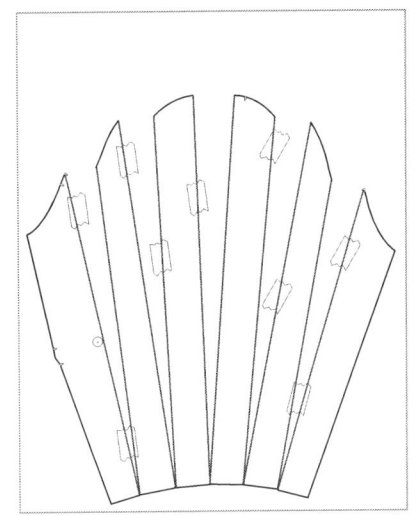

PASO 3

Escoja la altura para fruncir la manga y dupliquéla. Para un fruncido de 1" (2,5 cm), añadimos 2" (5 cm) a la altura. Se necesita duplicar la cantidad porque lo que se sube, también se baja. Marque la nueva cantidad en la copa de la manga y utilice las reglas curvadas para armonizar la forma nueva hasta las muescas. Transfiera la muesca de la cabeza de la manga a la parte superior de la curva.

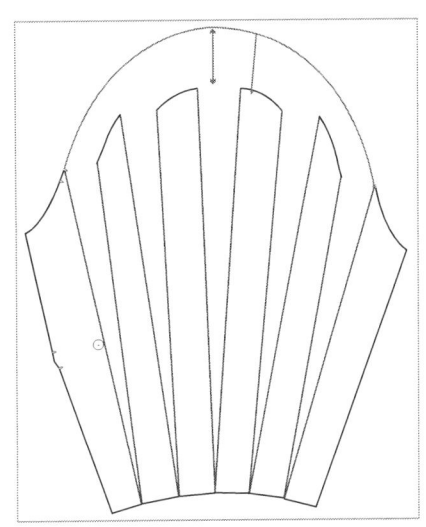

PASO 4

Añada la línea de grano y complete el patrón como se mostró previamente. Marque la copa de la manga con una flecha con dos puntas y la cantidad finalizada del fruncido de la medida de la cabeza de la manga original. Crea patrónes derecho e izquierdo de la manga.

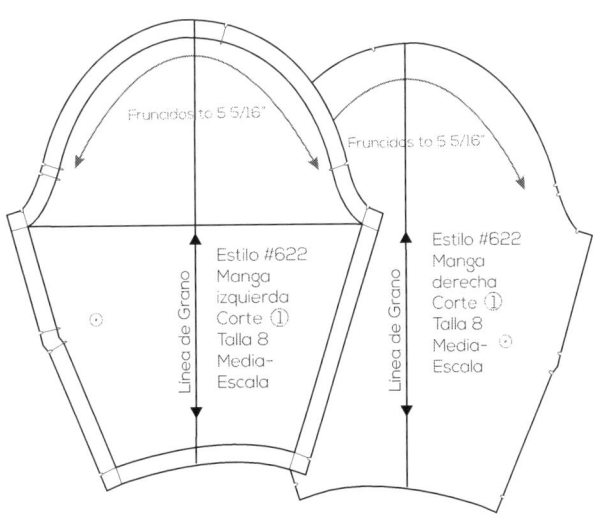

EJERCICIO DE PATRONES 5.3

PIERNA DE PANTALÓN FRUNCIDA

En este ejercicio, se añade anchura al dobladillo del patrón base de un pantalón con el método pivotante o de rotación. Antes de empezar, determine dónde desea poner los fruncidos y cuánta amplitud quiere aumentar. Los fruncidos añadidos entre las piernas pueden ser incómodas y voluminosas, por lo que se evitan en este ejercicio.

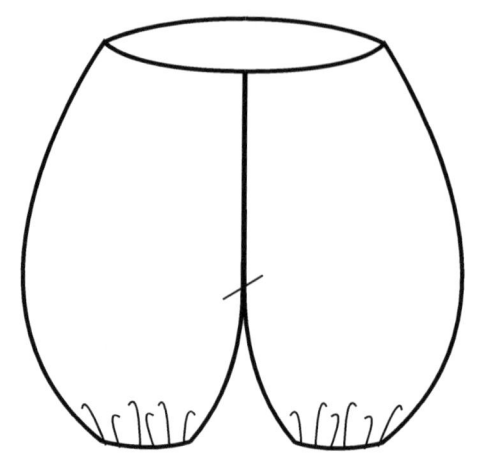

PASO 1

Marque las área que desea hacer fruncido en los patrones base frontal y trasero. Para este ejercicio, no hay fruncido en la zona directamente entre las piernas. Esta es una elección personal, ya que no hay reglas para restringirle la colocación de los fruncidos en cualquier lugar. El patrón base se recorta antes de la rodilla, por lo tanto, esta muestra se fruncirá alrededor del muslo.

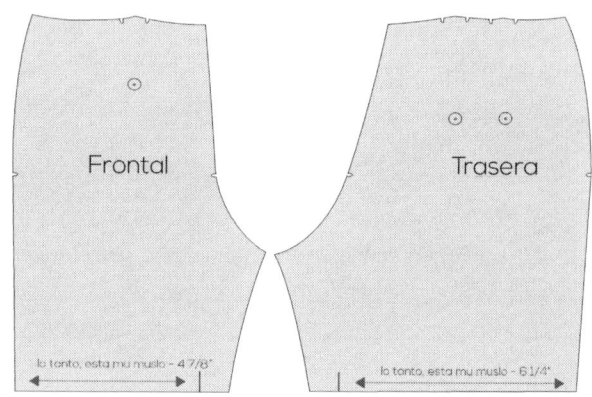

PASO 2

Prepare el patrón base del pantalón como se mostró anteriormente. Trace la cintura desde el centro hasta la primera muesca de la pinza. Trace el tiro y la entrepierna. Continúe trazando la línea del dobladillo hasta donde ha elegido iniciar los fruncidos del pantalón. Esta marca también será nuestra muesca para los fruncidos.

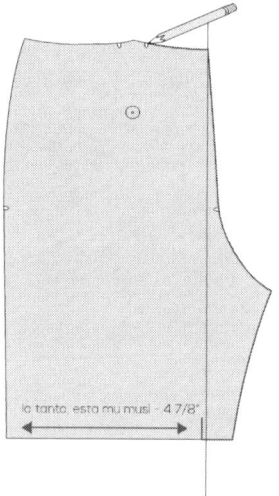

PASO 3

La cintura de la parte frontal necesitará un segundo punto pivotante para crear suficientes fruncidos en el dobladillo. En la parte frontal de la cintura, marque el punto aproximadamente el punto a mitad del camino entre la segunda muesca de la pinza y la costura lateral. En la parte trasera, la segunda pinza actuará como punto pivotante.

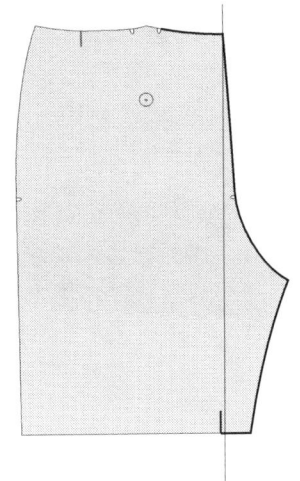

PASO 4

Utilizando el punzón para pivotar la pinza desde el punto de fuga, alinee la muesca al izquierda de la pinza con la línea trazada de la pinza. Trace la parte de la cintura entre la pinza y el segundo punto pivotante. En el dobladillo, marque el punto intermedio entre la costura lateral y la muesca del fruncido. Trace la parte central del dobladillo.

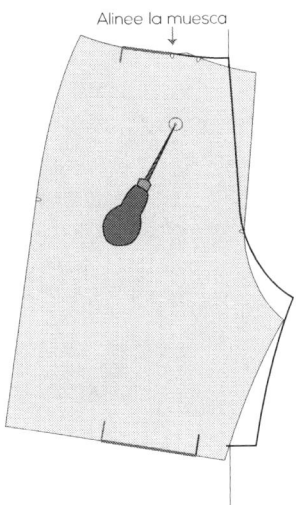

Alinee la muesca

PASO 5

La siguiente parte es difícil ya que no hay una pinza para pivotar en (en la parte delantera). Tome el patrón base y gire desde la cintura, moviendo el dobladillo del patrón base a la misma distancia que se abrió en la parte inferior desde el primer punto pivotante. Para la parte trasera, pivote en la segunda pinza, al igual que se hizo para la primera pinza.

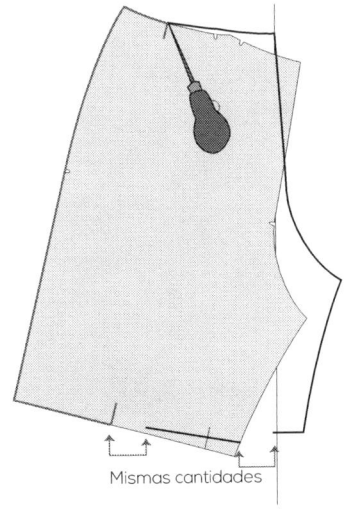

Mismas cantidades

FRUNCIDOS 85

PASO 6

Retire el patrón base. La costura lateral en el dobladillo se incrementará para que los fruncidos se extienden desde la parte delantera hasta la parte posterior. Mida el espacio entre las marcas en el dobladillo. Tome la mitad de esa cantidad y agréguela a la línea del dobladillo en la costura lateral. Utilice la curva sastre y dibuje la nueva costura lateral. Haga una línea curva para el dobladillo. Amonize la curva en el dobladillo.

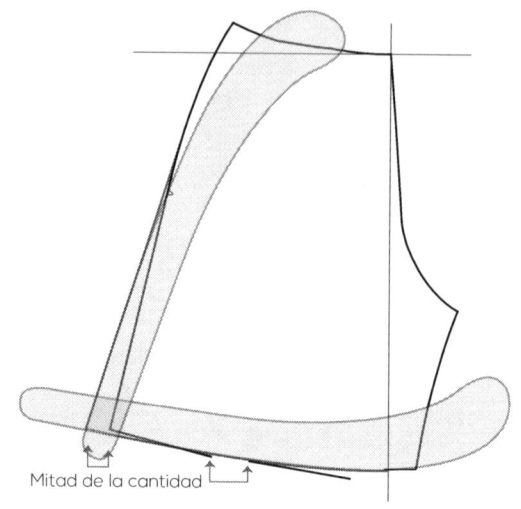

Mitad de la cantidad

PASO 7

Realice una muesca al principio de donde hemos colocado los fruncidos e indique en qué cantidad habrá que fruncirse. En este caso, 4 7/8". Complete el patrón como se ha mostrado anteriormente. Crea un patrón derecho e izquierdo. Repita todos los pasos para la parte posterior del pantalón.

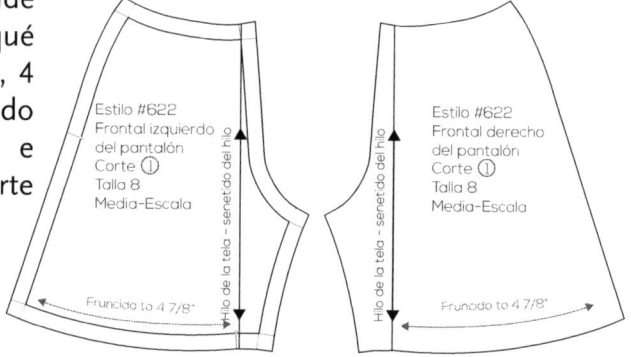

SECCIÓN 2

LÍNEAS

Capítulo 6: Lineas de Estilo

Capítulo 7: Combinar Estilos

CAPÍTULO 6
LÍNEAS DE ESTILO

Las líneas de forma, también llamadas líneas de costura se pueden crear en cualquier lugar dentro de una prenda. Se pueden utilizar para dar forma a una prenda, visual y/o físicamente. Los primeros ejercicios muestran líneas de estilo simples.

Las líneas de costura se pueden utilizar para eliminar las pinzas y contornear la prenda al cuerpo.

La forma sencilla de crear líneas de estilo es a través de la localización de pinzas, que se puede hacer a través del método de corte y propagación, descrito en capítulos anteriores. A medida que se eliminan las pinzas, las líneas de estilo siguen las patas de las pinzas.

EJERCICIO DE PATRONES 6.1

LÍNEA DE ESTILO CURVADA

En este ejercicio, se comienza con una línea de estilo curvada muy básica en una falda asimétrica que no tiene ningún efecto en la forma de la prenda. Este es un concepto que se puede incorporar a cualquier prenda. Este ejercicio crea un panel de contraste en una falda.

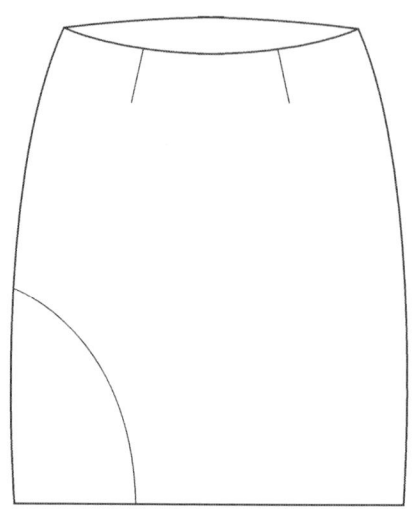

PASO 1

Prepare el patrón base de la parte delantera de la falda como se ha demostrado anteriormente. Dibuje una forma curva a su elección en el lado de la falda. En la línea curva, coloque dos muescas aproximadamente a 2" (5 cm) de distancia. Las muescas deben colocarse en un ángulo de 90 grados desde la curva. Si la curva es más extrema, ignore la guía de 2" (5 cm) y pon las muescas antes y después de las áreas más curvadas.

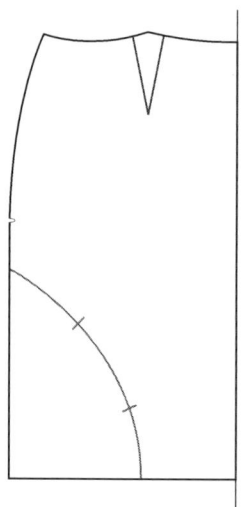

PASO 2

Las líneas de estilo son una parte estructural de la prenda, por tanto, el margen de costura es de 1/2" (1,3 cm). Cuadre las costuras en los bordes para facilitar los pasos de construcción.

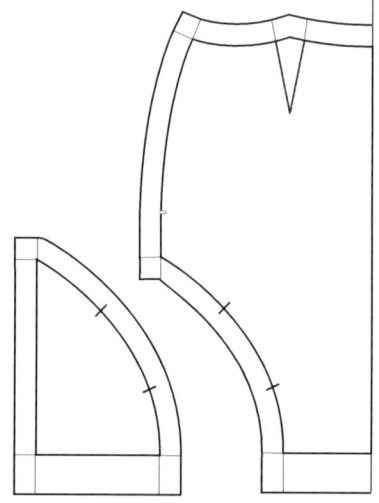

PASO 3

La línea de estilo curvada solo está en un lado del frontal. En el lado derecho de la falda, trace el patrón base en reverso para completar el patrón de falda. Agregue las muescas a la curva y a la línea de estilo en la costura lateral. Complete el patrón como se ha demostrado anteriormente. Opción: continúe la forma en la falda trasera y complete como se mostró.

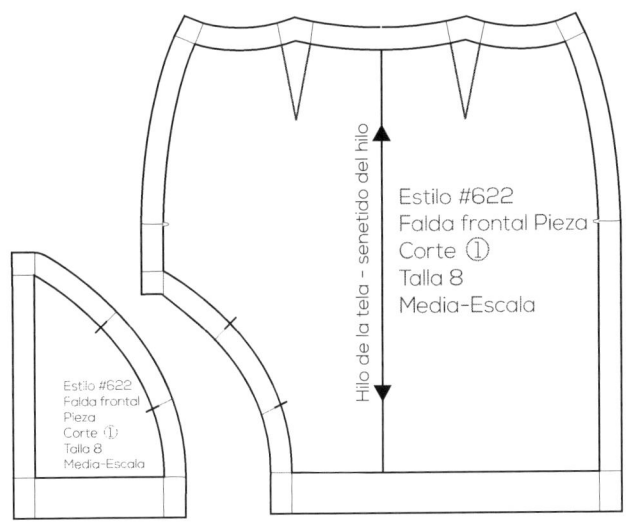

EJERCICIO DE COSTURA 6.1
LÍNEA DE ESTILO CURVADO

PASO 1

Alinee y sujete la primera muesca tanto en el panel de contraste curvo convexo como en la curva cóncava de la falda, con los lados derechos juntos.

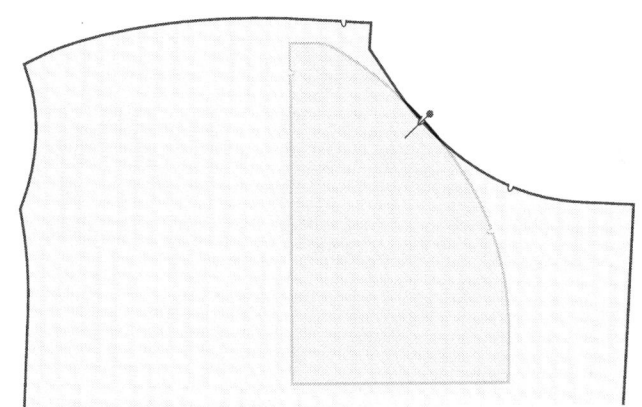

PASO 2

Doble el tejido de las líneas curvadas para que coincida en las segundas muescas. Sujételo en el lugar.

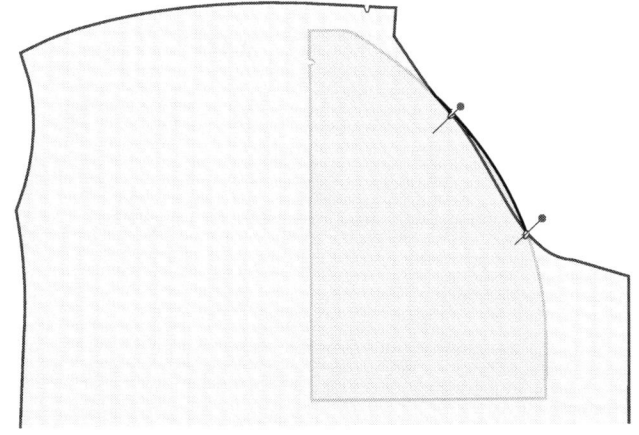

PASO 3

Ancle juntos los bordes del margen de costura al principio y al final de la costura. Estas telas no se aúnan unas contra otras. Para enderezar la línea de costura, separe cada burbuja de tela entre los alfileres y vuelva a fijarla. Continúe dividiendo cada sección entre los alfileres por la mitad y coloque el alfiler en el medio. Repita hasta que la línea de costura de 1/2" (1,3 cm) quede plana.

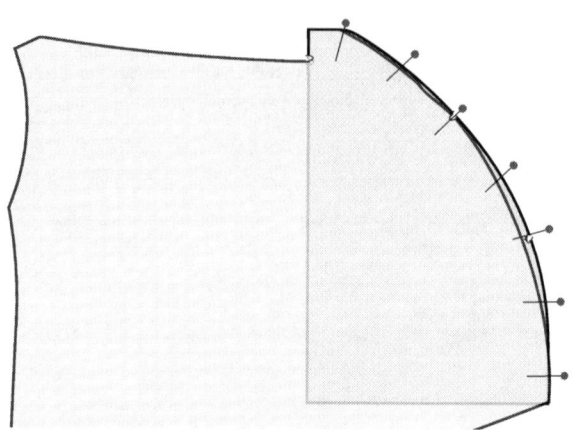

PASO 4

Para facilitar la costura a máquina, puede juntar las costuras antes de coser. Cosa juntos a máquina en el margen de costura de 1/2" (1,3 cm). Planche el margen de costura en la dirección de la curva de menor resistencia. En este caso, planche el margen de costura hacia abajo. Complete la costura de la falda.

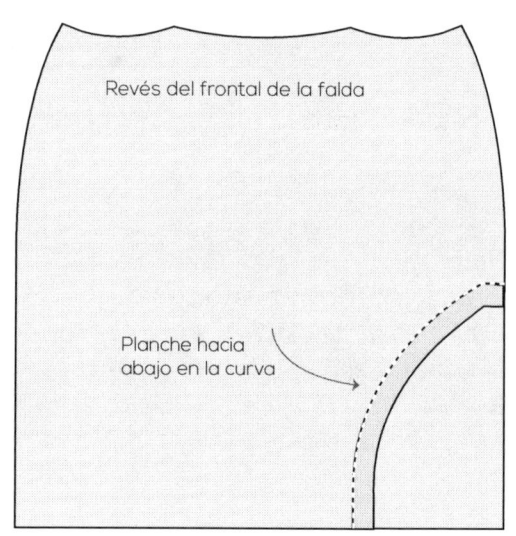

EJERCICIO DE PATRONES 6.2

LÍNEA DE ESTILO DE ESQUINA

Las líneas de estilo angular y cuadradas se pueden crear en cualquier prenda, casi en cualquier lugar. Esta modificación de patrón añade un detalle de diseño cuadrado y más interés a una falda.

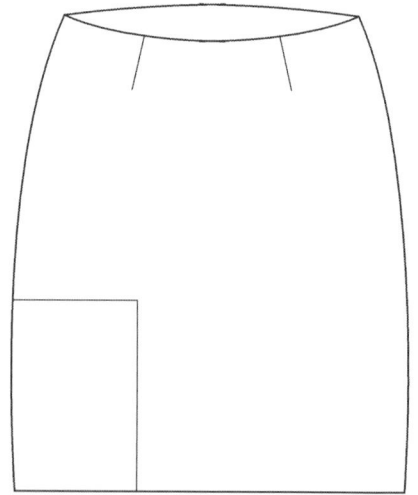

PASO 1

Prepare el patrón base de la parte frontal de la falda como se mostró anteriormente. Dibuje una forma de su preferencia, en ángulo o esquinada en la costura lateral de la falda. Agregue muescas aproximadamente a 2" (5 cm) de distancia de la esquina. Haga muescas en un ángulo de 90 grados desde el borde recto.

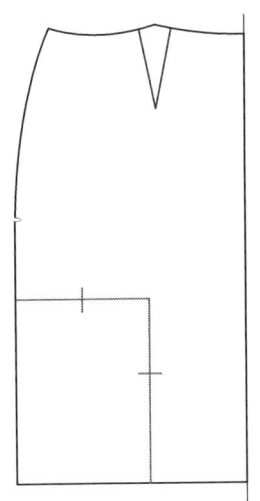

PASO 2

Corte la línea de estilo en la línea angulada. Añada papel al borde del corte y agregue 1/2" (1,3 cm) margen de costura a las costuras de la falda. Añada 1" (2,5 cm) de margen de costura al dobladillo de la falda. Cuadre las costuras en los bordes.

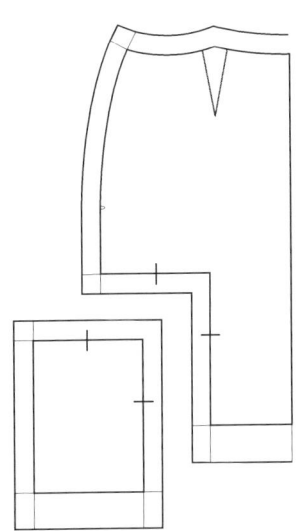

PASO 3

La línea de estilo cuadrada está sólo en el lado izquierdo del frontal de la falda. En el lado derecho de la falda, trace el patrón base en reverso para completar el patrón de falda. Agregue muescas a las costuras anguladas y a la línea de estilo en la costura lateral. Complete el patrón como se mostró anteriormente. Opción: Continúe la forma en la falda trasera y completar como se mostró.

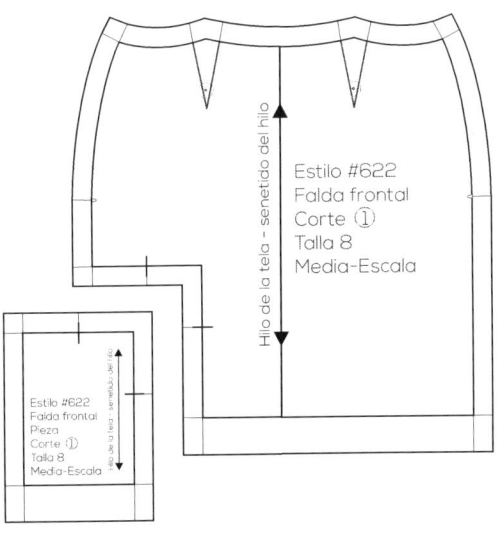

LÍNEAS DE ESTILO 93

EJERCICIO DE COSTURA 6.2
LÍNEA DE ESTILO DE ESQUINA

PASO 1

Corte una pequeña pieza de entretela, aproximadamente 2" x 2" (5 cm x 5 cm), y fuse la pieza a la esquina interior en la falda, cubriendo la línea de puntada.

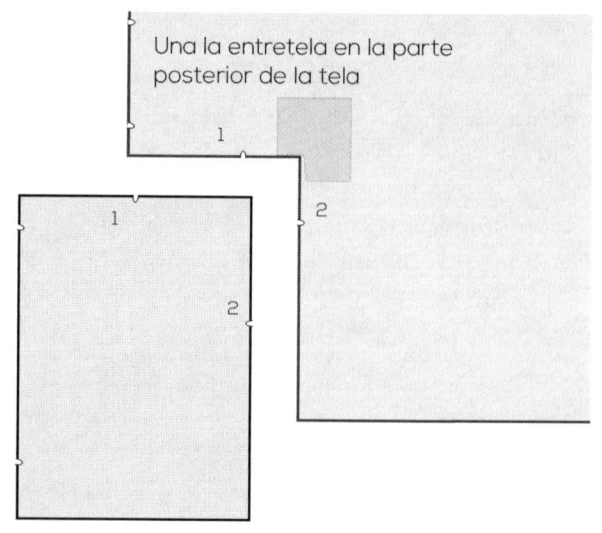

Una la entretela en la parte posterior de la tela

PASO 2

Alinee las piezas del patrón a un lado que coincida con una muesca. Cosa el lado 1 del cuadrado hasta la intersección de ambas líneas de costura. Si no está seguro de la ubicación exacta de la esquina, utilice un punzón para marcar la esquina desde el patrón hasta la tela.

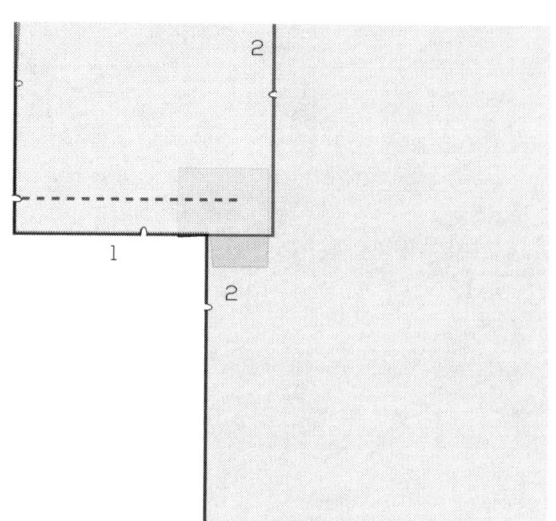

PASO 3

Deje la tela en la máquina de coser con la aguja abajo en la esquina. Doble la esquina del panel de contraste hacia atrás y haz un corte diagonal en la esquina de la falda a 1/16" (1.5 mm) de distancia de la linea de puntada.

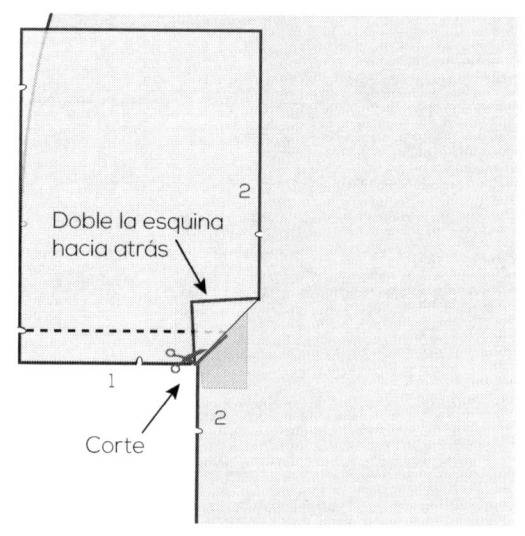

Doble la esquina hacia atrás

Corte

PASO 4

Sin mover el panel, gire y doble la tela de falda para que el lado 2 en la falda se alinee con el lado 2 del panel. Continúe cosiendo el segundo lado. Si hay un agujero en la esquina después de coser, cosa de nuevo, pero más lejos del corte.

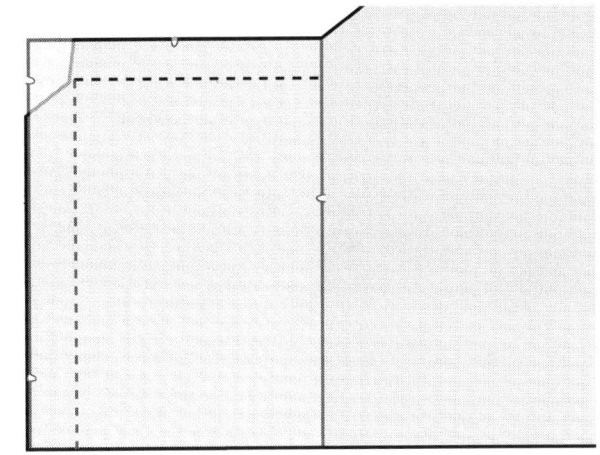

EJERCICIO DE PATRONES 6.3

CORPIÑO DE PRINCESA DELANTERO

La línea princesa es una línea de estilo que intersecta el vértice. En este ejercicio, se va a crear un corte princesa desde el centro del hombro hasta la pinza de la cintura. El trazado del corpiño trasero del corte princesa se muestra en el próximo ejercicio para completar la prenda al completo.

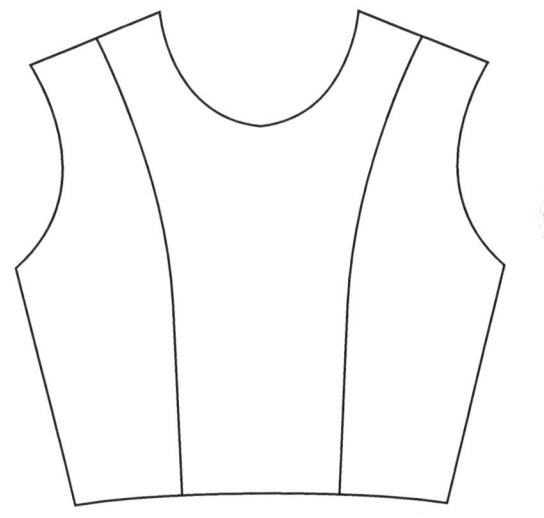

PASO 1

Realice el patrón base del corpiño frontal como se mostró previamente. Trace el patrón base y la pinza. Marque el punto medio en el hombro. Use la curva sastre para dibujar una línea de estilo curvada conectando el punto de fuga de la pinza al centro del hombro.

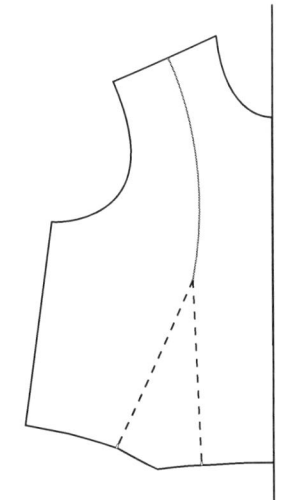

LÍNEAS DE ESTILO 95

PASO 2

Haga las marcas de las muescas aproximadamente a 1" (2,5 cm) desde el vértice del cuerpo en la pata de cada pinza en la nueva línea de estilo. Use 2" (5 cm) para un trazo de escala completa. Marque muescas adicionales que considere como apoyo de la costura. Yo añadí una muesca adicional en la curva.

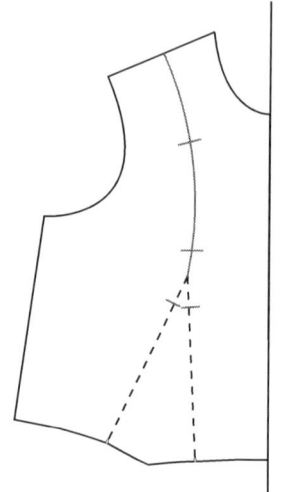

PASO 3

Recorte la pinza y corte en la línea dibujada para separarla en dos piezas. Para añadir más espacio al busto, abra el patro cuerpo mostrado recortando desde el vértice a la costura lateral. Abra el vértice aproximadamente 1/8" (3 mm) o ¼" (6 mm) para escala completa. El espacio de las muescas añadidas en los pasos previos ya no es igual al otro panel. Abriendo el panel lateral crea un "alivio". El alivio se traduce en pequeños fruncidos

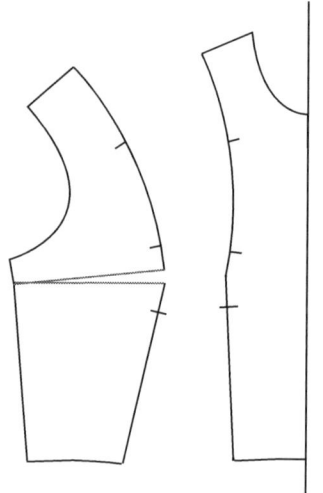

PASO 4

El panel central se ha vuelto puntiagudo en el vértice. Suavice la forma con su regla. La cantidad eliminada de la pieza del patrón central deberá agregarse al panel lateral en el pico del vértice.

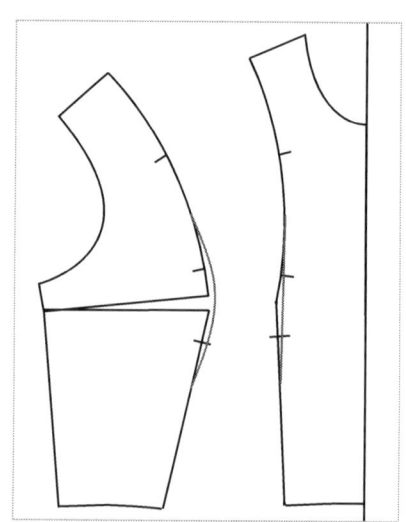

PASO 5

Haga que el panel central sea una pieza de patrón completa y corte dos hojas de papel para los paneles laterales. Complete el patrón como se mostró previamente.

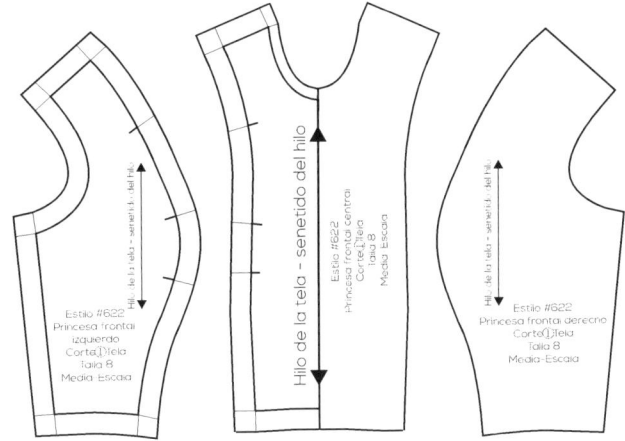

EJERCICIO DE PATRONES 6.4

CORPIÑO DE PRINCESA TRASERO

En este ejercicio, usamos el patrón base del corpiño trasero para crear un diseño que encaje con la parte frontal del corpiño frontal princesa que creamos en el ejercicio anterior. Tenga en cuenta que el botón de cierre no se menciona en este ejercicio.

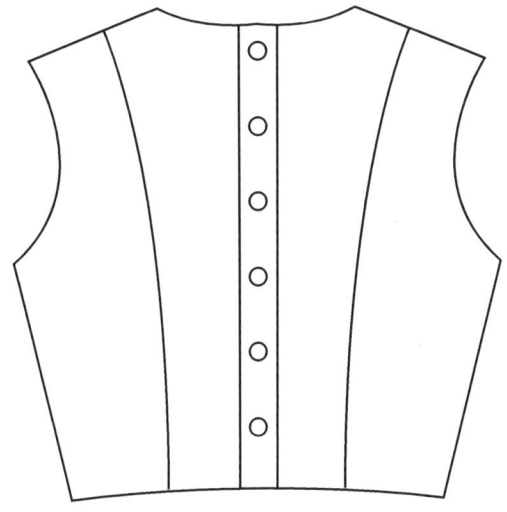

PASO 1

Prepare la parte trasera del corpiño como se mostró previamente. Ya que se trabajará en la parte lateral izquierda de la prenda cuando dibujemos, trace el patrón base en la dirección reversa del frontal. Esto facilita coincidir las partes del patrón frontales y traseras. Transfiera las muescas y los orificios. Dibuje las pinzas con una línea punteada.

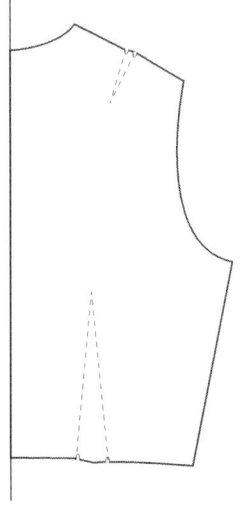

PASO 2

Use la regla curva de sastre para crear una forma suave desde el punto de fuga de la pinza superior hasta el punto de fuga de la pinza inferior.

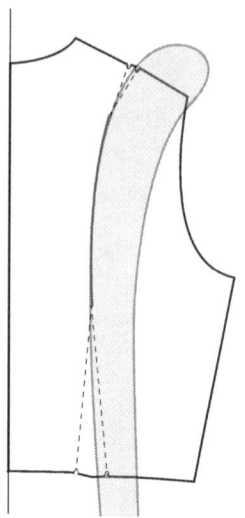

PASO 3

Sitúe la marca de una muesca en el final de la pinza del hombro. Coloque marcas de muescas adicionales por encima y debajo del punto de fuga de la pinza de la cintura por 1" (2,5 cm). Use 2" (5 cm) para el trazado a escala completa.

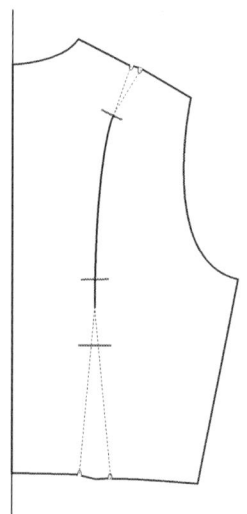

PASO 4

Corte y separe el patrón por las patas de la pinza y la curva dibujada. Si tiene algún punto angular, suavice los puntos del patrón con las reglas curvas. Las muescas le ayudarán a reajustar las dos piezas cuando las cosa.

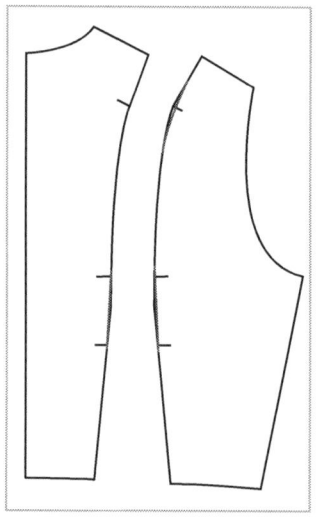

PASO 5

Complete el patrón como se mostró previamente, creando piezas para el patrón derecho e izquierdo para ambos paneles.

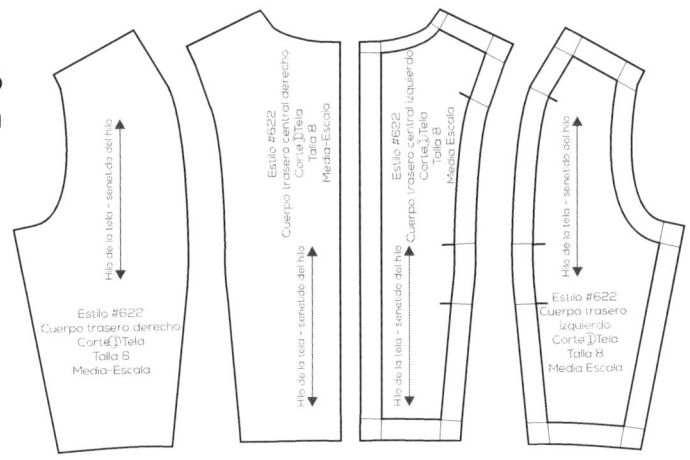

EJERCICIO DE PATRONES 6.5

MANGA DE CAMISA DE DOS PIEZAS

En este ejercicio final se cortará el patrón base de la manga en dos paneles, creando la parte superior e inferior de la manga. Esta técnica se usa comúnmente en el diseño de chaquetas y abrigos.

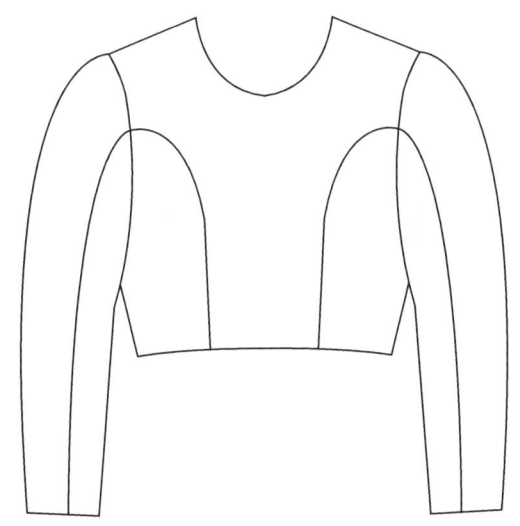

PASO 1

Prepare el patrón base de la manga como se mostró previamente. Dibuje dos líneas apaciblemente curvadas para dividir la manga en tres piezas. Marque una sola muesca en una línea de costura y dos muescas en la otra. Asegúrese de marcarlas a diferentes distancias desde el final de la costura. Esto garantizará que los paneles se puedan coincidir fácilmente.

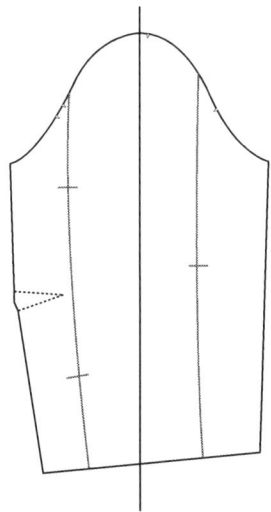

PASO 2

Corte las piezas del patrón a lo largo de las líneas dibujadas. Cierre la pinza. Si la punta de la pinza no llega a la línea de corte, extienda la pinza hasta el borde de corte y, a continuación, cierre permanentemente.

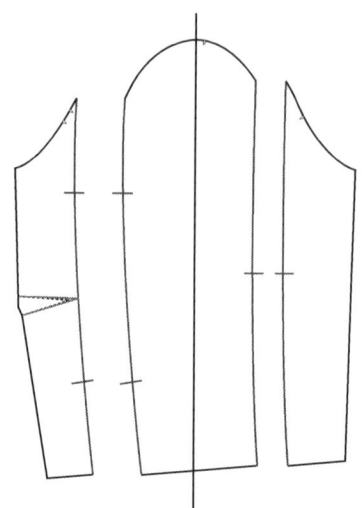

PASO 3

Pegue las dos piezas del patrón de las axilas juntas a lo largo de la costura de las axilas. Suavice cualquier punto sobresaliente del patrón con una curva suave y enderece el dobladillo de la pieza del patrón debajo de la manga.

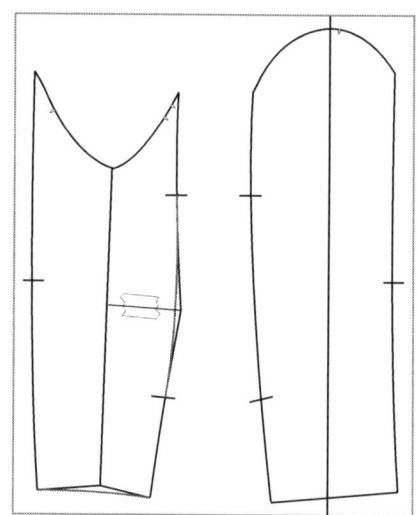

PASO 4

Complete el patrón como se mostró previamente, creando un patrón derecho e izquierdo para ambas partes de la manga.

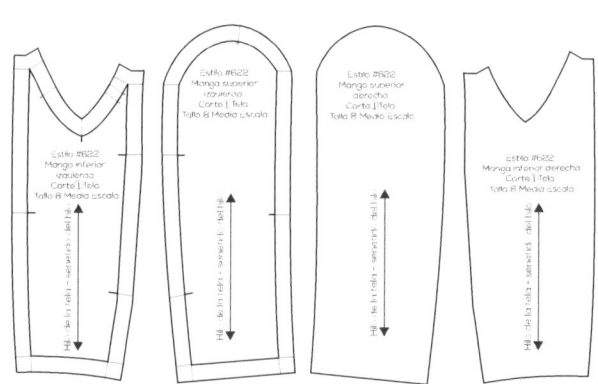

CAPÍTULO 7
COMBINAR ESTILOS

La silueta, a través de pinzas, pliegues, plisados y fruncidos, se pueden combinar con líneas de estilo en casi cualquier forma.

Las líneas de estilo se pueden utilizar para dividir una prenda en piezas y pueden incorporarse otros detalles de diseño dentro de ella.

En este capítulo, demostraremos cómo los fruncidos y las bengalas se combinan con las líneas de costura.

EJERCICIO PATRONES 7.1

CORPIÑO DELANTERO CON CORTE IMPERIO Y FRUNCES

Un ejemplo común que combina fruncidos y las líneas de costura se muestra en la creación de talle con corte imperio. El fruncido se realiza debajo del busto. El ejercicio de la parte posterior se diseñará de manera que coincida con este frontal.

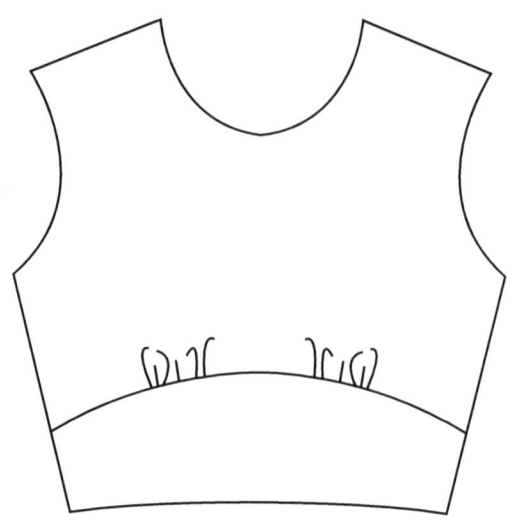

PASO 1

Prepare el corpiño como se mostró previamente. Doble la pinza cerrada y peguéla con cinta adhesiva. Tenga en cuenta que el borrador no será plano en este paso.

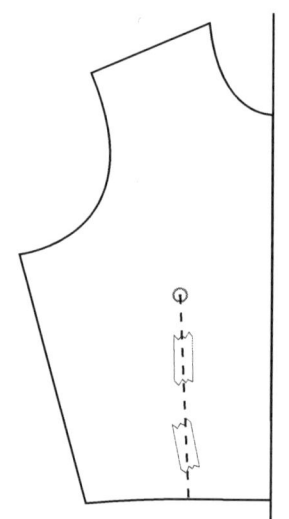

PASO 2

Escoja el lugar de la línea del corte imperio aproximadamente a mitad de camino entre el vértice y el dobladillo (los diseños pueden ser más grandes o pequeños). Usando la regla curva sastre o la curva francesa para crear una curva suave, dibuje su forma sobre la pinza cerrada. Recorte sobre la línea dibujada curva y separe las partes.

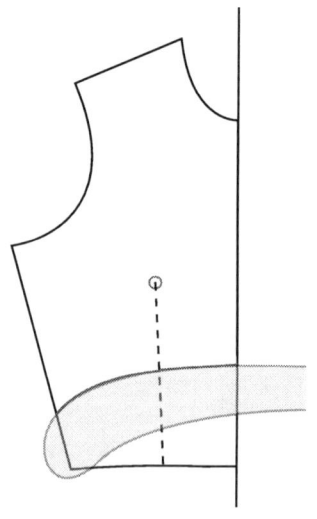

PASO 3

Elimine la cinta adhesiva de la parte superior del patrón para reabrir la pinza. Haga una muesca a " (2,5 cm) a ambos lados de las patas de la pinza en ambos lados del patrón. Use 2" (5 cm) en el caso de patrones a escala completa. Las muescas en la parte superior indicarán el área que va a ser fruncida bajo el busto. Las muescas inferiores, se alinearán con las muescas superiores cuando se cosan.

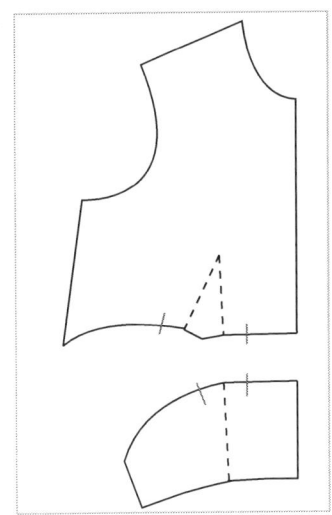

PASO 4

Suavice el pico de la pinza con la regla curva sastre o francesa y haga una marca entre las muescas con flechas indicando el área del fruncido dentro de 2" (5 cm). Indique 4" (10 cm) para el trazado a escala completa.

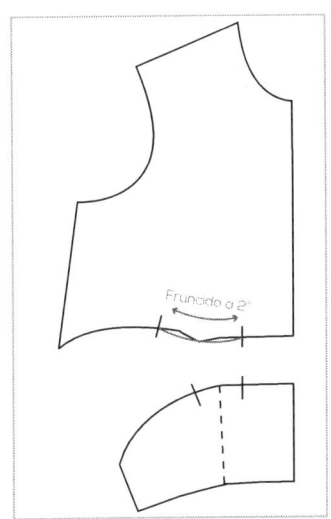

PASO 5

Complete los patrones como se mostró previamente.

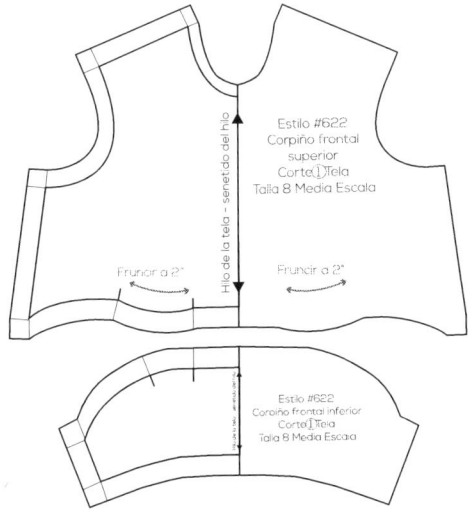

EJERCICIO DE PATRONES 7.2

CORPIÑO TRASERO CON CORTE IMPERIO

Puede quedar un poco extraño si las costuras del corpiño frontal no coinciden con las costuras de la parte trasera. El corpiño trasero necesitará alinearse con la parte frontal visualmente. Estas modificaciones de la parte trasera eliminan las pinzas del hombro y la cintura. Tenga en cuenta que la solapa con botones no se trata en este ejercicio.

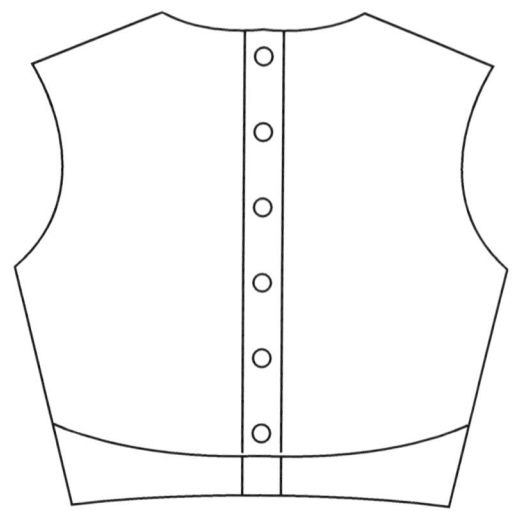

PASO 1

Prepare el patrón base del corpiño trasero como se mostró previamente. Coja la parte inferior del patrón del diseño frontal del ejercicio anterior. Pliegue el margen de costura del frontal. Alinee la costura lateral de la espalda. Haga una muesca en la parte trasera que coincida con la pieza del patrón frontal.

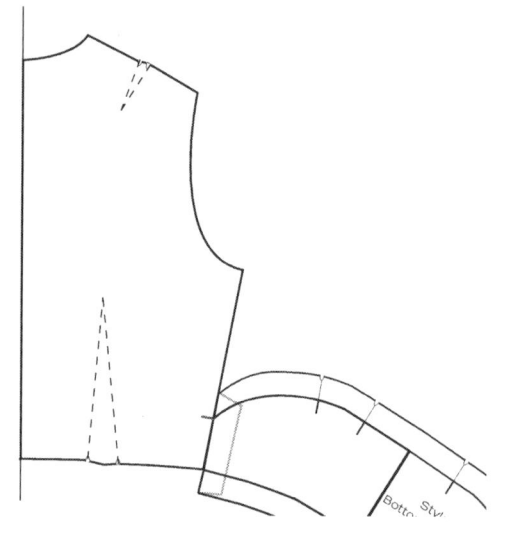

PASO 2

Cierre la pinza de la línea del talle como se mostró en la parte central y ciérrelo con cinta adhesiva. Esto no quedará plano. Use la regla curva sastre, asegurándose que intersecta con la marca de la costura lateral. Cree su propia línea de corte imperio. Asegúrese que la forma se complementa con el diseño frontal.

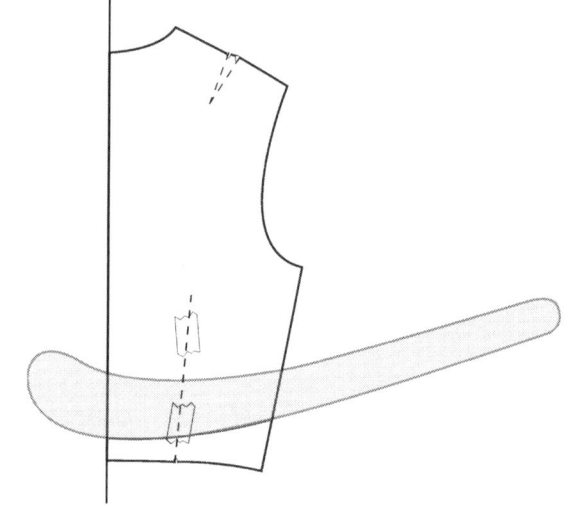

LÍNEAS

PASO 3

Corta la porción más baja de la parte trasera sobre la nueva línea de estilo. La porción más baja de la pinza se cierra permanentemente. Vuelva a abrir la parte superior de la pinza del la cintura.

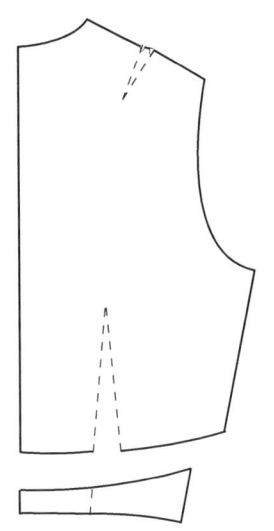

PASO 4

Mida el ancho de la pinza en la pieza superior en la línea de corte y marque una cantidad igual desde la costura lateral. Eliminaremos esta cantidad de material de la costura lateral para eliminar la pinza completamente. NOTA: esto no puede hacerse en la parte frontal porque el busto requiere la forma de la pinza. La parte trasera no requiere esa estructuración.

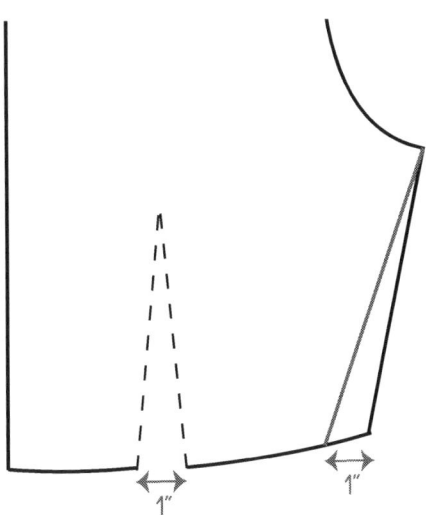

PASO 5

El siguiente paso es remodelar la línea imperio en la parte superior de esta pieza del patrón y quitar la pinza. Agregue papel detrás de ambas piezas del patrón y alinee las partes superior e inferior en la costura lateral para crear una nueva costura lateral recta para ambas piezas de patrón .

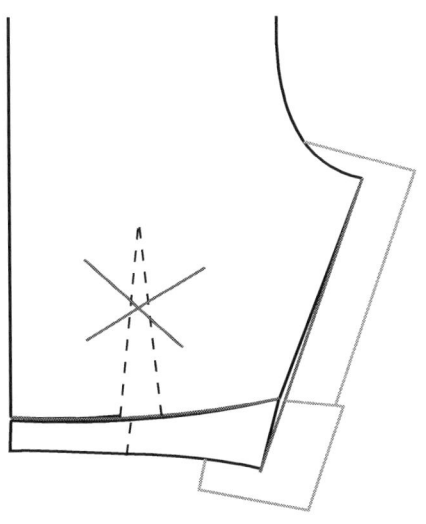

PASO 6

La pinza del hombro no es siempre es necesaria para el diseño. En este caso se elimina la pinza del hombro. La longitud del hombro y el tamaño de la sisa deben permanecer inalterados. Mida la longitud total del hombro (sin incluir la pinza). Tome la regla cuadriculada y marque la cantidad en la regla. (Haga esto con un marcador no permanente.)

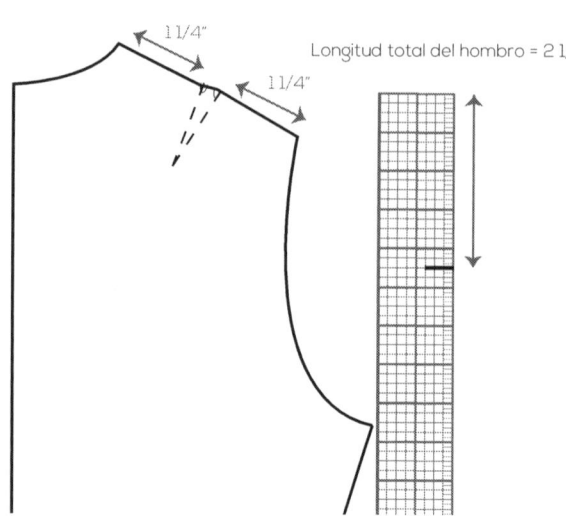

PASO 7

En la sisa, mida 1" (2,5 cm) hacia abajo desde el punto del hombro y haga una marca. Utilice 2" (5 cm) para el dibujo a escala completa. Tome la curva francesa y alinéla hasta la sisa. Haga dos marcas en la curva francesa: una en la marca de 1" (2,5 cm) y otra en el punto del hombro.

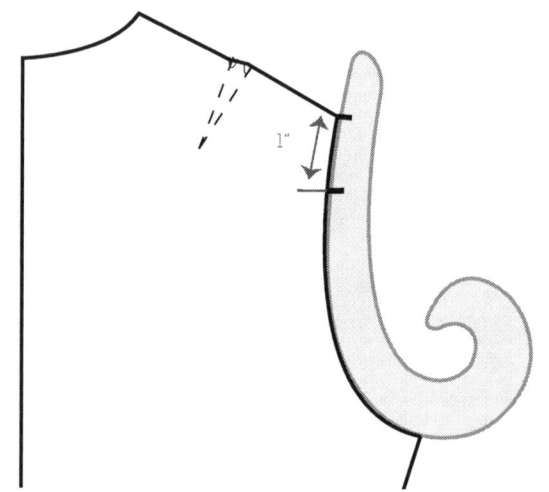

PASO 8

Gire desde el punto del cuello del hombro con la regla cuadriculada y gire desde la marca de 1" (2,5 cm) en la curva de la sisa con la curva francesa. Gire ambas reglas, manteniendo la regla cuadriculada en el punto del cuello, hasta que las marcas en ambas reglas se alineen.

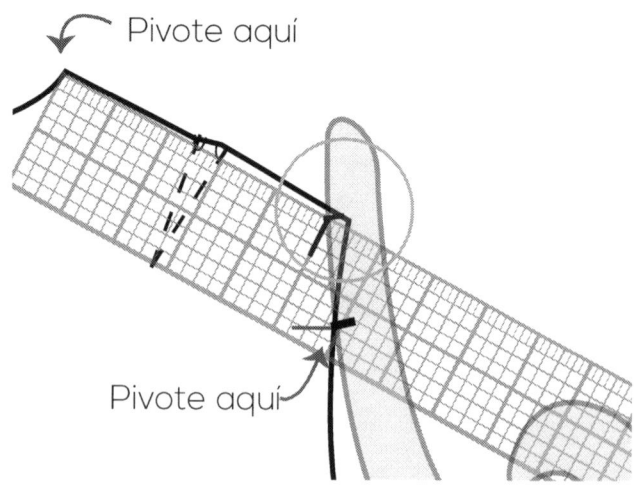

PASO 9

Dibuje una nueva línea de hombro y la parte superior modificada de la sisa.

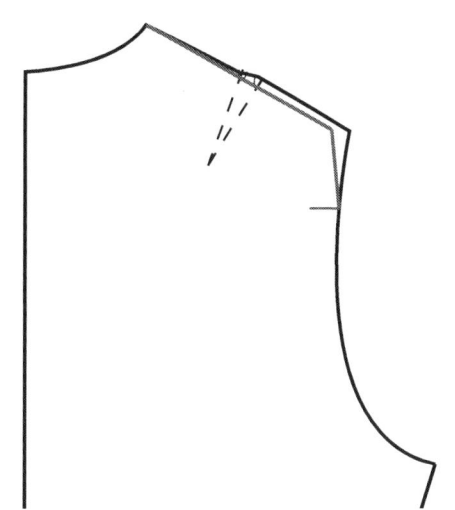

PASO 10

Suaviza el pico de la forma de la sisa con la curva francesa y dibuje la nueva forma.

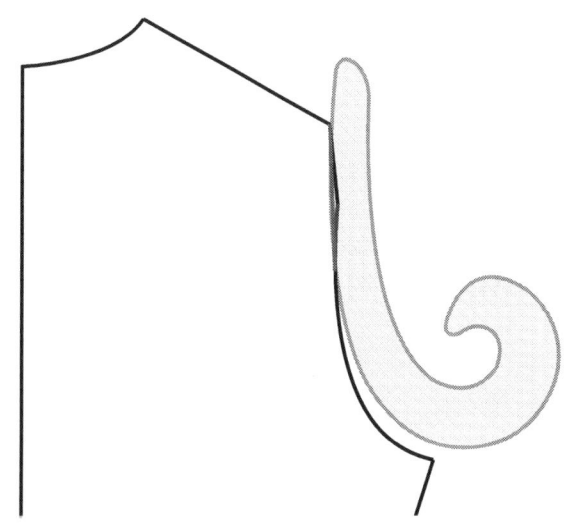

PASO 11

Complete el patrón como se mostró anteriormente, creando un patrón derecho e izquierdo para ambas piezas posteriores.

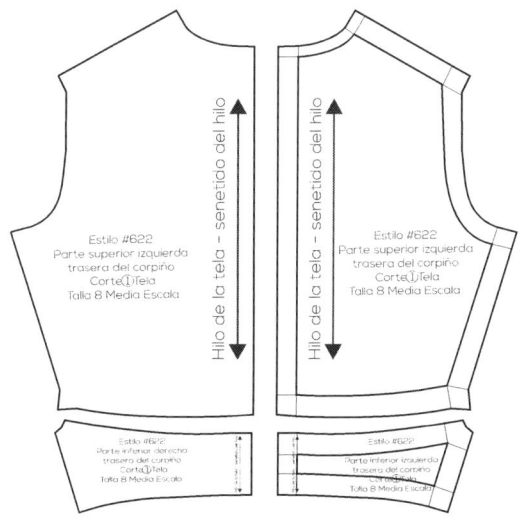

EJERCICIO DE PATRONAJE 7.3

FALDA GODET ACAMPANADA

El godet o falda panel, sigue pasos parecidos al corpiño de talle princesa, pero es aún más fácil de crear. Este ejercicio añade amplitud a cada panel de la falda y a la costura lateral. La amplitud se consiste de tela adicional añadido al dobladillo en las costuras para crear una forma acampanada.

FALDA DELANTERA

PASO 1

Prepare el patrón base de la parte delantera de la falda como se mostró previamente. Dibuje una línea desde el punto de fuga de la pinza hasta el dobladillo, paralelo al centro frontal. Coloque una muesca en la parte inferior de la pinza. Le ayudará a coser. Numere cada panel para tener una referencia.

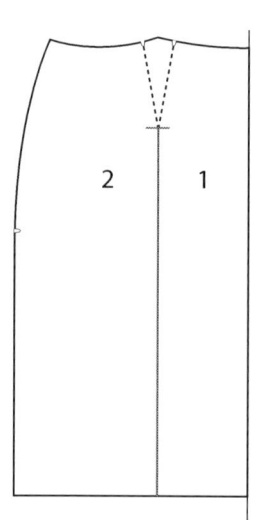

FALDA TRASERA

PASO 2

Prepare el patrón base de la parte trasera de la falda como se muestra en la imagen y dibuje las dos pinzas. Dibuje una línea desde el punto de fuga de las pinza que esta más cercano al centro trasero hasta el dobladillo. La segunda pinza permanecerá intacta. Asegúrese de dibujar la segunda pinza con líneas sólidas. Continúe numerando cada panel para tener una referencia.

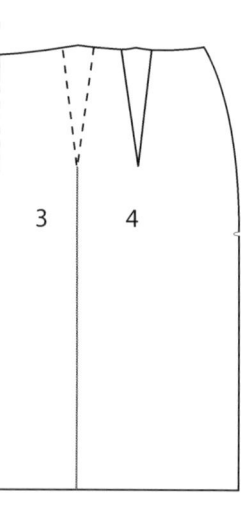

PASO 3

Escoja dónde comienza la forma acampanada de la falda y márquelo como se muestra en cade panel y la costura lateral. En este ejercicio, esto se hará al a nivel de la cadera. El plenitud también se puede añadir al centro trasero. Las campanas no tienen que ser iguales todo el contorno, pero las costuras que se cosan juntas deben ser las mismas. Algunos diseños tendrán diferentes paneles acampanados.

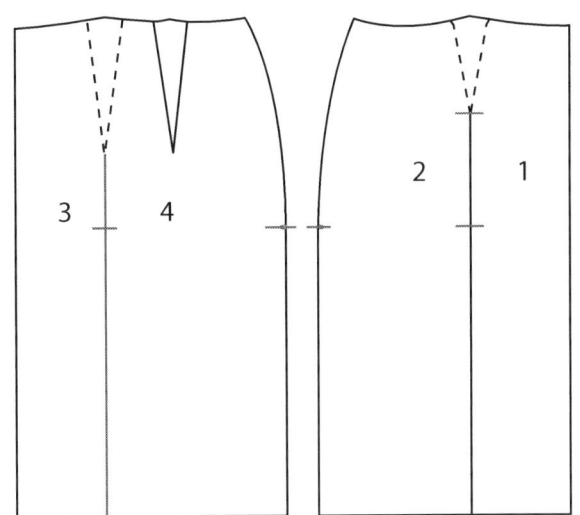

PASO 4

Recorte a través de cada costura. Coloque papel detrás de cada panel de la falda. Añadiendo volumen requiere que se modifique el dobladillo para que se suavice. Para eso, se cree un péndulo en papel. Corte una hoja de papel de aproximadamente de 1" (2,5 cm) y unas pocas pulgadas más largas que la longitud total de la campana. Dibuje una línea en el centro del papel y marque la longitud de la campana con marca transversal en ambos extremos.

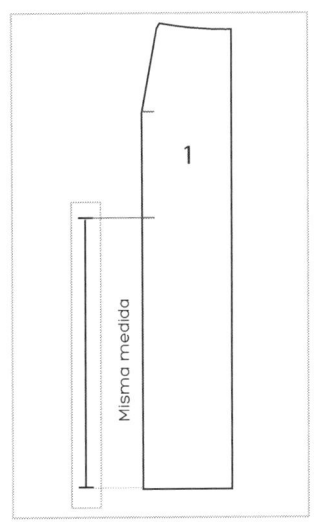

PASO 5

Con un punzón, perfore un pequeño agujero en cada extremo de las marcas cruzadas. Ancle un extremo en la parte superior de la campana con el punzón. Coloque un lápiz en el otro agujero y balancee una curva desde el dobladillo. Haga esto en cada panel y costura lateral. Opcional: repita en la costura posterior central.

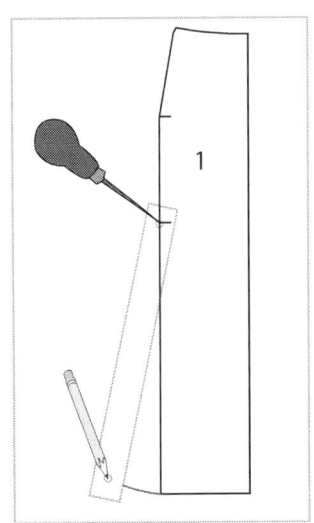

PASO 6

Elija la cantidad de la campana en cada costura. Esta cantidad puede variar para cada costura, pero las costuras en los paneles que se coserán juntas deben coincidir. Por ejemplo, el panel del corte princesa frontal podría tener una campana de 2" (5 cm), pero el panel de corte princesa posterior podría tener una campana de 3" (7,6 cm). En cada curva, marque la amplitud deseada para cada costura y dibuje una línea a la muesca de la campana.

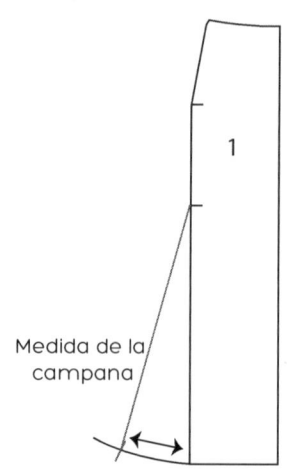

PASO 7

Si existen ángulos puntiagudos después de añadir la campana, suavice el punto puntiagudo con la curva francesa. Asegúrese de que la cantidad sea pequeña y repita en la costura correspondiente del siguiente panel.

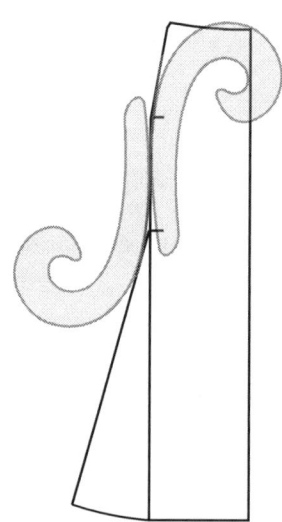

PASO 8

Complete el patrón como se mostró previamente. Coloque muescas en los puntos de la campana. Debido a que las piezas del patrón posterior se pueden confundir fácilmente con las piezas del patrón frontal, agregue una segunda muesca de 1/2" (1,3 cm) por debajo de cada muesca del panel en los paneles posteriores. Una muesca doble ayuda a indicar que la pieza del patrón está en la parte posterior de una prenda.

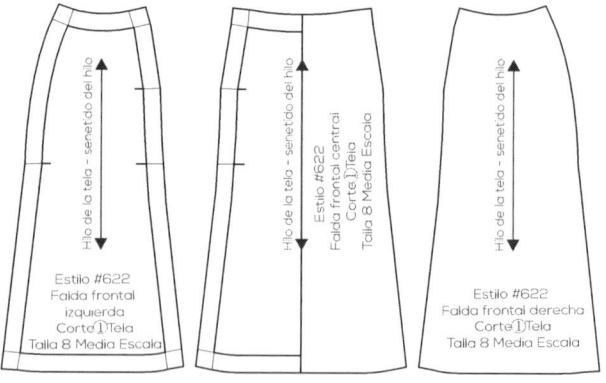

110 LÍNEAS

SECCIÓN 3

DETALLES

Capítulo 8: Bolsillos

Capítulo 9: Añadidos

Capítulo 10: Cuellos

Capítulo 11: Bandas

CAPÍTULO 8
BOLSILLOS

Los bolsillos se pueden añadir a la costura lateral o colocar en la prenda misma. Las variaciones posibles que existen para el diseño de bolsillo son numerosas.

Este capítulo muestra tres tipos de bolsillos: parche, de costado o en la costura y curvado.

Un bolsillo de parche está cosido sobre una prenda. Un bolsillo de costado o en la costura se cose en la costura lateral de una prenda.

Un bolsillo a la cadera o curvado se cose en una prenda en la costura lateral y la cintura con una porción cortada para la colocación de la mano.

EJERCICIO DE PATRONES 8.1

BOLSILLO DE PARCHE TRADICIONAL

Un bolsillo de parche es una forma independiente que está en la parte superior de una prenda. Un ejemplo de un bolsillo de parche se encuentra en el pecho de las blusas o camisas de vestir de los hombres. Los bolsillos de parche también se pueden añadir a los pantalones, faldas y vestidos. Estos bolsillos están trazados a partir de medidas.

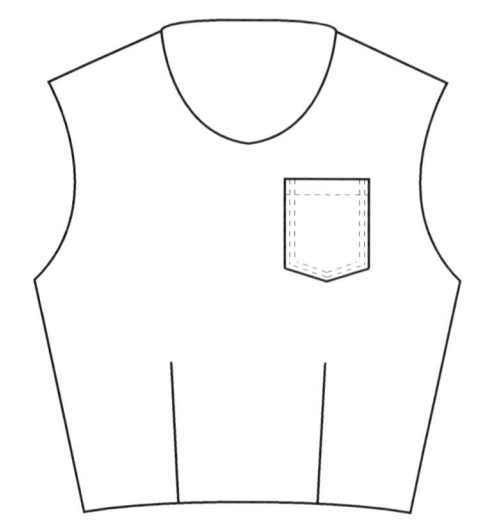

PASO 1

Para este ejercicio, el bolsillo parche será trazado para sujetar una cartera. Elija una forma para acomodar la cartera. Para calcular fácilmente el ancho del patrón, agregue el ancho de la cartera al doble la profundidad de la cartera. Agregue un 1/4" a 1/2" (6 mm – 1,3 cm) adicional para que la cartera se deslice cómodamente. Para la altura del bolsillo, añada 1" (2,5 cm) a la longitud de la cartera para que no se caiga.

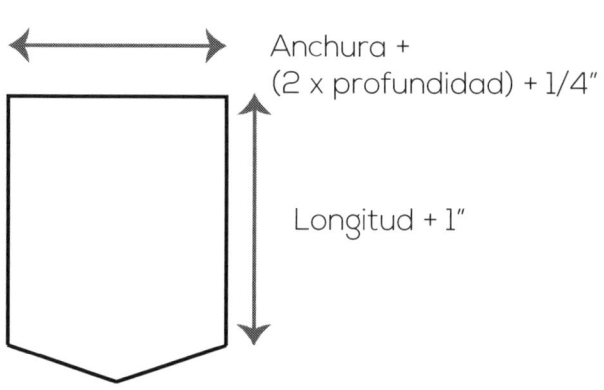

PASO 2

Este diseño tiene forma de V al final del bolsillo y un borde superior doblado hacia abajo. Este bolsillo está doblado en la parte superior por 1/2" (1,3 cm). Esto puede variar en función del diseño. Agregue el pliegue de 1/2" (1,3 cm) al borde superior. La línea de plegado tiene muescas. Agregue un margen de costura de 1/4" (6 mm) alrededor. Incluya la información de el hilo de la tela y del patrón para terminar el patrón.

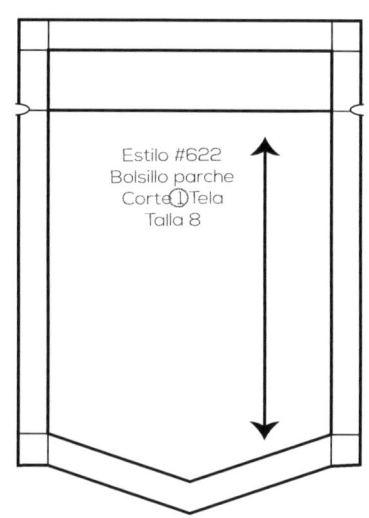

PASO 3

Determine en qué parte de la prenda se colocará el bolsillo. En el patrón de la prenda, marque la ubicación con dos perforaciones de 1/8" (3 mm) desde las esquinas superiores/laterales del área acabada del bolsillo. Estas perforaciones se encuentran en el patrón de la prenda donde se va a coser el bolsillo, no en el bolsillo. El bolsillo sólo se ilustra en este paso para tener una guía de su colocación. Circule las perforaciones en rojo.

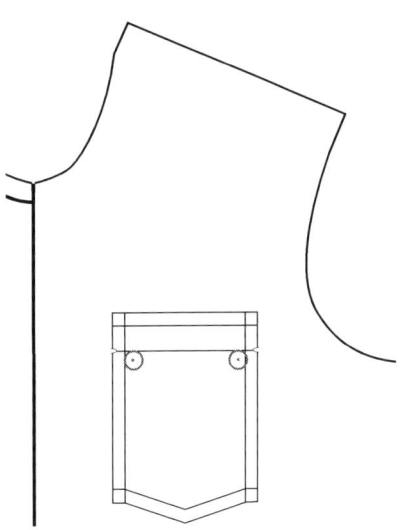

EJERCICIO DE COSTURA 8.1

BOLSILLO PARCHE TRADICIONAL

PASO 1

Doble el borde superior en el margen de costura de 1/4" (6 mm). Doble la parte superior de nuevo en la línea de plegado de la muesca y planchéla. Cosa en el borde del plegado interior.

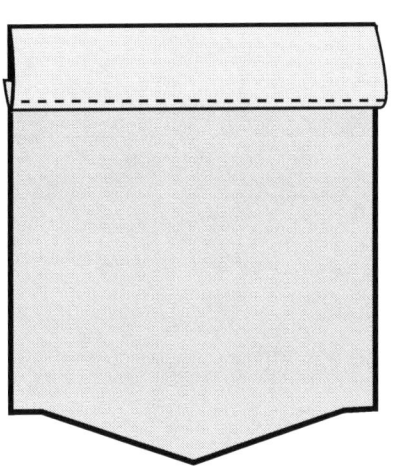

PASO 2

Doble en las esquinas a 1/4" (6 mm) y planchélas para dar su forma. Doble la esquina inferior hasta 1/4" (6 mm) como se muestra. Esto garantizará que no se vean bordes muy puntiagudos en el exterior del bolsillo.

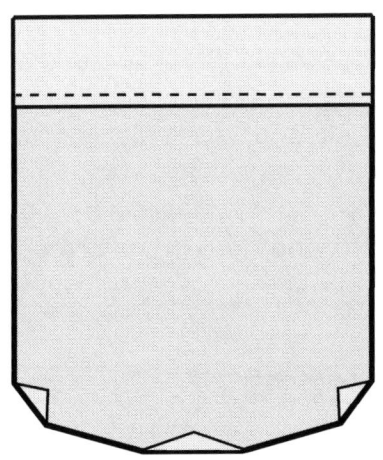

BOLSILLOS 115

PASO 3

Doble en los lados y las partes inferiores de lo que da la forma V a 1/4" (6 mm). Planche para mantener la forma.

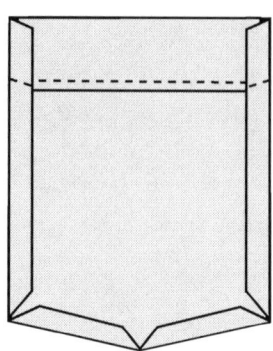

PASO 4

Alinee el bolsillo hasta los agujeros de perforación en su prenda, asegurándose que se cubren las perforaciones por 1/8" (3 mm) en todos los lados. Coloque un alfiler en el lugar.

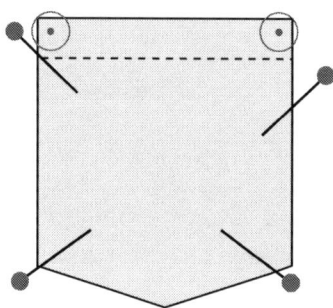

PASO 5

Cosa el bolsillo por los lados y los bordes inferiores del bolsillo, con un margen que no sea superior de 1/16" (1,5 mm) desde el borde. Haga una segunda puntada a 1/4" (6 mm) de distancia de la primera puntada. Esto asegurará que todos los márgenes de la costura del interior estén entre las dos puntadas.

EJERCICIO DE PATRONES 8.2

BOLSILLO DE PARCHE CON FORMA

Los bolsillos parche pueden ser de cualquier forma o tamaño. En este ejercicio se desarrolla cómo crear un bolsillo de parche sin forma tradicional. Para algunas formas, se requiere un forro completo porque no hay un lugar apropiado para terminar la abertura, tal como hicimos en el ejercicio anterior.

PASO 1

Cree una forma a su gusto. En este ejercicio se realizará un bolsillo en forma de corazón. Elija dónde estará la abertura del bolsillo. Marque con una muesca a ambos lados de la abertura elegida. Para los bolsillos que están completamente forrados, como esta forma, agregue 1/4 "(6 mm) de margen de costura por todas partes. Complete el patrón como se mostró previamente.

PASO 2

Agregue las muescas de colocación del bolsillo en el patrón de la prenda a 1/8" (3 mm) desde la abertura del bolsillo, tal como se hizo para el ejercicio anterior. Asegúrese de que las perforaciones estarán cubiertas cuando se cosa el bolsillo.

BOLSILLOS

EJERCICIO DE COSTURA 8.2
BOLSILLO DE PARCHE CON FORMA

PASO 1

Cosa el bolsillo y el forro juntos a 1/4" (6 mm) alrededor de todos los bordes dejando 1"-2" (2,5 cm – 5 cm) sin coser en un área que será cubierta con una puntada superior. Recorte las esquinas.

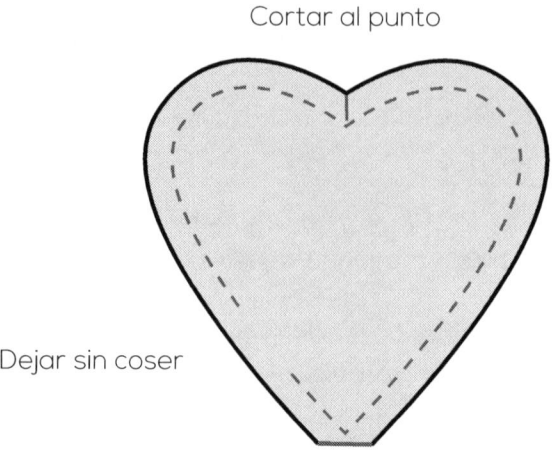

Cortar al punto

Dejar sin coser

Recortar el borde

PASO 2

Coloque el lado derecho del bolsillo hacia fuera, a través de la porción abierta, y doble en el área sin coser como si estuviera cosido. Alinee el bolsillo a los agujeros de perforación en la prenda y sujeta con alfileres.

PASO 3

Cosa alrededor de los bordes de los bolsillos reforzando los extremos de las aberturas con una pequeña puntada triangular o puntada cuadrada.

DETALLES

EJERCICIO DE PATRONES 8.3

BOLSILLO DE COSTADO O EN LA COSTURA

Un bolsillo de costado esconde el bolsillo dentro de la costura lateral de una prenda. Este tipo de bolsillo se puede incluir tanto en un vestido, como en una falda o un pantalón. Este trazado se hace en el patrón base de una falda, pero se puede hacer fácilmente en el patrón base de un pantalón. Usa el tamaño de la mano a media escala que se encuentra en parte posterior de este libro para este patrón.

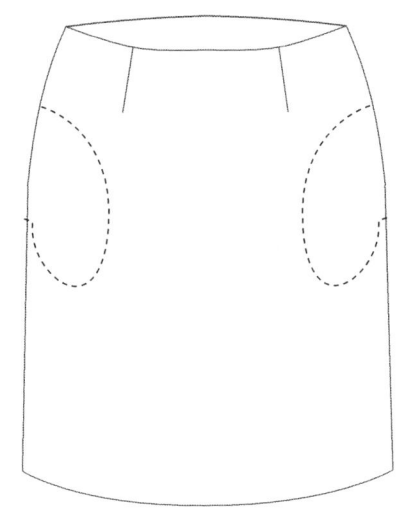

PASO 1

Prepare el trazado de la falda como se mostró previamente. La mayoría de los bolsillos se sitúan en la cadera con la abertura en la parte alta de la misma. La forma más fácil de determinar las dimensiones de un bolsillo es usar la mano y colocarla en el patrón donde desea que se coloque el bolsillo. De esta manera, se crea una forma de bolsillo basada en la colocación de la mano.

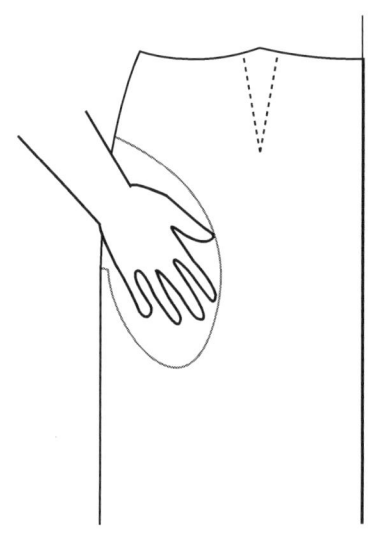

PASO 2

En la apertura del bolsillo coloque la parte más ancha de su mano para asegurarse de que la mano se ajusta. De un espacio extra de 3/4" (2 cm) a ambos lados para permitir que la mano acceda en profundidad. Si tiene una mano pequeña y está diseñando para el público en general, asegúrese de que la abertura tenga al menos 5" (12,5 cm) de longitud para la escala completa. La abertura del bolsillo indica dónde se colocarán muescas en la falda.

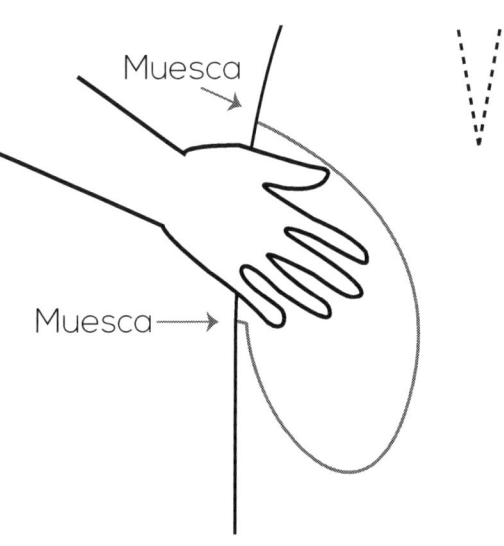

PASO 3

Los patrones del bolsillo contienen dos partes - el forro y la bolsa. El forro recubre la parte delantera de la prenda mientras la bolsa va hacia el cuerpo. Copie el patrón de bolsillo trazando el diseño del bolsillo desde el trazado de la falda. Agregue 1/2" (1,3 cm) de margen de costura Crea piezas de patrón derecha y izquierda del forro y. Complete los patrones de bolsillo y la falda (tanto delante como detrás) como se mostró anteriormente. Asegúrese de transferir las muescas del bolsillo de la falda delantera a la falda trasera.

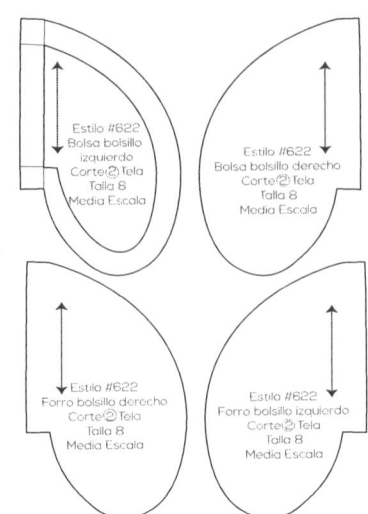

EJERCICIO DE COSTURA 8.3

BOLSILLO DE COSTADO O EN LA COSTURA

PASO 1

Fije los forros del bolsillo a las costuras laterales de la falda delantera como se muestra en la imagen. Repita esta acción fijando las bolsas del bolsillo a las costuras laterales de la parte trasera de la falda.

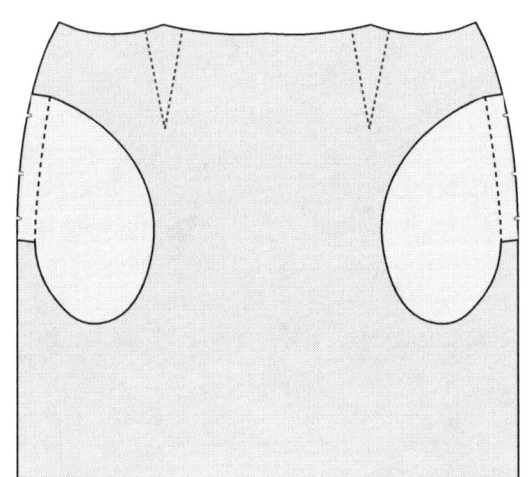

PASO 2

Para evitar que el bolsillo salga hacia el exterior de la prenda, se requiere un pespunte de seguridad. Esto es una segunda puntada a 1/16" (1,5 mm) desde a la primera puntada, uniendo los márgenes de la costura en el lado del bolsillo de cada costura.

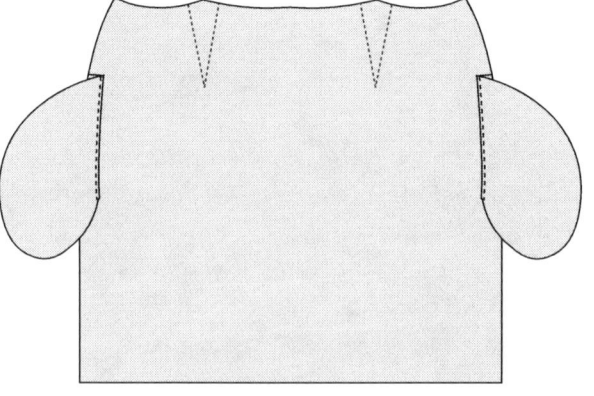

PASO 3

Una los lados de la falda incluyendo la forma del bolsillo de arriba a abajo. Cosa todo el lateral, pivotando en la parte superior e inferior del bolsillo para coser alrededor de la bolsa del bolsillo. Complete la costura de la falda según el diseño.

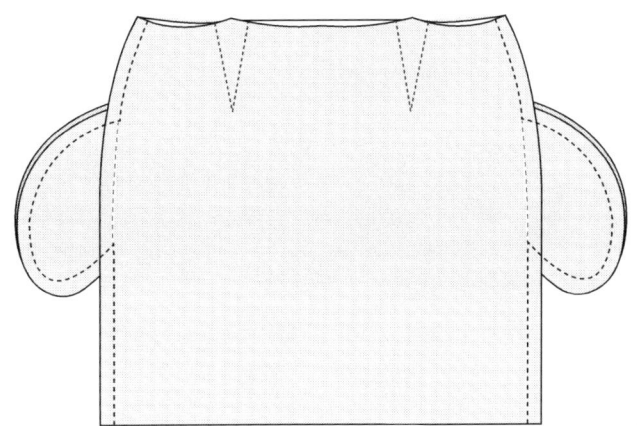

EJERCICIO DE PATRONES 8.4

BOLSILLO CURVADO

Un bolsillo curvado, o también denominado de cadera, contiene un corte en parte superior y lateral de la prenda. El diseño puede variar siendo una curva simple, un diseño cuadrado o cualquier forma de su elección. El diseño de este ejecicio es similar al bolsillo que se encuentra en los jeans.

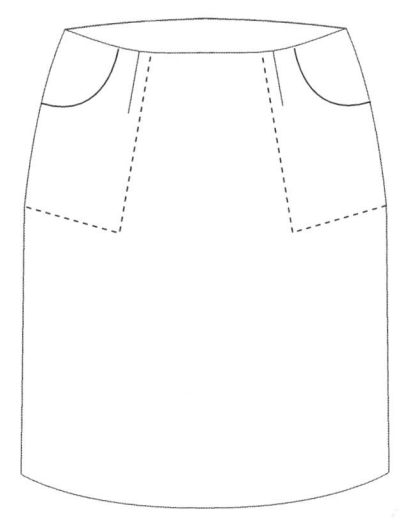

PASO 1

Prepare el borrador de la falda como se mostró previamente. Use la mano a media escala para que le ayude a determinar el tamaño de la bolsa del bolsillo. Escoja un diseño y forma para el bolsillo y dibújelo en el patrón de la prenda. Se marca cada cruzada del bolsillo en la costura lateral de la falda. Asegúrese de que las muescas en parte trasera de la falda coincide con las marcas de las costuras laterales.

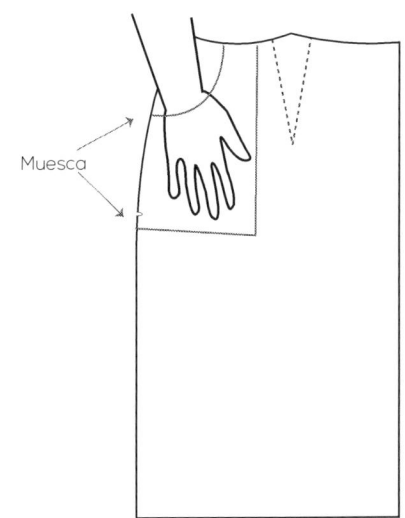

BOLSILLOS

PASO 2

Copie el patrón del forro del bolsillo trazando el diseño del bolsillo del borrador de la falda. El forro es la pieza cosida directamente detrás de la falda. Agregue un margen de costura de 1/2" (1,3 cm) y complete el patrón como se mostró previamente. Agregue una muesca en la parte inferior de la costura del forro del bolsillo como se muestra en la imagen.

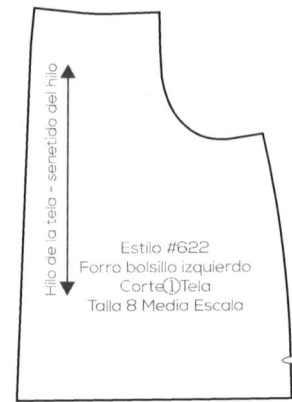

PASO 3

Copie el patrón de la bolsa del bolsillo del borrador de la falda. La bolsa del bolsillo es la parte trasera del bolsillo que se adjuntará a la cinturilla. Normalmente esta parte se realiza en tejido con un diseño atractivo y no con una tela como la de forro, porque será visible. Complete el patrón de la bolsa del bolsillo como se mostró previamente. Añada una muesca en la parte inferior de la costura de la bolsa del bolsillo.

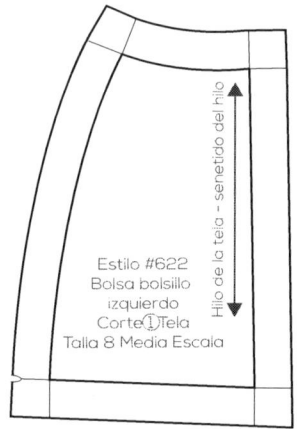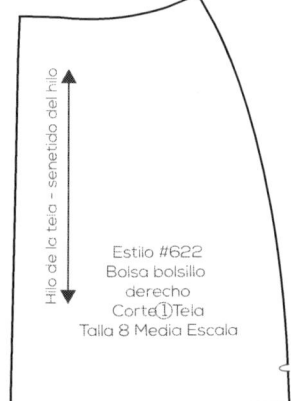

PASO 4

En el patrón de la falda, añada un margen de costura de ½" (1,3 cm) a la forma curva del bolsillo. Complete el patrón como se mostró previamente.

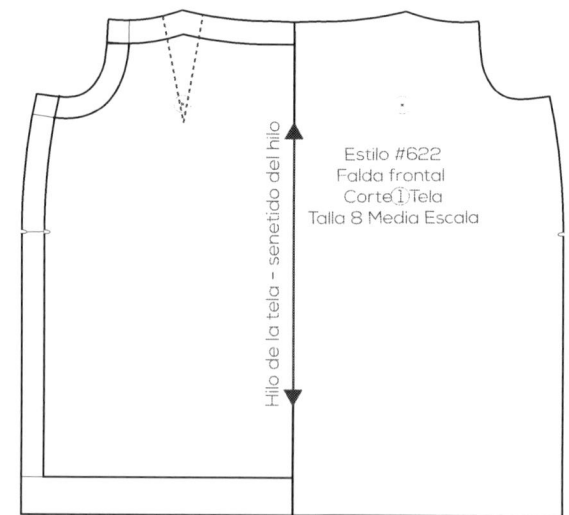

EJERCICIO DE COSTURA 8.4
BOLSILLO CURVADO

PASO 1

Coloque el lado extremo del forro del bolsillo con el lado externo de la falda. Cosa la curva en el margen de costura y recorte la curva.

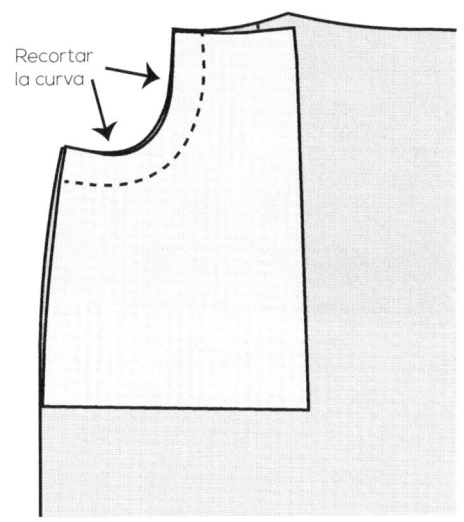

Recortar la curva

PASO 2

Recortando la curva se asegura que pueda desenrollarse en el interior. Planche el margen de la costura hacia el bolsillo. Cosa un pespunte de seguridad en la curva cosiendo los márgenes de la costura de la falda y el bolsillo, al lateral del bolsillo a 1/16" (1,5 mm) desde la curva.

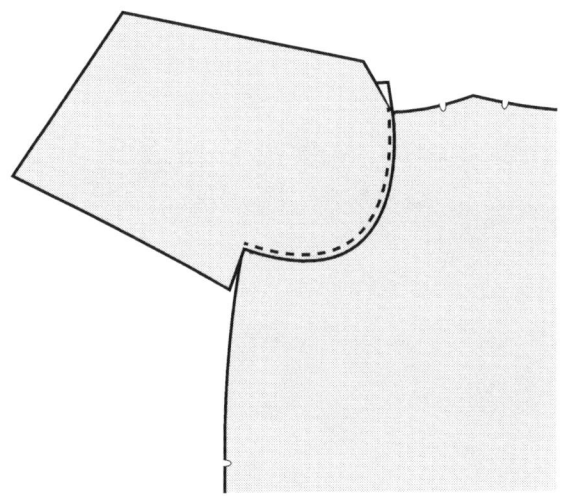

PASO 3

Coloque la bolsa del bosillo y el forro junto con las caras juntas. Cosa la bolsa en el margen de costura. Esta puntada no se hace en la falda, solo en el bolsillo.

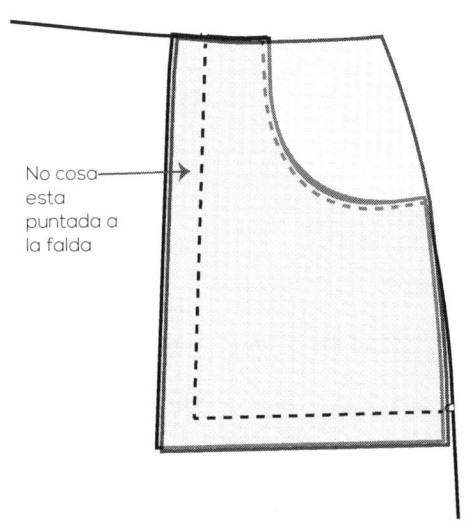

No cosa esta puntada a la falda

PASO 4

BOLSILLOS 123

Ajuste el bolsillo de manera quede plano contra la falda. Sujete la cinturilla y las costuras laterales con afileres alineando las muescas en la costura lateral. Sujete al bolsillo con hilvanes y complete la costura de la falda.

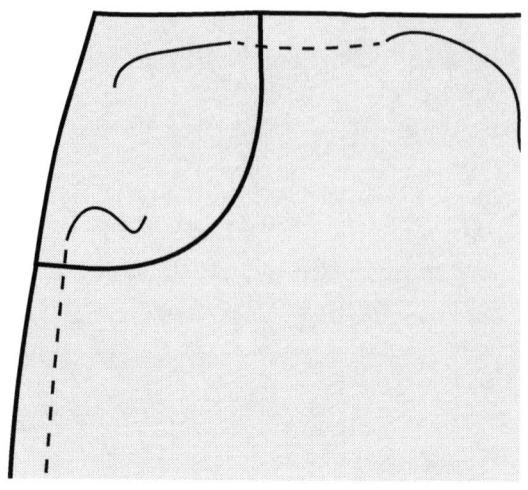

CAPÍTULO 9
AÑADIDOS

Los añadidos son superposiciones de la prenda que se añaden para permitir a la prenda tener un cierre como los botónes, botónes de presión, o velcro ®.

Los añadidos vienen en muchas formas; por ejemplo las vistas integradas, lo que significa que la vista es parte del patrón de la prenda misma, o también una "tapeta" separada que puede ser hecha de una tela que contraste.

EJERCICIO DE PATRONES 9.1

AÑADIDO EN LA ESPALDA Y LOCALIZACIÓN DE BOTONES EN LA PARTE POSTERIOR DEL CUERPO

Una buena manera para demostrar la creación de una vista integrada. Esto se puede añadir tanto en la parte delantera como la trasera de la prenda. Este ejercicio lo realizará en la parte central trasera del cuerpo.

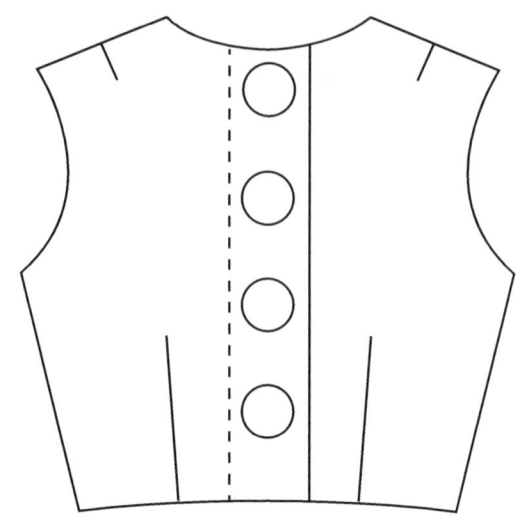

PASO 1

Escoja el botón a su gusto para este ejercicio. Esto determinará el tamaño del añadido. Mida el diámetro del botón, y también mida la altura. El botón seleccionado para este ejercicio es de 1" (2,5 cm) de diámetro y 1/8" (3 mm) de altura. Anote estas cantidades para tener referencias posteriores.

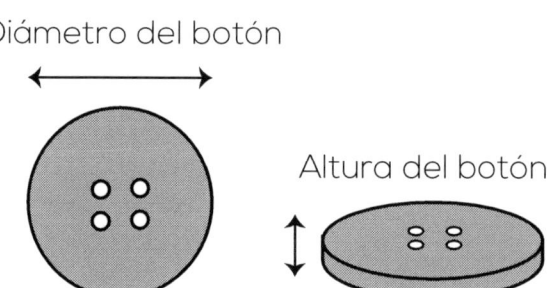

PASO 2

Prepare la parte trasera del patrón como se mostró previamente. Un añadido para botones se crea en relación directa al tamaño del botón. El añadido se calcula por 1 x el diámetro del botón más ¼" – ½" · (6 mm – 1,3 cm). Para este ejercicio, el añadido es de 1 ¼" (3,2 cm). Dibuje una línea paralela al centro trasero, por la cantidad del añadido calculada. Dibuje líneas perpendiculares en la parte superior e inferior al centro trasero a la línea de añadido.

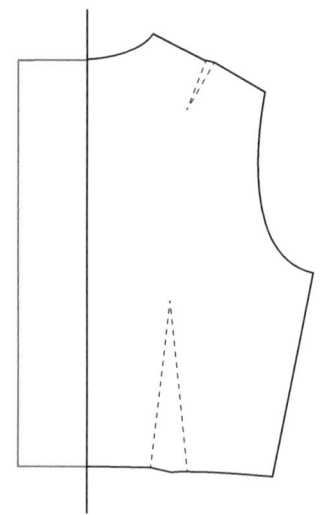

*El añadido debe ser más grande que el tamaño del botón, para que los ojales colocados horizontalmente se fijen de manera segura en la prenda.

PASO 3

El añadido que se acaba de dibujar se marcará con una muesca tanto en el lado del cuello como de la cintura. El añadido se dobla por detrás, es decir, por debajo de donde se coloca el botón. Dibuje una segunda línea paralela 2x con la anchura de la cantidad del primer añadido. La línea está a 2 ½" (6,4 cm) desde la primera línea paralela. Añada ¼" (6 mm) del margen de costura a la izquierda de la nueva línea de añadido.

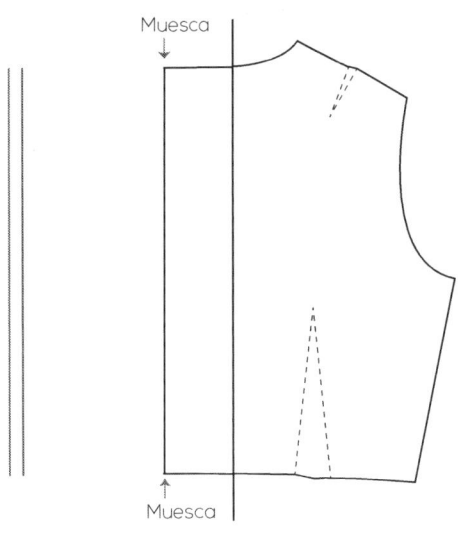

PASO 4

Doble el papel, primero a ¼" (6 mm) del margen de costura y luego en la línea del añadido. Una vez que esté doblado, use la ruleta de marcado para trazar la línea del cuello y la cintura. Esto transferirá la forma a la vista del añadido.

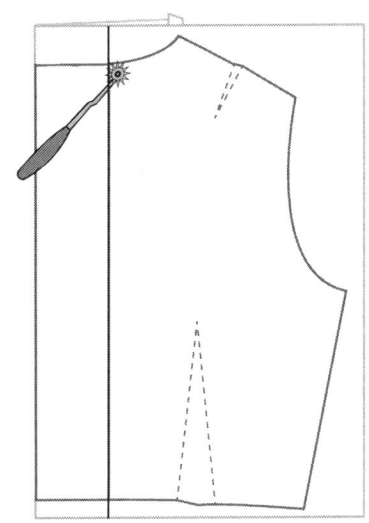

PASO 5

La localización de los botones se marcará en la línea trasera central original. El primer botón de arriba se localizará midiendo la mitad de la anchura del botón más 1/4 " (6 mm). Haga lo mismo para los botónes sucesivos. Los botones están normalmente espaciados la misma cantidad del diámetro del botón.

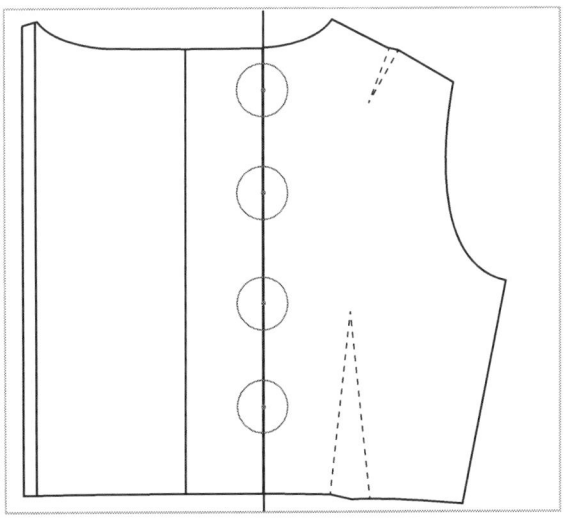

AÑADIDOS

PASO 6

Para colocar el ojal, determine si los orificios estarán horizontal o verticalmente alineados en la prenda. Los ojales grandes, se colocan normalmente de forma horizontal. En el centro trasero, dibuje el diámetro del botón en el interior de la prenda.

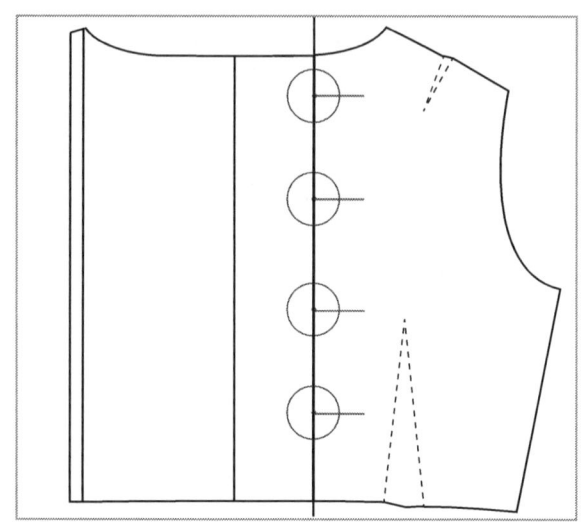

PASO 7

El botón necesita espacio para poder pasar a través del orificio. Se necesita considerar tanto el diámetro como la anchura del botón. La altura del botón en este ejercicio es 1/(8" (3 mm). Extienda el lado izquierdo de la línea horizontal 1/8" (3 mm). Esto permitirá al botón colocarse directamente en el centro posterior cuando se cosa.

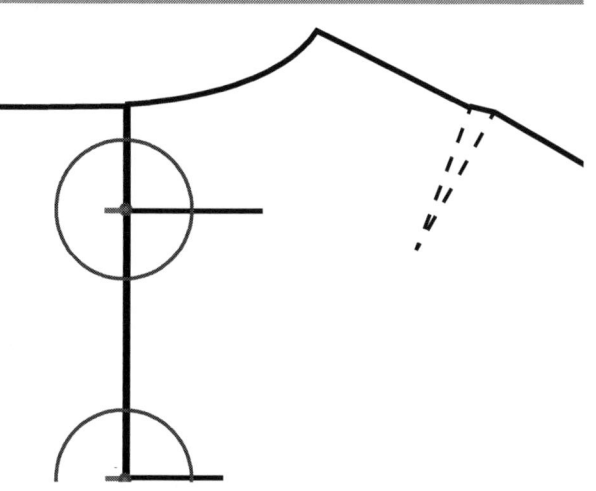

PASO 8

Complete al patron como se mostró previamente, creando uno para el lado izquierdo y otro para el derecho. En la parte trasera del lado derecho (en la imagen corresponde al lado izquierdo), marque la localización del botón. En la parte izquierda del patrón trasero (en la imagen corresponde al lado derecho), marque el ojal, acabando las marcas con dos círculos rojos para indicar una perforación.

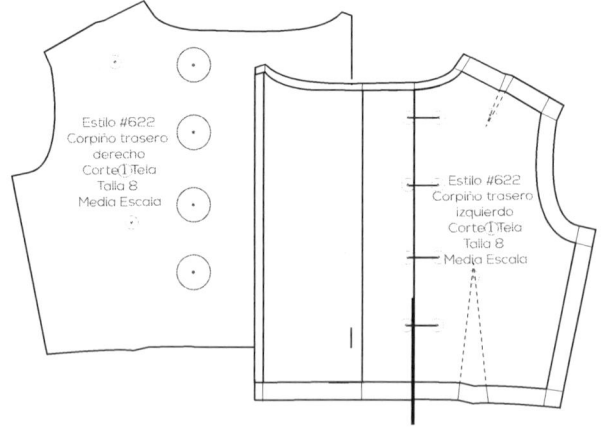

PASO 9

Para crear los patrones la vista, use una nueva pieza de papel para trazar la cara opuesta del añadido. Trace desde la línea de añadido hasta la línea de extension la vista. Trace el margen de costura del escote y el dobladillo, pero no incluya el margen de costura de 1/4" (6 mm) en el extremo izquierdo del patrón.

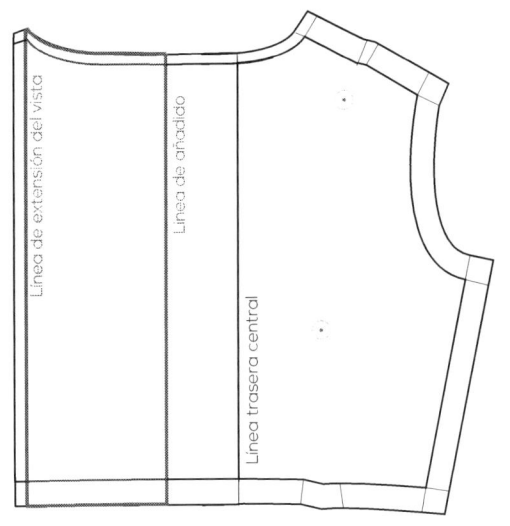

PASO 10

La vista trazada es solo la mitad del patrón de la vista. Doble la pieza del patrón en la línea de extensión y corte el papel sobre la doblez, doblando su tamaño. Cree un patrón para el lado izquierdo y lado derecho de los añadidos de la parte trasera. Complete el patrón como se mostró previamente.

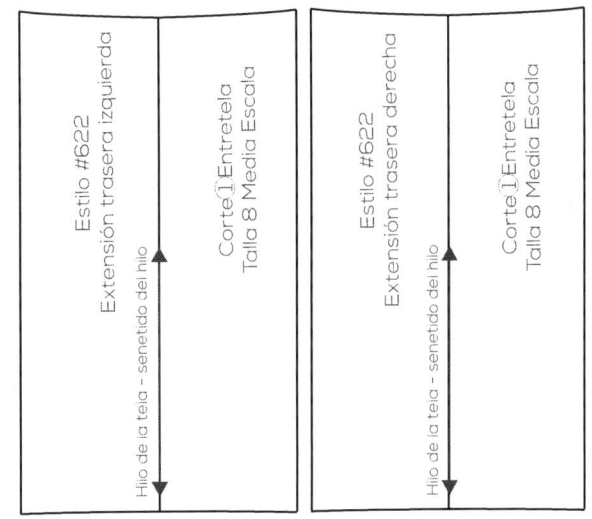

EJERCICIO DE COSTURA 9.1

AÑADIDO EN LA ESPALDA Y LOCALIZACIÓN DE BOTONES EN LA PARTE POSTERIOR DEL CUERPO

PASO 1

Junte la vistas de ambos lados de las piezas del patrón trasero.

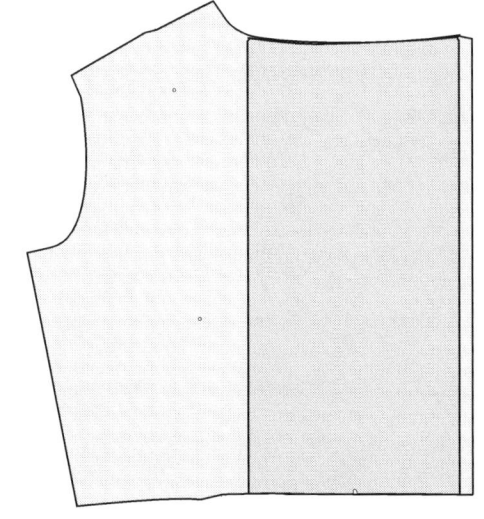

PASO 2

Doble el margen de costura 1/4" (6 mm) en la parte trasera, hacia la parte posterior del patrón y plánchela. Doble y planche la línea de añadido usando la muesca como guía. Planche hasta que este plano y sujete con afileres como se muestra.

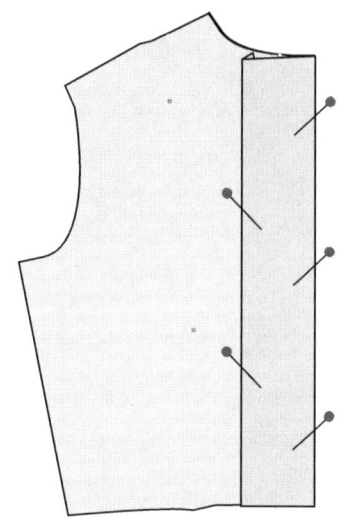

PASO 3

Cosa por dentro del borde de la cara del añadido. Opcional: cosa por el exterior del borde para balancear las líneas de costura tal como se muestra en la imagen.

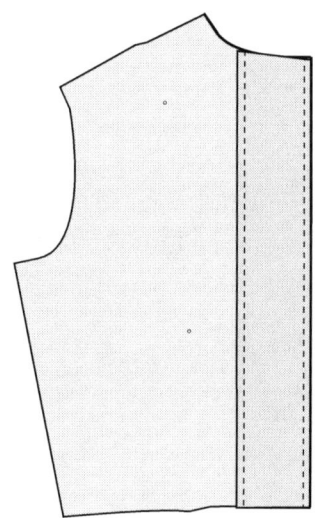

PASO 4

Cosa los botones en el lado izquierdo de la prenda para prendas femeninas (para las prendas masculinas los botones se colocan en el lado derecho). Pasa hacer unas puntadas a mano seguras, coja una yarda de hilo y dóblela a través de la aguja.

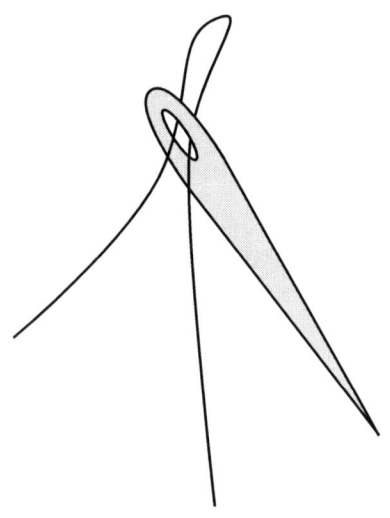

PASO 5

Para crear un nudo seguro, humedezca la punta del dedo índice y envuelva los extremos de todos los hilos alrededor del dedo unas 4 veces, de manera ajustada, pero sin que se corte la circulación. Usando el pulgar, desenrolle el hilo de su dedo creando un nudo no muy estético, pero efectivo.

Enrollar sobre el dedo para crear un nudo

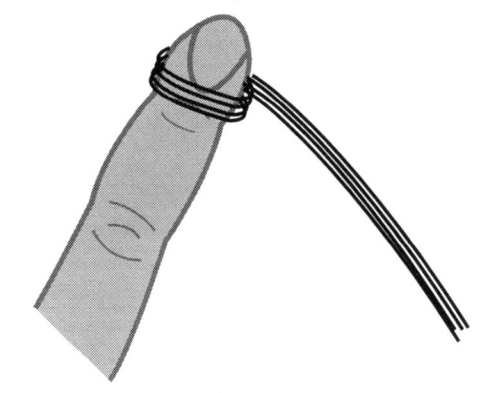

PASO 6

Comience por la cara de la prenda en la posición donde se colocará el botón. Esto asegura que el nudo no irritará la piel. Pase la aguja por la parte trasera de la localización del botón. Pase el botón y todo el recorrido a través de la tapeta. Pase por el segundo conjunto de agujeros o por segunda vez a través del primer conjunto de agujeros.

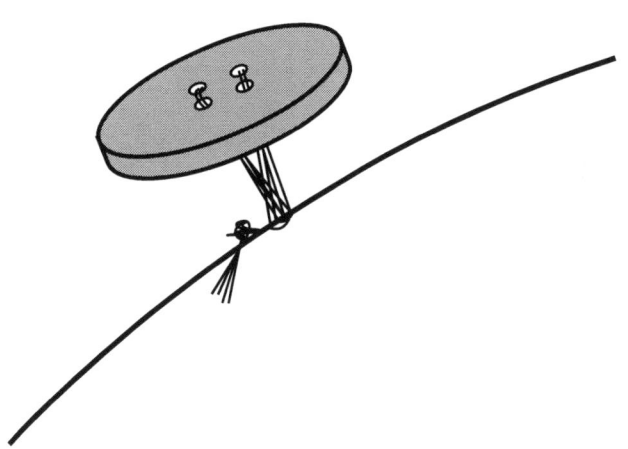

PASO 7

Tire del botón alejándolo un poco de la tela para dar un pequeño espacio. Enrolle el resto del hilo alrededor del vástago unas 2-3 veces y luego pase la aguja nuevamente por la tapeta, anudando debajo del botón.

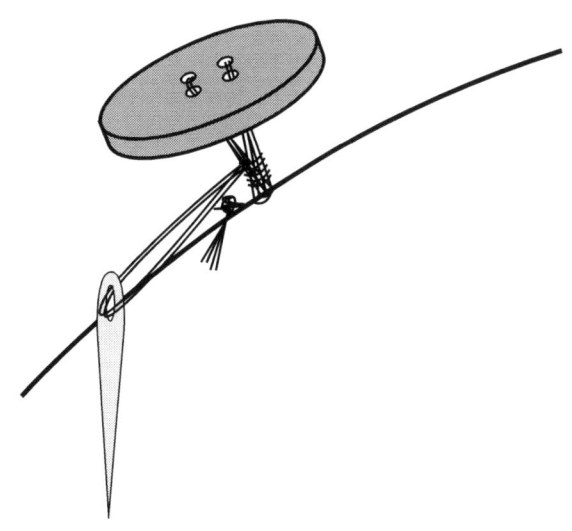

AÑADIDOS 131

OPCIÓN A: OJAL A MÁQUINA

PASO 8A

Haga los ojales del botón y complete la construcción de su prenda. Puede usar un prénsatelas para facilitar la costura de los ojales. Siga los orificios marcados en el patrón para colocar los ojales. Use un descoseador para abrir el orificio tras realizar la costura.

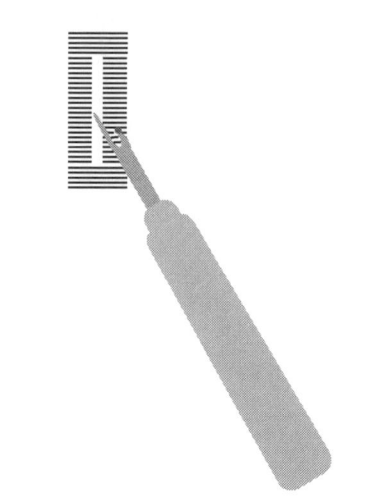

OPCIÓN B: OJAL A MANO

PASO 8B

Para hacer ojales a mano, la primera costura se hace a máquina. Cosa un rectángulo alrededor de los orificios. Pase la línea de costura para resforzarlo. Corte una línea entre los orificios.

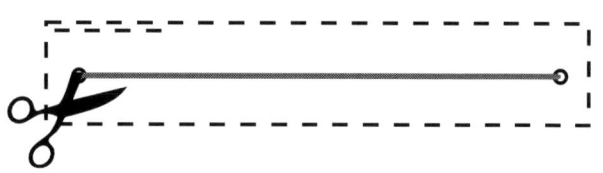

PASO 9B

Cogiendo una yarda de hilo, doble el hilo a través de la aguja y haga un nudo al final tal como se mostró en el PASO 4. Se puede comenzar desde cualquier lugar, enrollando el hilo y la aguja alrededor de la línea de costura alrededor del orificio. Complete la apertura total del ojal.

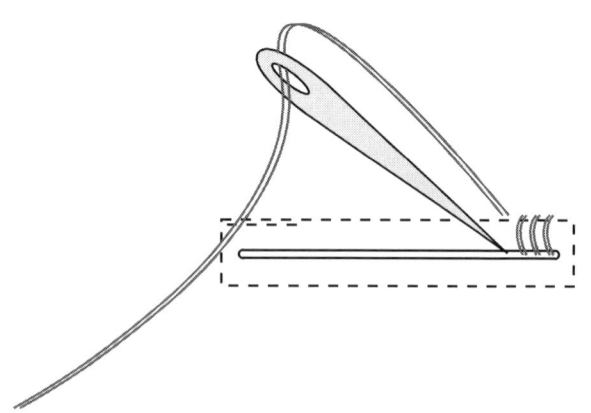

EJERCICIO DE PATRONES 9.2

TAPETA ABOTONADA DEL CORPIÑO DELANTERO

Para este ejercicio, se hará un añadido de tapeta por separado, siguiendo muchos de los pasos que se han seguido para el ejercicio anterior. Los cierres frontales, habitualmente usan botones más pequeños, de esta manera el ejercicio se parecerá un poco diferente.

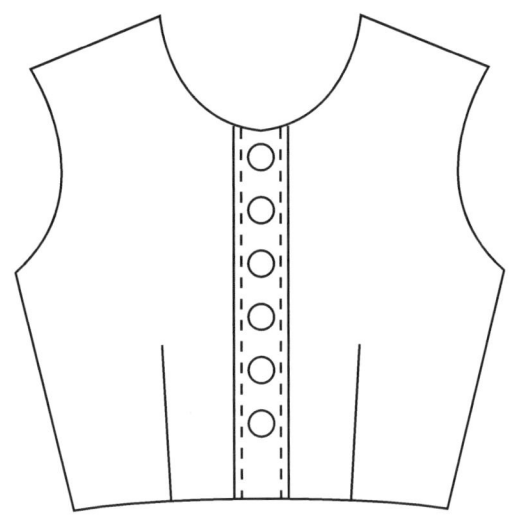

PASO 1

Prepare el patrón base frontal como se mostró previamente. Este ejercicio usa un botón de ½" (1,3 cm). Siguiendo la misma regla del ejercicio anterior, haga un añadido 1x el diámetro del botón más ¼" (6 mm). Esta cantidad es ¾" (2 cm). Dibuje una línea paralela al centro frontal de ¾" (2 cm). Puede que el añadido sea más ancho, pero no más estrecho.

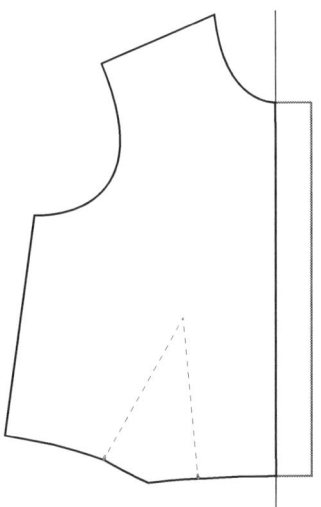

PASO 2

En el lado izquierdo de la línea central frontal, dibuje una paralela a la misma distancia de la línea que dibujó en el paso anterior. Extienda esta línea desde la cinturilla hasta el cuello. Esta línea marcará donde el añadido se separa del cuerpo.

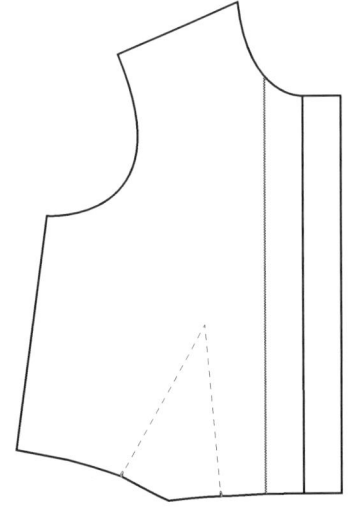

PASO 3

Corte la línea de la tapeta. Marque el lugar del botón en el centro frontal. Comience en el cuello. Mida hacia abajo la anchura del botón más ¼" (6 mm). Esta cantidad es ½" para un botón de ½" (1,3 cm). Haga esto sucesivamente para el resto de los botones, espaciándolos de manera uniforme y asegurándose que los botones se encuentran en el vértice.

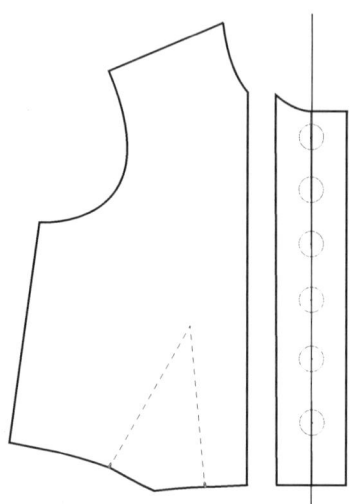

PASO 4

Los ojales normalmente se orientan en posición vertical para botones pequeños. Pero el botón superior se coloca de manera horizontal para asegurar que el cuello se cierre. Para los ojales verticales, la cantidad total del ojal se basa en el ejercicio anterior: ½" (1,3 cm) para la anchura del botón más 1/8" (3 mm) para la altura del botón. La cantidad total para este ejercicio es 5/8" (1,6 cm). Centre la cantidad del ojal en el centro de cada lugar del botón.

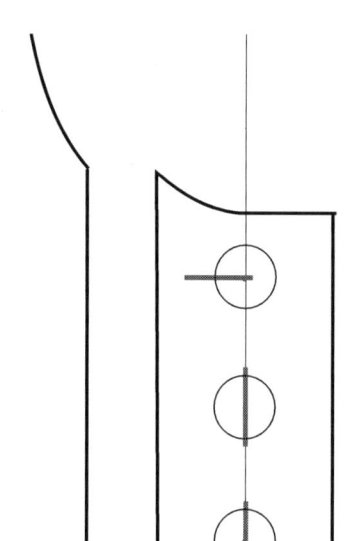

PASO 5

Complete el patrón con un margen de costura de ½" (1,3 cm) donde se conecta al corpiño y ¼" (6 mm) en el resto de los sitios. Cree un patrón derecho y otro izquierdo para la tapeta. La localización del botón va en la tapeta izquierda y los ojales van en la tapeta derecha.

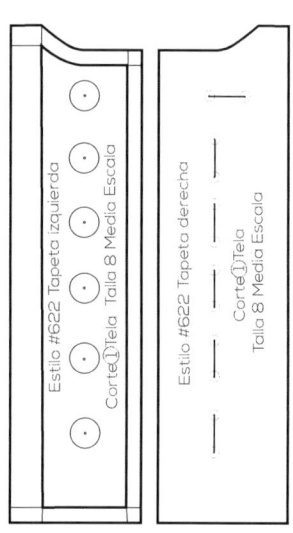

PASO 6

Copie los patrones de la tapeta para crear los forros de las piezas del patrón. Estas piezas están enfrentadas al cuerpo. No se necesitan marcas especiales para estos patrones.

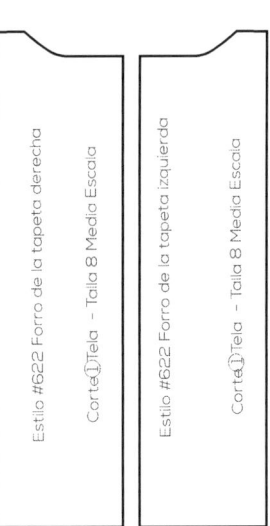

PASO 7

Las piezas del patron de tapeta están completamente forradas con entretelas para dar estabilidad y soporte. Copie los patrones de la tapeta para crear forros de los patrones para cada tapeta

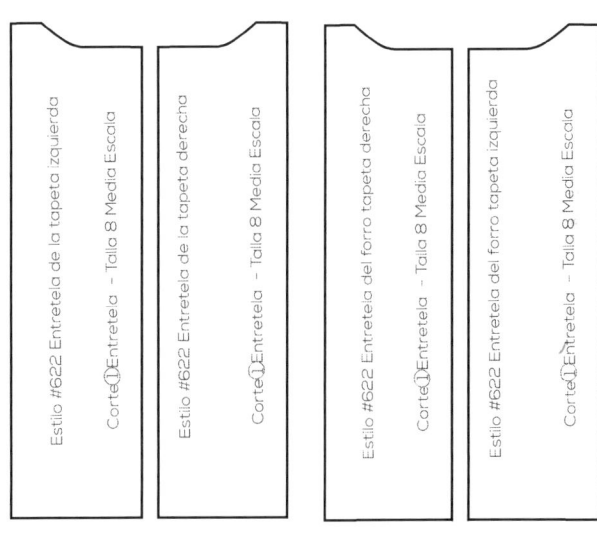

PASO 8

Complete el patrón del corpiño frontal como se mostró previamente. Este patrón no se cortará en el pliegue, pero se cortan dos hojas de papel para hacer las piezas del patrón de los lados derecho e izquierdo.

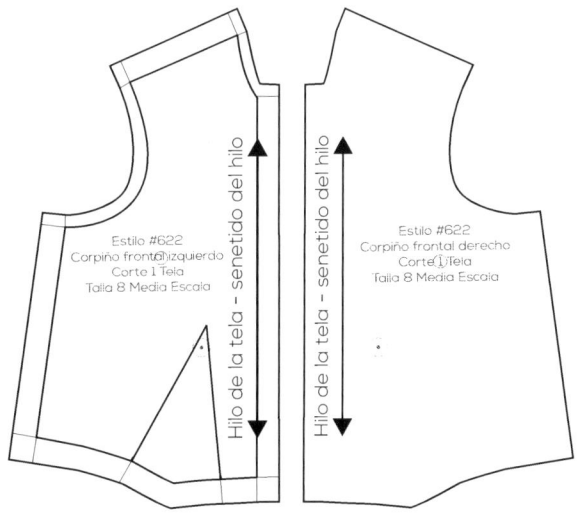

AÑADIDOS 135

EJERCICIO DE COSTURA 9.2

TAPETA ABOTONADA DEL CUERPO DELANTERO

PASO 1

Fusionar las entretelas a todas las piezas de la tapeta.

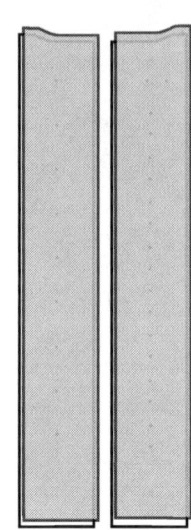

PASO 2

Cosa por el borde exterior de las tapetas uniéndolas con los lados externos dándose de frente una a la otra. Planche la costura abierta para aplanar la costura.

PASO 3

Junte la parte de la cara del borde de la tapeta a la parte posterior del corpiño frontal. Estos pasos se completan para los frontales del corpiño tanto derecho como izquierdo.

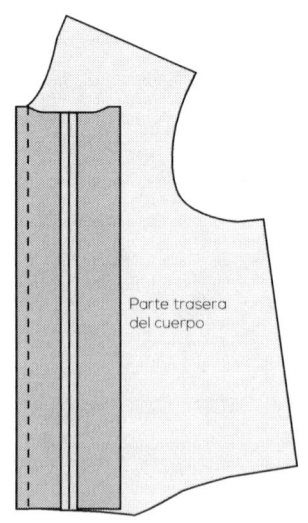

Parte trasera del cuerpo

136 | DETALLES

PASO 4

Planche la tapeta y todos los margenes de costura al lado de la tapeta. Planche el margen de la costura del borde de la tapeta a ¼" (6 mm).

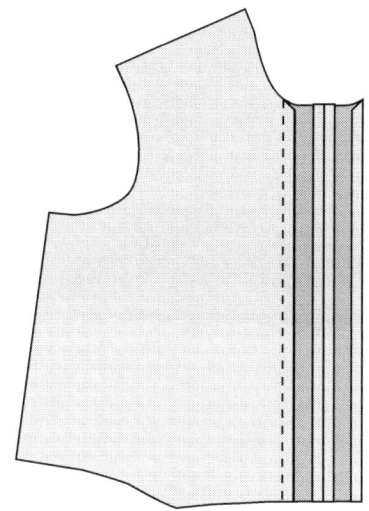

PASO 5

Doble la tapeta en la costura del centro frontal. Sujételo con un alfiler y haga un pespunte superior en el borde doblado interno. Pespunte un segundo borde en el otro lado de la tapeta para finalizarla. Por favor, tenga en cuenta: si no se planchaca con cuidado y lo sujeta bien, se doblará al coserlo. Complete el corpiño con los botones y sus correspondientes ojales.

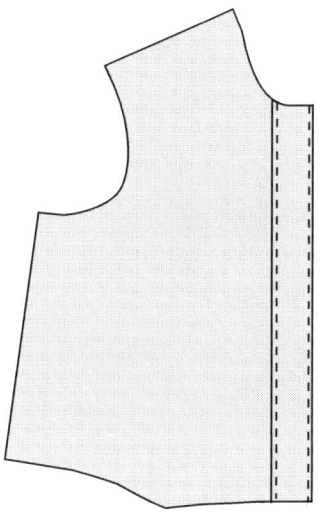

CAPÍTULO 10
CUELLOS

Los cuellos se pueden encontrar en muchos tipos de prendas, en las camisas de uniformes hasta los vestidos casuales. En este capítulo se verán tres tipos de cuellos: cuello marinero, cuello mandarín y cuello de camisa de vestir.

El cuello marinero y el Mao consisten en un patrón de dos piezas: la parte superior del cuello y la parte inferior. El cuello de una camisa de vestir consiste en dos patrones distinctos, un cuello convertible y el pie del cuello, cada uno conteniendo una parte permanente o fija y una parte convertible, cada una contiene a su vez una parte superior y otra inferior.

Los dos primeros ejercicios se terminan mejor con una cremallera, pero la cremallera no se puede intercalar desde la parte superior del cuello hasta la cintura. Una cremallera que se abre en la cintura, no se encajará en los hombros. Si el corpiño está unido a una falda, la cremallera se puede intercalar con tal que su abertura este a nivel de las caderas.

EJERCICIO DE PATRONES 10.1

CUELLO MARINERO

El cuello marinero queda relativamente plano en el escote. En este ejercicio se realiza un cuello que es cuadrado en la parte posterior y recogido en el frente. Debido a que una prenda con cuello marinero generalmente se introduce por la cabeza, requerirá una abertura alternativa en la prenda. Por eso recomiendo colocar una cremallera en la costura lateral desde la parte inferior de la cintura hasta la sisa.

PASO 1

Prepare los trazados para el corpiño delantero y trasero como se demostró anteriormente. Alinee los hombros de la parte delantera y trasera juntos. Para ello, doble el papel en el hombro delantero para alinearlo con el hombro trasero. Vamos a bajar el escote ligeramente en la parte posterior y añadir un cuello en V a la parte delantera, de manera que se agrega espacio para tirar sobre la cabeza. Utilice esta ilustración como guía.

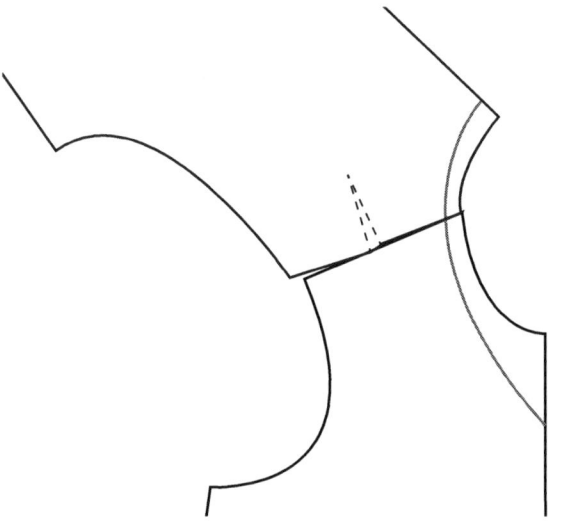

PASO 2

Para que quede el cuello completamente plano, mantenga los hombros juntos. Para que el cuello tenga un ligero giro en el escote, se superponen los hombros en la sisa, como se muestra en la imagen. Aquí está superpuesto ¼" (6 mm). Esta cantidad puede variar en función de sus preferencias de diseño. Alternativamente, si quiere añadir amplitud a la parte exterior del cuello, abra la sisa.

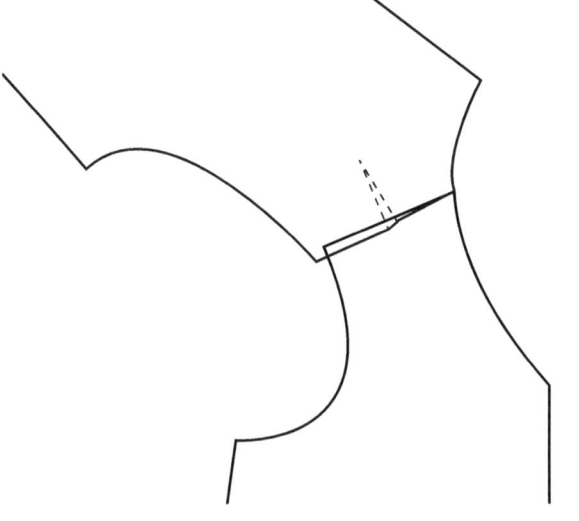

PASO 3

Dibuje la forma del cuello sobre la parte delantera y trasera como se muestra en la imagen. Siga la ilustración asegurándose de intersectar la línea central del corpiño posterior en un ángulo de 90 grados. Esto asegurará una línea recta y nivelada en la parte posterior del cuello. La intersección del hombro tendrá muescas en el escote del cuello.

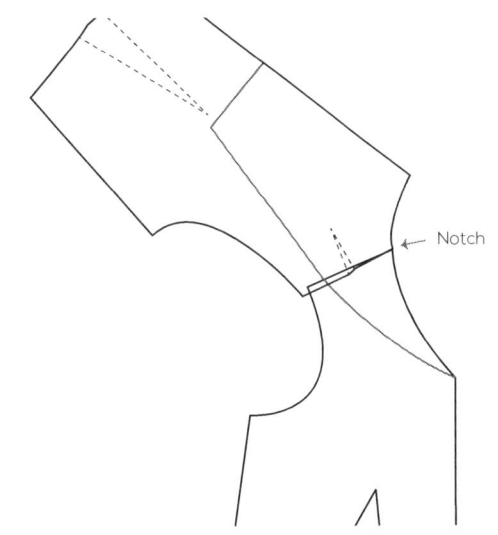

PASO 4

Copie el diseño del cuello en una hoja de papel separada. Cree un patrón completo para el cuello. Agregue 1/4" (6 mm) de márgen de costura alrededor del cuello y complete el patrón como se demostró anteriormente. Corte dos hojas de papel y marque una como el cuello superior y la otra como el cuello inferior. Coloque una muesca adicional en la parte central del escote de la espalda.

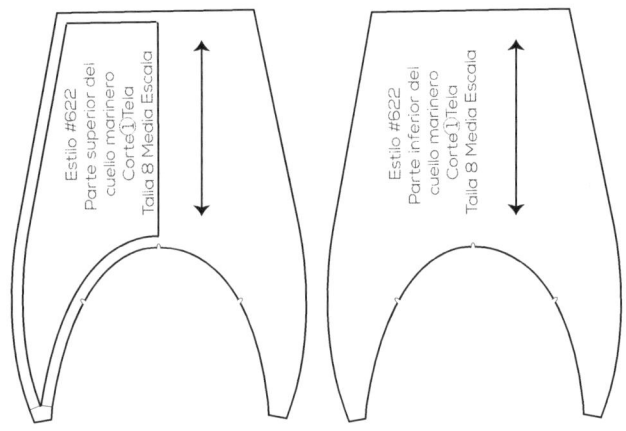

PASO 5

Copie el patrón del cuello para crear el patrón de la entretela. Complete el corpiño como se demostró previamente con el nuevo escote.

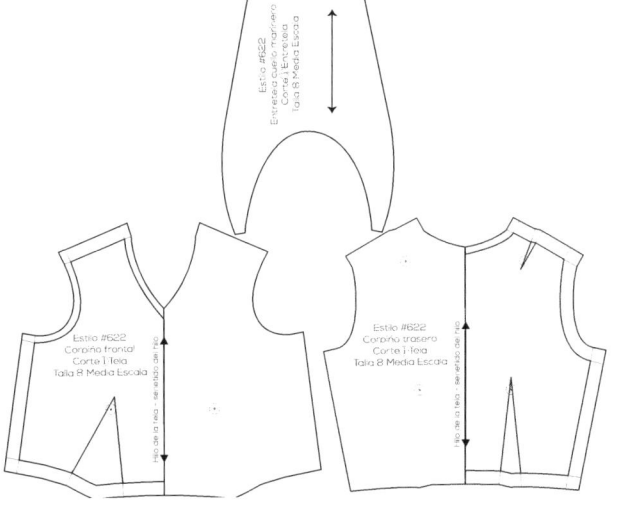

CUELLOS

EJERCICIO DE COSTURA 10.1
CUELLO MARINERO

PESO 1

Fusione la entretela con el cuello interno. Esta es la parte del cuello que no se verá cuando se lleve puesto.

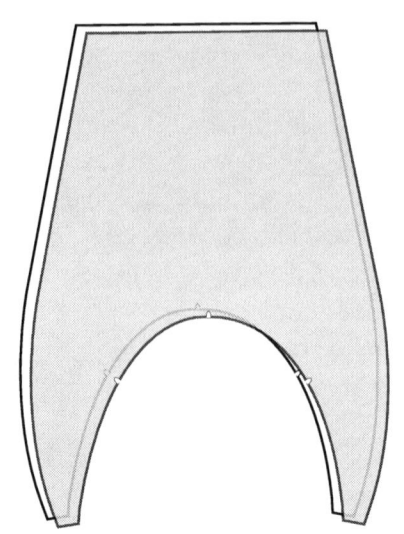

PESO 2

Con las caras externas enfrentándose unas a otras, sujete y cosa los bordes exteriores del cuello.

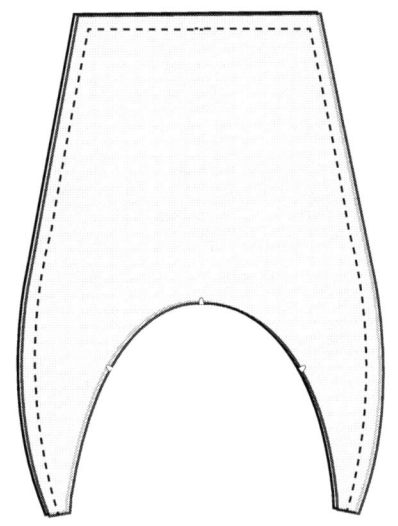

PESO 3

Planche los márgenes de costura hacia el lado con la entretela, que es el cuello inferior. Recorte las esquinas del borde cuadrado. Realice pespuntes de seguridad en los márgenes de costura en el cuello inferior.

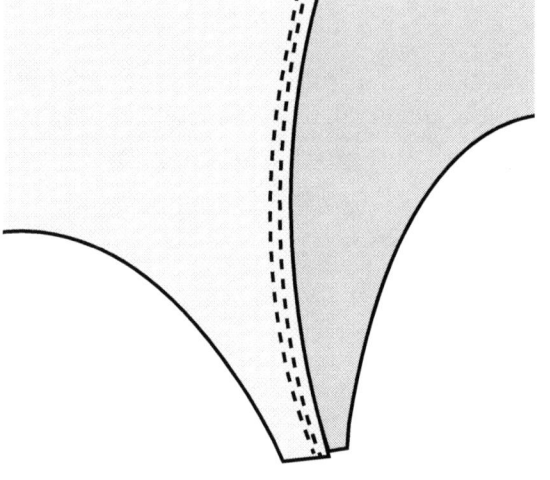

PASO 4

Planche el cuello plano. Las partes superior e inferior del cuello son del mismo tamaño. Debido al rollo del pespunte de seguridad, los bordes del escote del cuello no se alinearán. Planche el margen de costura del escote del cuello inferior por 1/4" (6 mm).

Cosa las costuras de los hombros de su prenda y planche las costuras abiertas.

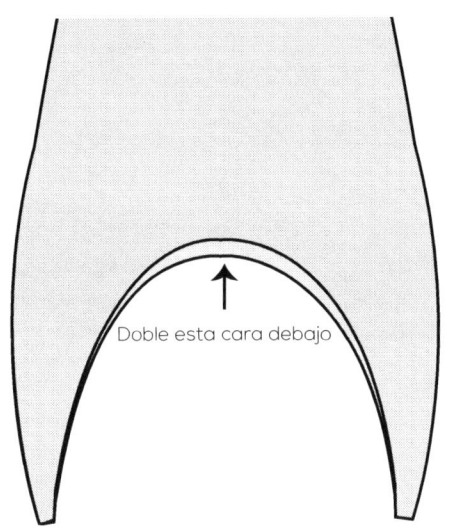

Doble esta cara debajo

PASO 5

Ancle el lado derecho del cuello superior a la parte posterior del escote de la camisa. Asegúrese de coser sólo una capa del cuello en este paso. Coser los cuellos juntos.

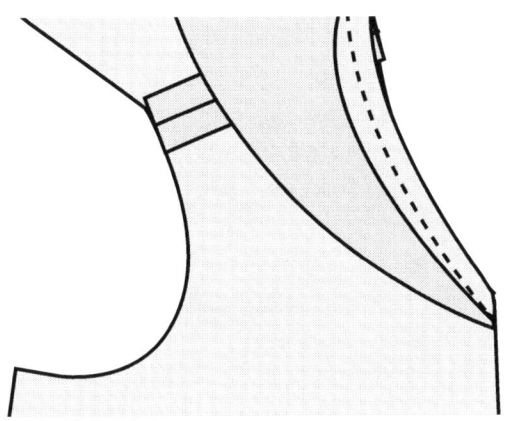

PASO 6

Planche el margen de costura hacia el interior del cuello. Tome el borde planchado debajo del cuello y sujete sobre la línea de puntada, asegurándose de que el pliegue pase la línea de puntada por 1/16" (1,5 mm). Complete con un pespunte al canto en el borde interior doblado del cuello. Complete el resto de la camisa.

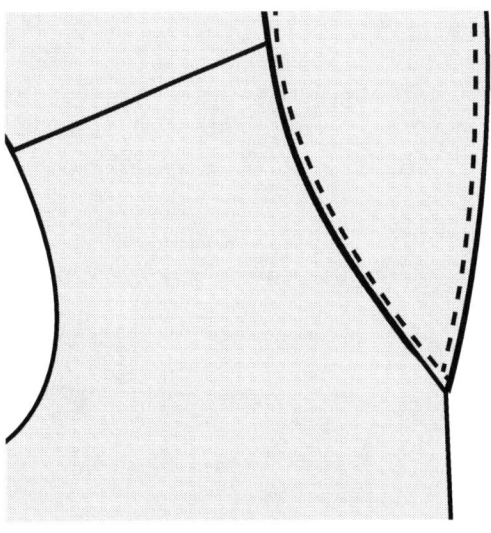

EJERCICIO DE PATRONES 10.2

CUELLO MAO

El cuello Mao puede curvarse en el escote delantero o incluso cuadrarse. Puede ser en una prenda con cierre frontal o cierre posterior. En este diseño, el cierre está en la parte posterior, lo que requiere que el cuello esté en dos partes. Los pasos de costura utilizan un corpiño básico delante y trasero sin alteraciones en el escote.

PASO 1

El cuello Mao está diseñado para situarse desde el escote. Para determinar la cantidad necesaria para la elaboración del trazado, alinee los patrones base delantero y posterior en el punto de hombro/cuello y mantenga las líneas centrales paralelas. Si está alterando el escote de la forma estándar del patrón base, crea el diseño del corpiño y, a continuación, siga estos pasos.

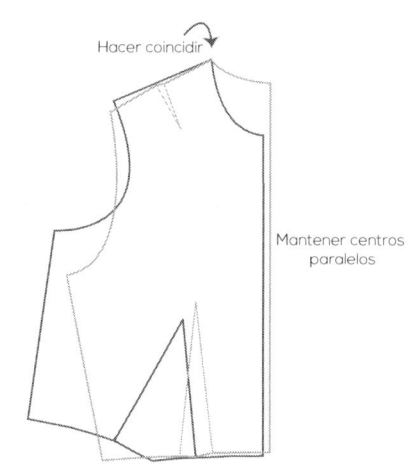

PASO 2

Mida la distancia entre los escotes delanteros y traseros. La cantidad para este ejercicio es de 1 1/4" (3,2 cm). La cantidad del trazado a escala completa es de 2 1/2" (6,4 cm). Divida este número por 4 y apúntelo para un paso más tarde. Para este ejercicio, la cantidad es 5/16"(8mm). La cantidad a escala completa es de 5/8" (1,6 cm).

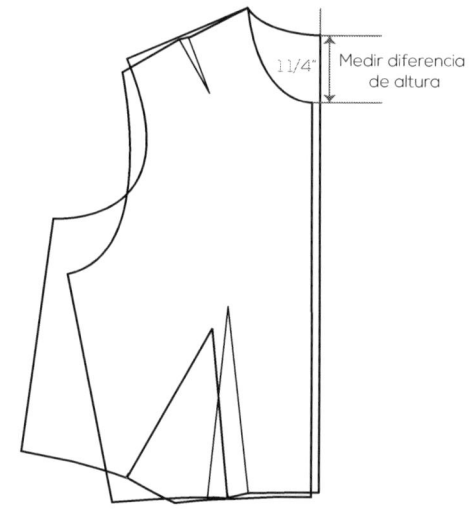

144 | DETALLES

PASO 3

Mida los escotes delanteros y traseros del patrón base utilizando una cinta métrica o una regla cuadriculada. Agarre la regla de su lado para pasar por la curva del escote con la regla. Tenga en cuenta que nuestras medidas están en una forma de media escala. Las medidas de tamaño completo son el doble de esta cantidad.

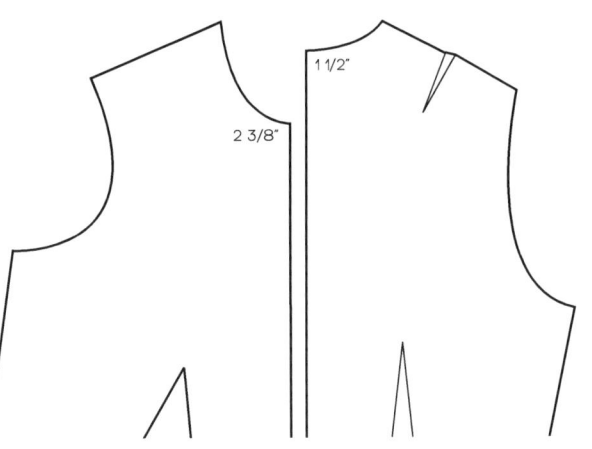

PASO 4

En una hoja de papel de aproximadamente 10" (25 cm) de ancho por 5" (13 cm) de alto, dibuje una línea de aproximadamente 1" (2,5 cm) desde la parte inferior del papel. Indique una marca cruzada inicial en el lado izquierdo de la línea. Márquela el centro trasero.

Midiendo de izquierda a derecha, marque una segunda marca la cantidad del escote trasero. Esta marca indica el hombro. Mida a la derecha de esa marca, la distancia del escote delantero. Apunte esta marca como el frente central.

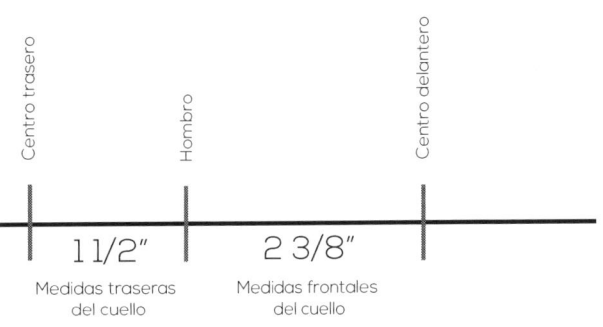

PASO 5

El cuello Mao asciende del escote. Levante la parte delantera del escote la cantidad determinada en el Paso 2: 5/16" (8mm) para la media escala. Esta cantidad puede variar según el efecto deseado, pero estos pasos reflejan el aumento estándar.

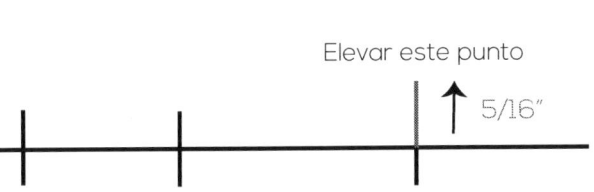

PASO 6

Dibuje una línea desde el hombro marcando la cantidad elevada en el paso anterior. En la marca del hombro, suavice el pico de unión de las dos líneas con una regla curva.

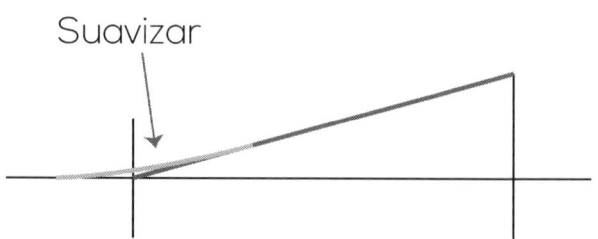

PASO 7

Crea el borde frontal del diseño del cuello Mao. Este ejercicio tiene un borde curvado frontal y la altura total es de ½" (1,3 cm). Un cuello Mao tiene una altura de ½" a 1" (1,3 – 2,5 cm) para la media escala o 1" a 2" (2,5 – 5 cm) para escala completa. Use la regla cuadriculada para hacer lineas paralelas a la altura medida de la línea curva. Conecte las marcas para hacer una línea curva suavizada para el borde de la parte superior del cuello.

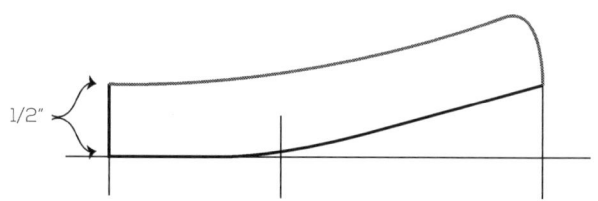

PASO 8

Añada de margen de costura 1/4" (6 mm) alrededor del cuello. Coloque una muesca en el hombro. Complete el patrón como se mostró anteriormente, haciendo un patrón derecho e izquierdo, debido al cierre posterior central. Este cuello también requiere dos piezas de patrón adicionales para la parte derecha e izquierda debajo del cuello y dos piezas de patrón para la entretela.

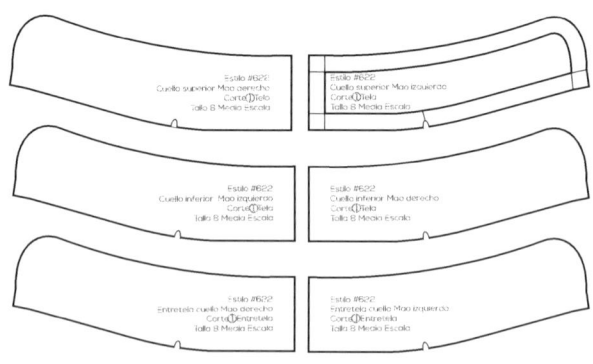

EJERCICIO DE COSTURA 10.2

CUELLO MAO

PASO 1

Fusione la entretela con la parte trasera del cuello en la derecha y en la izquierda. La parte fusionada del cuello se considera la parte inferior del cuello.

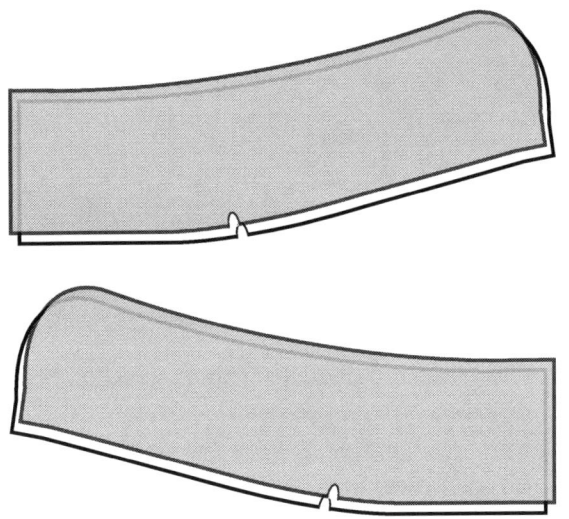

PASO 2

Cosa los bordes exteriores del cuello superior e inferior del cuello junto con los lados exteriores uno frente al otro. Para la realización de unaprenda con una cremallera que va hasta la parte superior del cuello, deje el centro del trasero del cuello abierto 1" (2,5 cm). Si usa un corchete en el cuello, terminando la cremallera en la abertura del cuello, cosa la esquina del cuello y baje por el centro de la espalda.

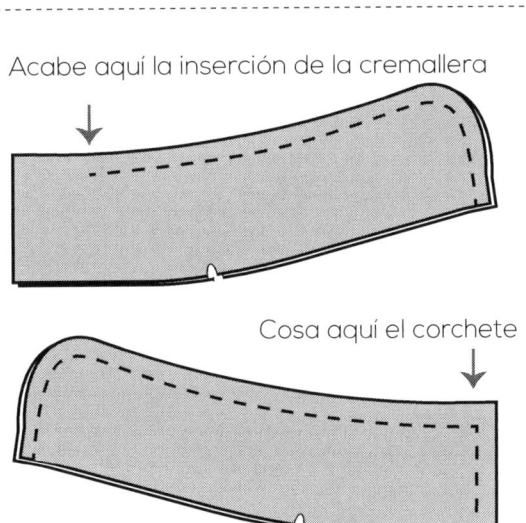

Acabe aquí la inserción de la cremallera

Cosa aquí el corchete

PASO 3

Planche el margen de costura hacia el cuello inferior, o al lado de la entretela, luego une el margen de costura al cuello inferior con pespunte de seguridad. Comience a coser el pespunte de seguridad en el borde superior del cuello aproximadamente 1" (2,5 cm) de distancia de la esquina.

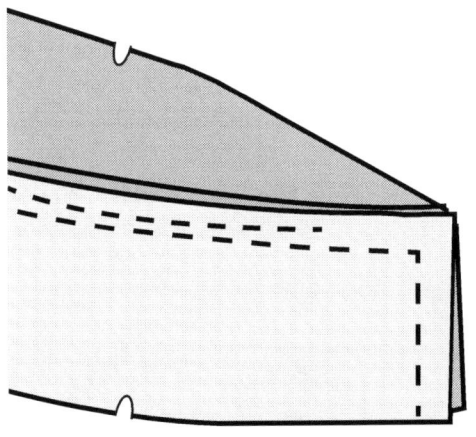

PASO 4

Coloque el lado derecho del cuello en el lado derecho de la prenda. Asegúrese de adjuntar solo una capa del cuello. Planche el margen de la costura hacia el lado del cuello. Si está agregando una cremallera, colóquela en este punto para poder acabarla en los pasos finales. Tenga en cuenta que una cremallera colocada en la parte posterior central, con la abertura en el escote, necesita estar unido a una falda para que la cremallera se puede abrir por la cadera. Una cremallera que se termina en la cintura no se encajará sobre los hombros.

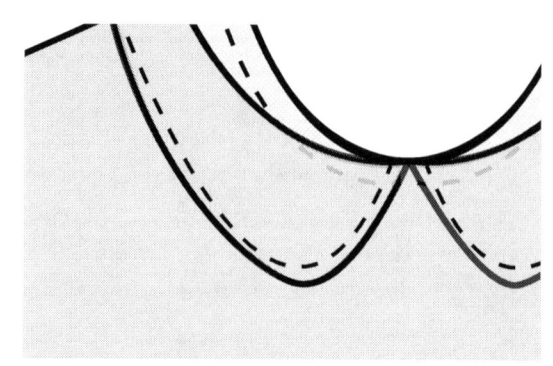

PASO 5

Doble y planche el lado restante del margen de la costura del cuello debajo de 1/4" (6 mm) y ancle el cuello inferior hacia abajo cubriendo la línea de puntada por 1/16" (1,5 mm).

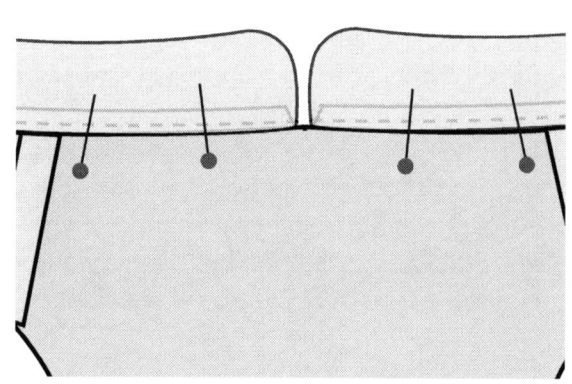

PASO 6

Complete el cuello con un pespunte oculto para cerrar el escote. Esta puntada consiste en una puntada cosida en la costura o directamente junto a ella en la cara de la prenda. Asegúrese de coser un solo lado de la costura. Cosiendo sobre la costura al otro lado no se verá estéticamente agradable.

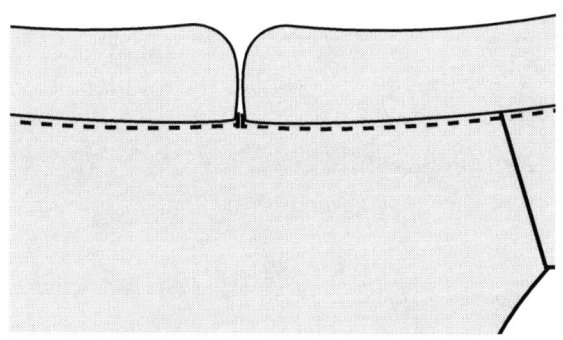

EJERCICIO DE PATRONES 10.3

CUELLO CONVERTIBLE Y PIE DE CUELLO

Un cuello de camisa de vestir está construido por dos partes y generalmente se abre en la parte delantera. El pie de cuello, realiza la misma función del cuello Mao, para levantarlo. El cuello se pliega de nuevo sobre el pie y cae sobre la camisa. En ocasiones se le da el nombre de cuello convertible por su capacidad de usarlo cerrado o abierto..

PASO 1

El pie de cuello se hace del mismo modo que para el cuello Mao en el ejercicio patrón 10.2. Siga y complete los pasos 1 a 6 del cuello Mao. Utilice la extensión de medidas del Ejercicio Patrón 9.2 para crear este cuello. La extensión de ese ejercicio es de 3/4" (2 cm), por lo tanto, el pie de cuello debe coincidir. Al final de la línea dibujada, extienda la línea 3/4" (2 cm) para la extensión en el diseño del corpiño.

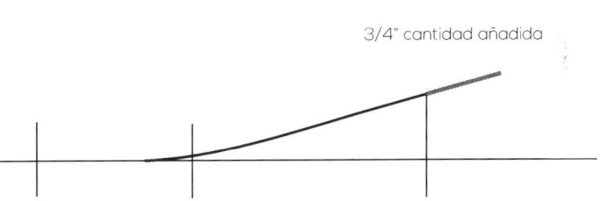

PASO 2

En ambos extremos del pie de cuello cuadran una línea y crean la altura de 1/2" (1,3 cm) para media escala o 1" (2,5 cm) para escala completa. Utilice la regla de cuadrícula para marcar 1/2" (1,3 cm) por encima de toda la línea. Utilice las reglas curvas para dibujar una línea curva paralela desde la línea inferior.

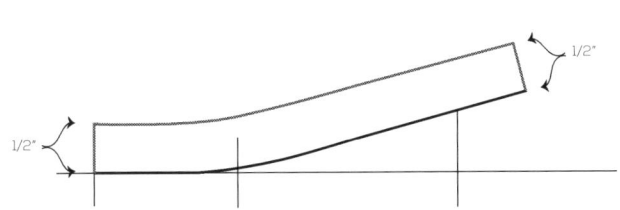

PASO 3

Cuadre una línea de 90 grados desde el frente central del escote, hasta la línea superior. Esta es la marca antes de la extensión. Esta es también la posición en la que el cuello se une a su pie. Curve el extremo de la extensión eliminando la esquina cuadrada.

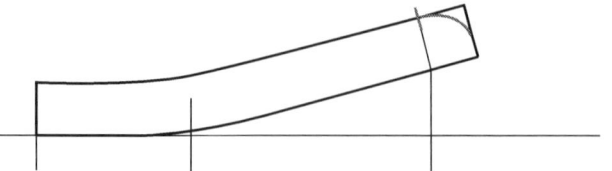

PASO 4

En el borde superior del pie de cuello, dibuje el diseño del cuello que le interese. El cuello generalmente sube y luego se cae. Para que el cuello toque la camisa, debe cubrir el pie de cuello. Debe ser al menos el doble de la altura del pie de cuello. Para ver cómo se verá cuando haya terminado, dóblelo en la línea de costura del pie de cuello.

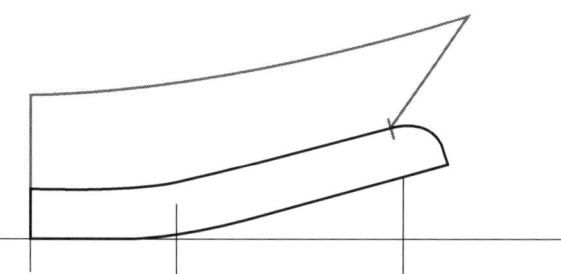

PASO 5

El pie de cuello y el cuello en sí tendrá dos patrones separados. Separe las dos piezas. Asegúrese de marcar la colocación de la muesca donde el cuello se alinea hasta el pie de cuello. En la parte posterior central también se realizará una muesca para facilitar la costura.

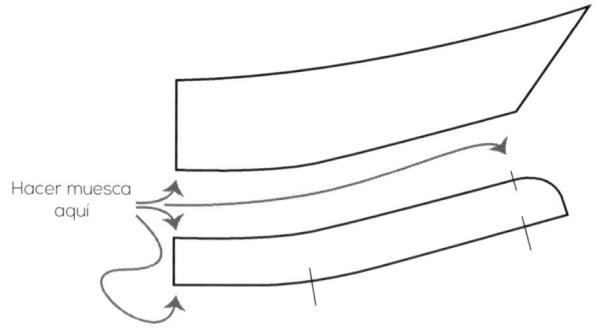

Hacer muesca aquí

PASO 6

El pie de cuello generalmente tiene un solo botón con el ojal colocado horizontalmente. Asegúrese de colocarlo en paralelo a la línea inferior y no horizontalmente a través del papel. Cuando se utiliza este pie de cuello, el ojal superior de la camisa será vertical en lugar de horizontal.

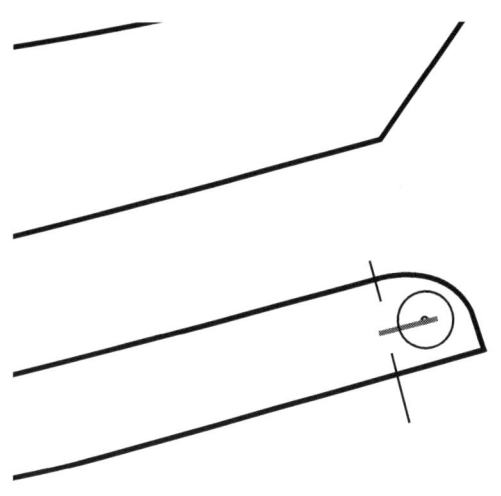

PASO 7

Añada 1/4" (6 mm) a los márgenes de costura de todas las piezas del patrón. Complete el patrón como se mostró previamente. Asegúrese de marcar el centro posterior de ambas piezas de patrón con una muesca. En el escote del pie de cuello, coloque las muescas en el hombro y en el punto de extensión. Marque el botón en el lado izquierdo de la prenda y el ojal en el lado derecho de la prenda.

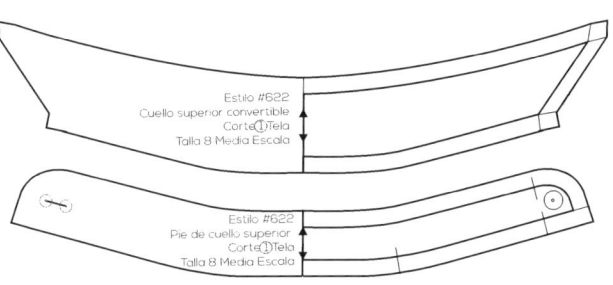

PASO 8

Copie los patrones del propio cuello y de su pie de cuello dos veces adicionales para crear los patrones del cuello inferior y la entretela.

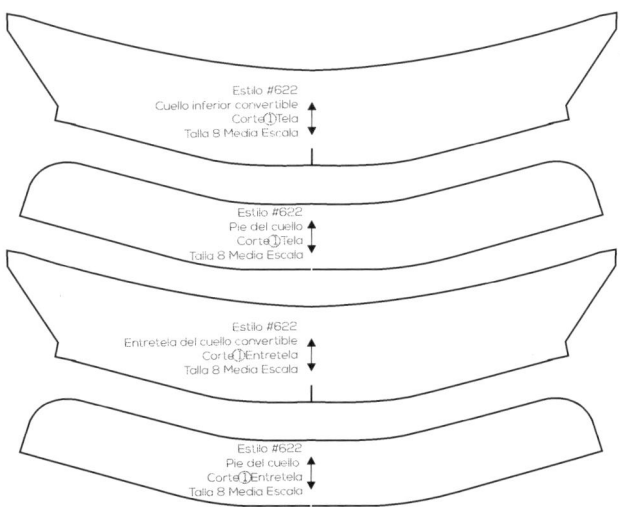

CUELLOS 151

EJERCICIO DE COSTURA 10.3

CUELLO CONVERTIBLE Y PIE DE CUELLO

PASO 1

Fusione la entretela con la pieza inferior del cuello convertible y con la pieza inferior del pie de cuello.

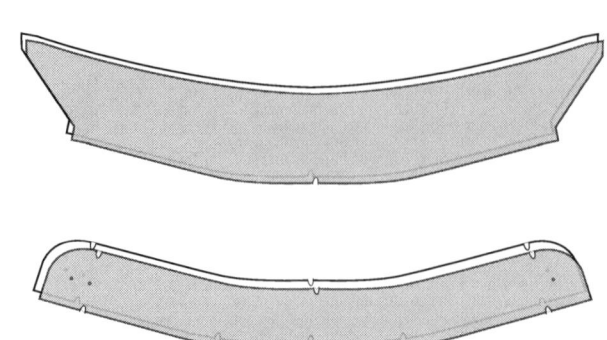

PASO 2

Cosa los bordes exteriores del cuello convertible. Planche los márgenes de costura abiertos lo más que sea posible. Corte las puntas del cuello para girar fácilmente el lado derecho hacia fuera.

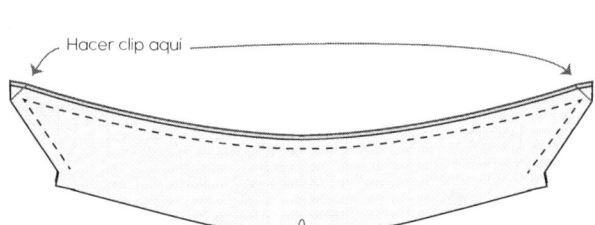

PASO 3

Voltee al lado derecho del cuello convertible hacia fuera y planche para aplanar. Realice un pespunte al canto a 1/8" o 1/4" (3mm a 6mm) de los bordes exteriores.

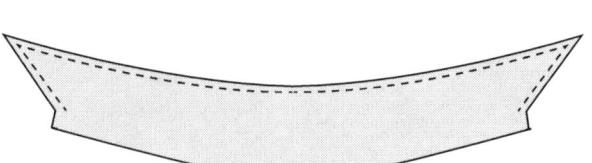

PASO 4

Tome los pies del cuello e intercale el cuello convertible entre los lados derechos del pie de cuello. El lado de la entretela del pie de cuello se encuentra junto al cuerpo. El lado de la entretela en el cuello está en el lado opuesto de la entretela del pie. Alinee con las muescas centrales traseras del cuello convertible y del pie de cuello.

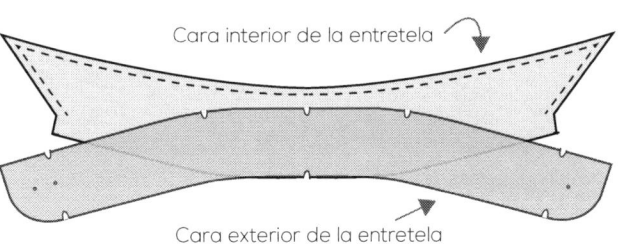

Cara interior de la entretela

Cara exterior de la entretela

PASO 5

Alinee el cuello convertible con las muescas en el pie del cuello. Cosa todas las capas juntas desde el borde curvo hasta el borde curvo. En la prenda: Las costuras de los hombros y la costura de extensión deben completarse antes de fijar el cuello convertible y el pie de cuello.

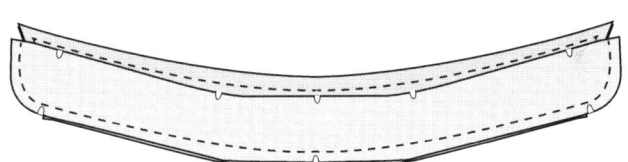

PASO 6

Siga los pasos 4, 5 y 6 del cuello Mao de Ejercicio de Costura 10.2 para fijar el pie de cuello a la prenda. Para completar el aspecto del cuello, duplique el prespunte del cuello convertible en el pie del cuello.

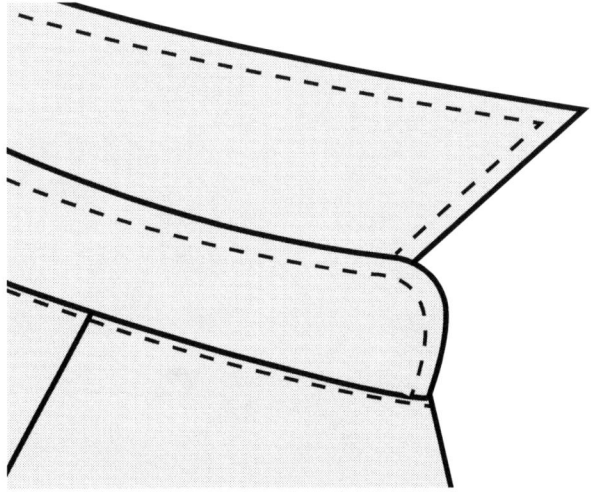

CUELLOS 153

CAPÍTULO 11

BANDAS

Muchas prendas requieren una banda como detalle final. Las bandas se pueden ubicar en varias partes de la prenda, en mangas, pantalones e incluso faldas. En este capítulo, demostramos como colocar un puño en una manga y una cinturilla en una falda.

Una prenda con cinturilla generalmente se termina cerrándose con una cremallera. Además de los ejercicios de bandas en este capítulo, se incorpora la redacción y construcción de una cremallera en la costura y una cremallera invisible.

EJERCICIO DE PATRONES 11.1

PUÑO DE MANGA CORTA

El puño de manga corta es fácil de cortar y también relativamente fácil de coser. Este puño vuelto se puede utilizar en cualquier estilo de manga. Para poder seguir los pasos de construcción de este puño, estamos realizando el patrón base de manga corta a escala completa que se proporciona en la parte posterior de este libro. Coser este ejercicio a media escala no es posible.

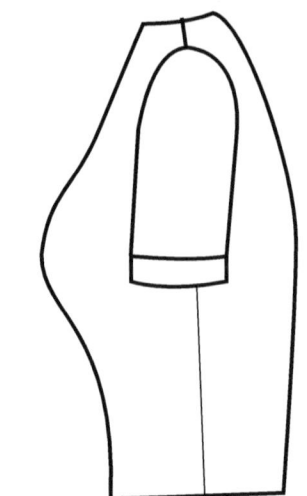

PASO 1

Prepare el trazado de la manga corta a escala completa como se mostró previamente. Si prefiere utilizar el patrón base a media escala, tenga en cuenta que no podrá coser el puño de la manga a máquina..

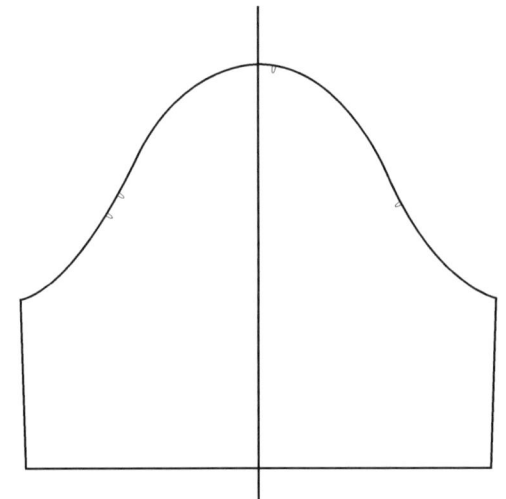

PASO 2

Mida el dobladillo y anote la cantidad en el patrón de la manga. Este patrón base mide 9 1/4" (23,5 cm) a través del dobladillo.

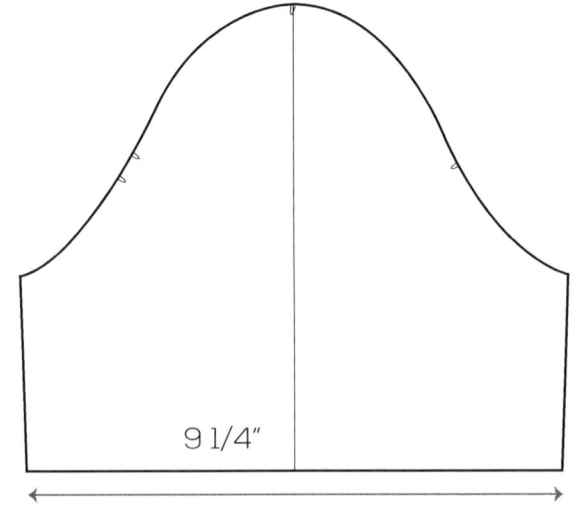

PASO 3

En un hoja de papel aparte, de aproximadamente 12" (30 cm) de ancho por 5" (13 cm) de alto, dibuje un rectángulo utilizando la medida del dobladillo por el ancho deseado de la banda. Este ejercicio crea una banda de 1" (2,5 cm). Con el puño terminado a 1" (2,5 cm), el patrón debe ser el doble de ancho, por lo tanto, es de 2" (5 cm) de ancho. Dibuje un segundo rectángulo idéntico por encima del primero, como se muestra en la imagen.

Medida del dobladillo 9 1/4"	
1" Ancho del puño	
1" Ancho del puño	

PASO 4

Añada un margen de costura de 1/2" (1,3 cm) a toda la dobladilla. Cree una pieza de patrón derecha e izquierda y complete el patrón como se mostró previamente. Coloque una muesca donde el puño se va a doblar por la mitad y cree dos piezas de patrón adicionales para la entretela.

PASO 5

Complete el patrón de la manga como se mostró previamente.

EJERCICIO DE COSTURA 11.1
PUÑO DE MANGA CORTA

PASO 1

Fusione la entretela con la pieza del patrón del puño de la manga.

PASO 2

Cosa el puño de la manga con un margen de costura de 1/2" (1,3 cm).

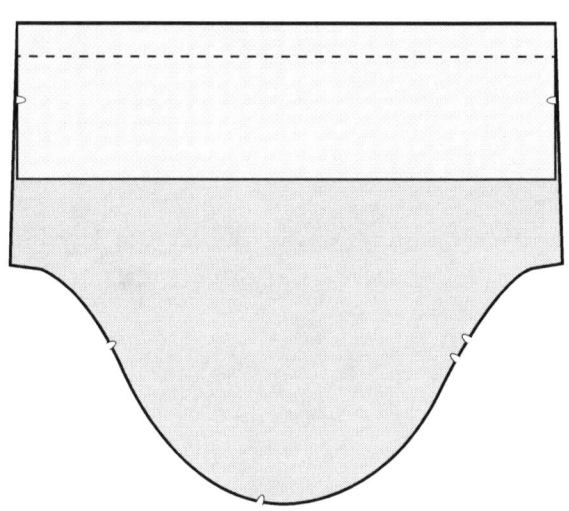

PASO 3

Planche el margen de costura a un lado del manguito. Cosa la costura de las axilas en el margen de costura de 1/2" (1,3 cm).

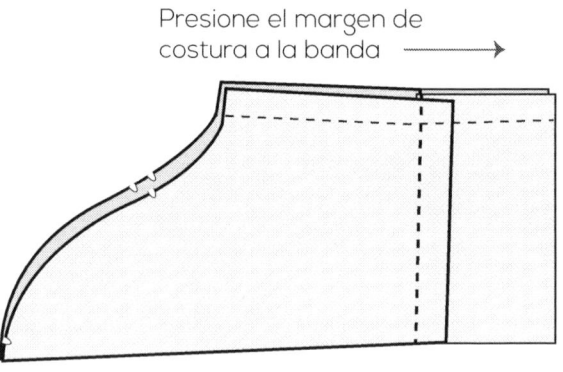

Presione el margen de costura a la banda ⟶

PASO 4

Planche la costura abierta. Doble la parte inferior de la manga hacia arriba en el margen de costura de 1/2" (1,3 cm) y planchéla.

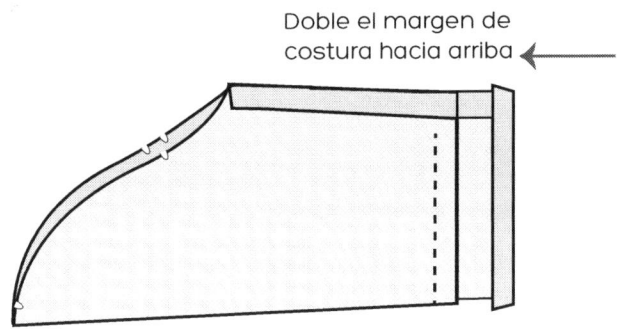

Doble el margen de costura hacia arriba

PASO 5

Doble el puño de nuevo por la mitad, alineando el borde doblado inmediatamente después de la línea de puntada cubriéndolo por aproximadamente 1/16 "(1,5 mm).

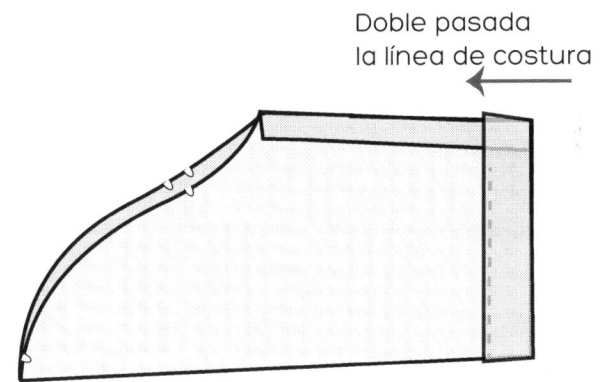

Doble pasada la línea de costura

PASO 6

Complete el puño con un prespunte oculto. Para repasar, un prespunte oculto es una puntada en el lado derecho de la prenda, agarrando el borde doblado desde debajo de la prenda y cosiendo inmediatamente al lado de la costura de la prenda.

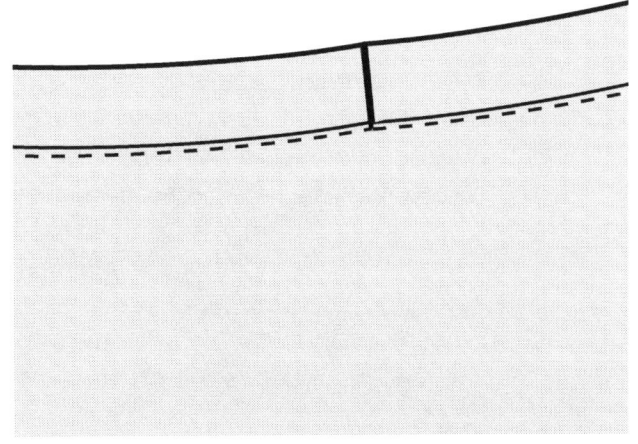

EJERCICIO DE PATRONES 11.2

CINTURILLA DE FALDA, AÑADIDO Y CIERRE CON CREMALLERA

Este ejercicio de cinturilla utiliza los patrones base de la falda delantera y trasera. Se puede emplear la misma técnica para los pantalones. La falda en este diseño incluye un cierre con cremallera trasera con un botón o botón de presión en un extensión.

PASO 1

Tome las medidas de la cintura curvada del patrón para la parte delantera y trasera. Para una falda básica sin detalles de diseño, utilice los patrones base delanteros y traseros. Determine la cantidad completa de la cintura, duplicando las cantidades frontales y traseras para calcular la cintura completa.

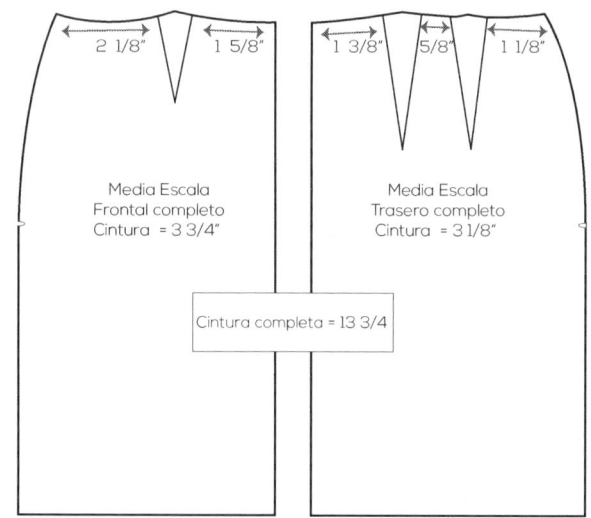

PASO 2

Prepare una hoja de papel de aproximadamente 20" (50 cm) de longitud por 5" (13 cm) de altura para el borrador a media escala. Dibuje una línea a la medida de la cintura completa calculada arriba en el centro del papel. En el lado izquierdo de la línea, marque el centro trasero. A partir de esa marca, tome la medida posterior y marque esa cantidad a la derecha y márquela como costura lateral. Continúe por la derecha, marcando la medida frontal dos veces, luego la medida posterior de nuevo.

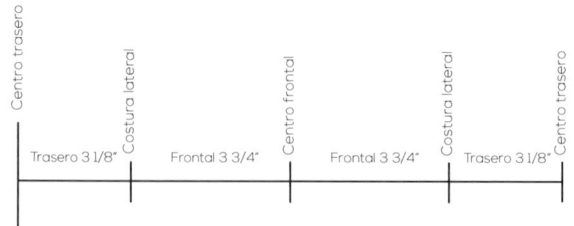

DETALLES

PASO 3

La extensión o añadido se necesita para poner un cierre con botón más allá del centro posterior. Determine el tamaño del botón o la cantidad de botones deseados. Mida el ancho del botón y calcule la extensión mínima de 1x el ancho del botón más 1/4" (6 mm). En este ejercicio, se realizará una extensión de 1" (2,5 cm). En el lado derecho de la marca de fondo central, extienda la línea hacia fuera 1" (2,5 cm) y realice una marca.

PASO 4

En este ejercicio, se está realizando una cinturilla de 3/4" (2 cm) de ancho. Para el trazado del tamaño completo, se recomienda una cinturilla de 1 1/2" a 2" (3,8 cm – 5 cm) ya que esta visualmente equilibrada a la falda. Dibuje una línea paralela a 3/4" (2 cm) desde primera línea dibujada. Para tener en cuenta la parte doblada de la cinturilla, que es el doble del tamaño de la cinturilla acabada, dibuje una segunda línea paralela a la misma distancia. Conecte los extremos para crear el patrón de la cinturilla.

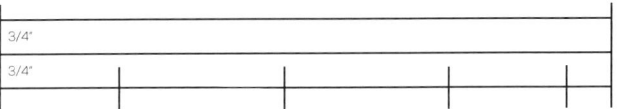

PASO 5

Añada un margen de 1/2" alrededor de la cinturilla. Asegúrese de copiar marcas a través de la cintura para las muescas coincidentes. Añada el ojal en la extensión y el botón al otro extremo de la cintura. Complete el patrón como se mostró anteriormente. Cree un patrón para la entretela independientemente.

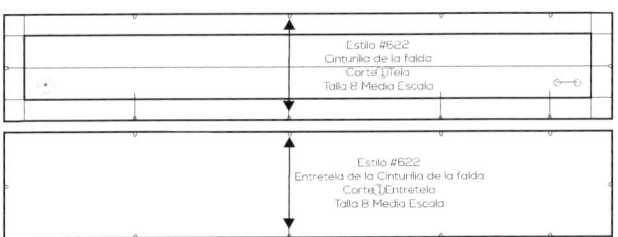

BANDAS 161

PASO 6

Antes de completar el patrón de la falda es importante marcar el extremo de la cremallera en la parte centro trasero de la falda. Mida la longitud de los dientes de su cremallera. Los siguientes pasos le guiarán a través de la costura de una cremallera y un cierre invisible. La longitud de 3 1/2"- 4 1/2" (8,9 cm - 11,4 cm) se utiliza para la prenda a media escala o 7"- 9" (17,8 cm – 22,9 cm) para escala completa.

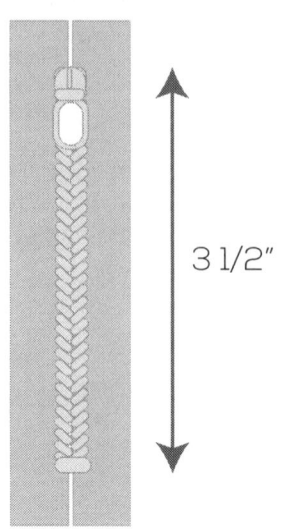

PASO 7

Prepare los patrones bases delanteros y traseros. En la parte posterior central del patrón de falda, marque la longitud de la cremallera desde la línea de costura, no de la línea del margen de la costura. La muesca se encuentra a la longitud de los dientes de la cremallera.

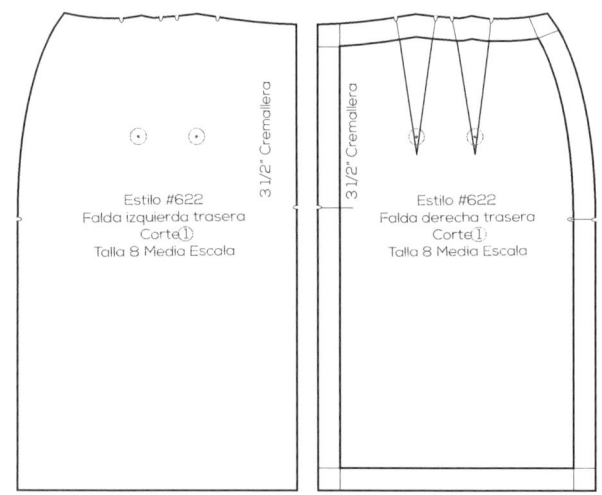

EJERCICIO DE COSTURA 11.2.A

CREMALLERA EN LA COSTURA

PASO 1

Las cremalleras son más fáciles de coser antes de coser las costuras laterales de la prenda. Coloque los lados derechos de la falda trasera juntos y ancle las partes traseras centrales juntas. Coloque dos alfileres en la muesca para el extremo de la cremallera.

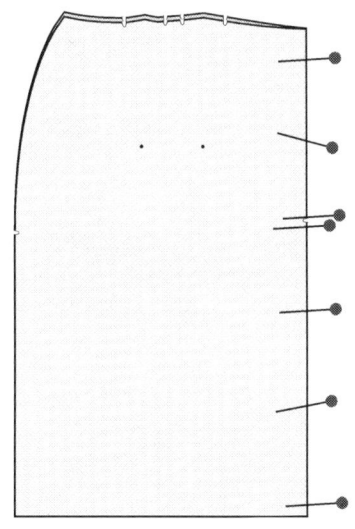

PASO 2

A partir de la parte superior de la falda, haga una puntada hilvanada (utilizando una puntada grande y sin punto trasero) en el margen de costura de 1/2" (1,3 cm) hasta los afileres dobles/muesca. En la muesca, cambie la máquina a una puntada de tamaño estándar, cosa y complete la costura en el dobladillo con otro pespunte.

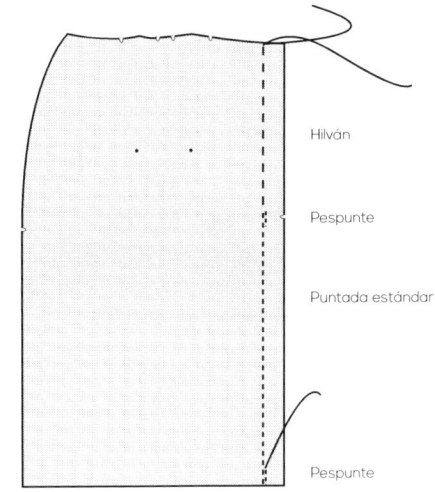

PASO 3

Planche la costura abierta. Coloque el lado derecho (lado de los dientes) de la cremallera hacia el margen de costura planchada. Abra la cremallera y alinee el borde de los dientes en el centro de la costura. Sujete un lado completamente con afileres.

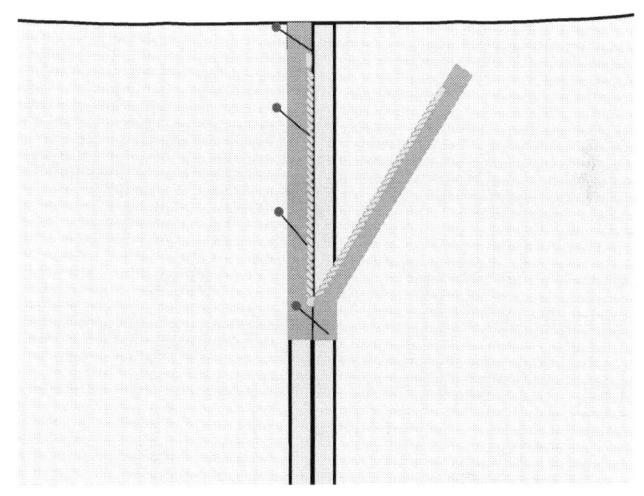

PASO 4

Use un prensatelas de cremallera y ajústelo para que la aguja se coloque entre los dientes de la cremallera y el prensatela. Asegúrese de que la aguja no está demasiado cerca de los dientes, o será imposible cerrar la cremallera. Comience con un pespunte en el lado que está anclado hacia abajo. Cosa hasta el tope de la cremallera, pero en el punto medio, cierre la cremallera.

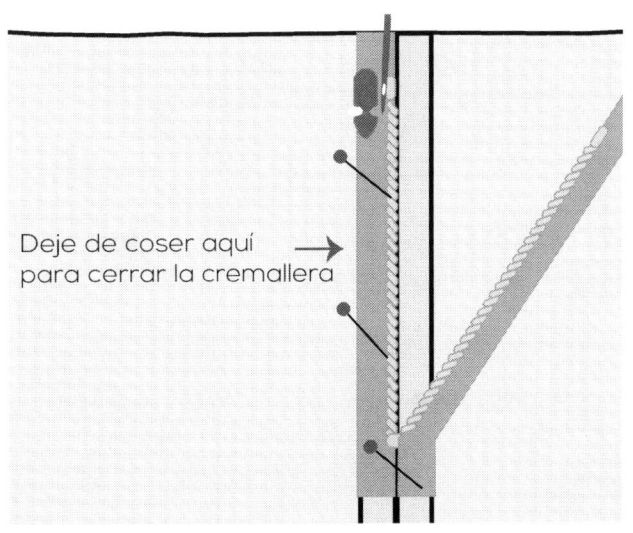

PASO 5

En el tope de la cremallera, cosa 2 puntos realizándolo con la rueda de la máquina (girando manualmente la rueda). Con la aguja en la tela en la 2a puntada, gire la tela 90 grados. Cosa 4-5 puntos al otro lado de la cremallera, a continuación, pivote otros 90 grados para coser el lado restante de la cremallera. Cosa en la parte superior de la cinta de la cremallera y asegúrela con una puntada trasera.

PASO 6

La cremallera está casi completa. Tome un descoseador y sobre el lado derecho de la falda, deslice el borde de la hoja de la cuchilla por las puntadas que cubren la cremallera. Cuando encuentre alguna tensión, indica que ha alcanzado los puntos traseros. Pare y coja a mano los hilos rotos de la costura.

EJERCICIO DE COSTURA 11.2.B

CREMALLERA INVISIBLE

PASO 1

El acabado con una cremallera invisible es el acabado más limpio para una prenda. Prepare la cremallera abriendo y planchando los dientes planos. Se necesita un prensatelas de cremallera invisible y otro para una cremallera regular para completar estos pasos.

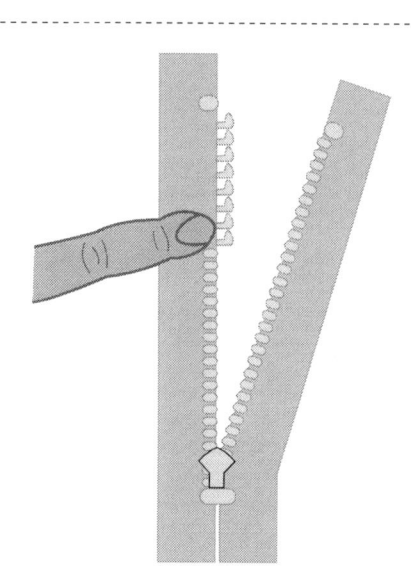

PASO 2

Comience colocando el lado frontal de la cremallera en el lado frontal de la falda trasera derecha. Sujételo con afileres. Si la cremallera se mueve demasiado, se puede hilvanarla a mano en su sitio. Se cose por último la costura debajo de la cremallera.

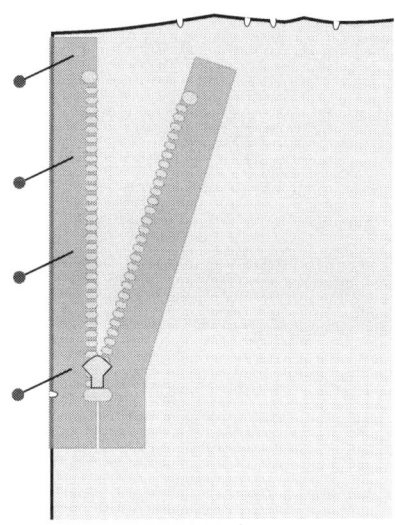

PASO 3

Coloque el prénsatelas de la cremallera invisible sobre los dientes de la cremallera. Esto obligará que el inicio de la cremallera este más que el borde de la cinta de la cremallera. Una vez que la cremallera está en su lugar, cosa pespuntes al borde de la cinta de la cremallera y luego cósala rectamente asegurándose de que los dientes permanezcan en la ranura de prénsatelas. Cosa hasta que el prénsatelas restrinja la costura y el pesunte.

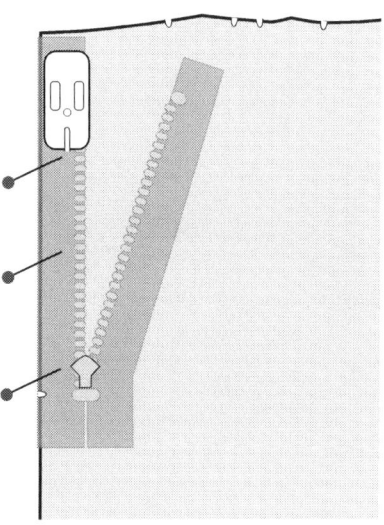

PASO 4

Pruebe la cremallera para asegurarse de que no la cosió demasiado cerca de los dientes o sobre los dientes. Tome el lado restante de la cremallera y alinéela hacia el otro lado de la parte posterior. Suele hilvanar la cremallera a mano en el segundo lado, incluso si no lo ha hecho en el primer lado. Si la cremallera se mueve fuera de lugar, la parte posterior no se verá bien. Cosa el segundo lado como lo hizo con el primero.

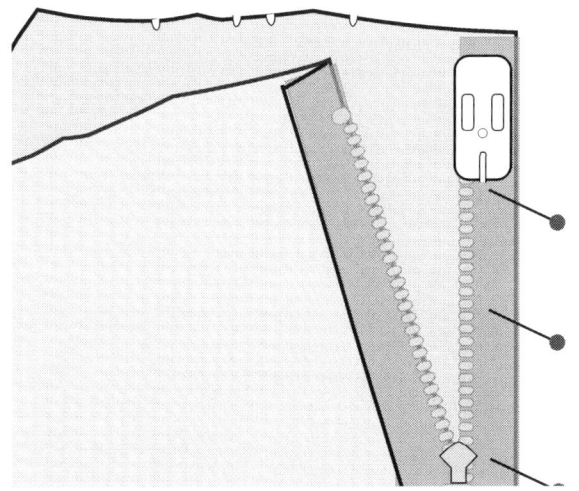

BANDAS 165

PASO 5

Cambie el prensatelas de la máquina para utilizar el de la cremallera normal. Ancle el extremo de la cremallera junto para sacarlo del camino como se muestra. Comience a coser la puntada 1/8" desde y 1/8" más allá de la puntada existente, y continue hasta el dobladillo de costura en ambos extremos con el margen de 1/2" (1,3 cm).

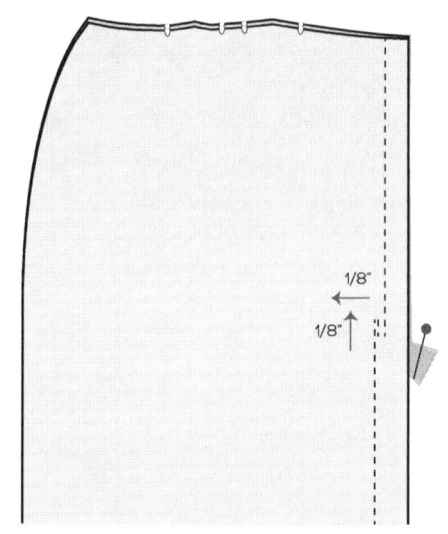

EJERCICIO DE COSTURA 11.2.C

CINTURILLA Y AÑADIDO EN LA FALDA

PASO 1

Fusione la entretela con el patrón de la cinturilla. Doble la cinturilla por la mitad, en la muesca central, con los lados derechos uno frente al otro. Cosa la esquina del añadido y el extremo de la cinturilla como se muestra en la imagen. En la prenda: cosa las pinzas y las costuras laterales de la falda.

PASO 2

Coloque la cinturilla con el lado derecho hacia fuera. Sujete la cintura a la falda comenzando con el lado del añadido sujetado en el lado izquierdo de la espalda. Asegúrese de alinear las muescas en la costura lateral.

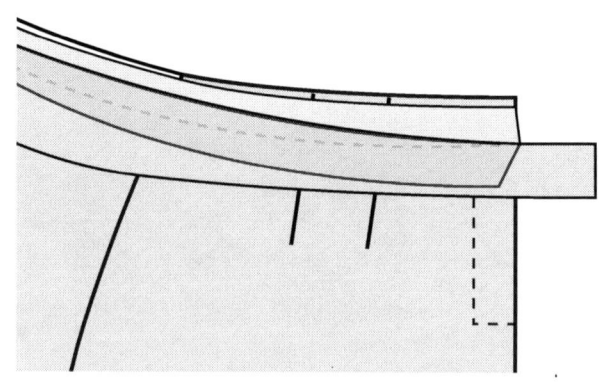

PASO 3

Planche los márgenes de la costura dentro de la cinturilla. En el lado sin coser, doble el margen de costura debajo de 1/2" (1,3 cm) y planche. Doble la cinturilla en una posición acabada, planchéla y fíjela en su lugar. Alinee el margen de costura plegada a la línea que tiene las puntadas.

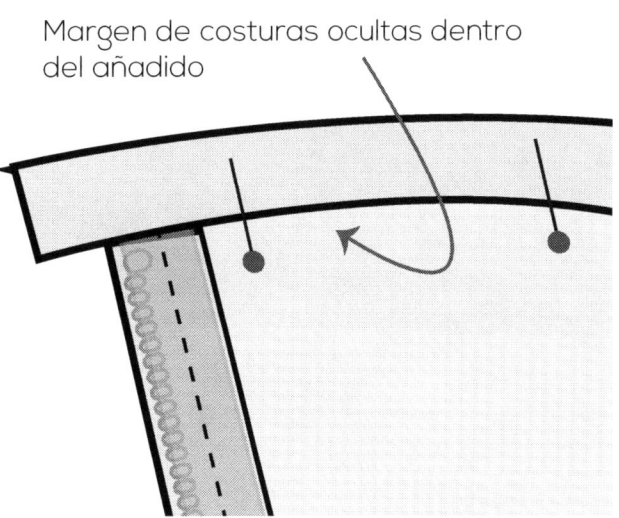

Margen de costuras ocultas dentro del añadido

PASO 4

Realice un pespunte al canto en el borde interior de la cintura para encerrar la cintura. Complete con otro pespunte alrededor de la cinturilla.

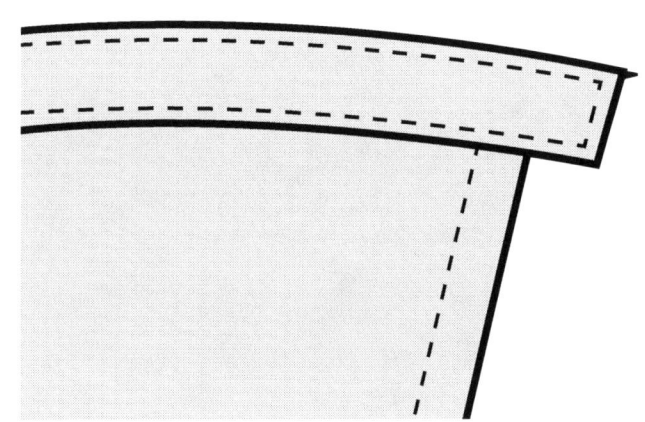

PASO 5

Añade un botón y un ojal para completar la cinturilla. Los ojales están en el añadido, mientras que los botones están en la parte inferior de la cinturilla.

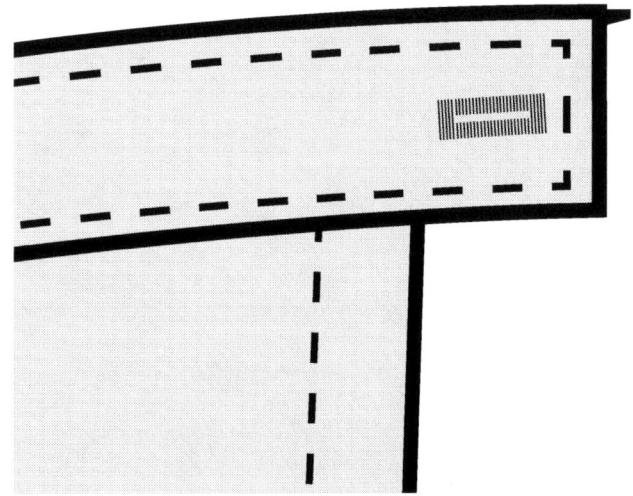

SECCIÓN 4

ACABADOS

Capítulo 12: Entretelas

Capítulo 13: Dobladillos

CAPÍTULO 12
VISTAS

Las vistas son trozos de tela parciales en el interior de la prenda. Los forros consisten en dos piezas de patrón: el propio forro y la vista. Se pueden añadir a un escote sencillo, cinturilla o un dobladillo formado.

En este capítulo, se creará un escote forrado en un corpiño con un añadido del mismo tipo y una cinturilla de una falda con una cintura baja.

Para ampliar los conocimientos de elaboración, se incorporarán los bocetos y la costura de una cremallera solapada en el ejercicio de la falda.

EJERCICIO DE PATRONES 12.1

VISTA DEL CUELLO

Un escote sencillo, es apropiado para una prenda con mangas. El ancho estándar de una vista es de 2" (5 cm) para la escala completa y 1" (2,5 cm) para media escala. Una vista más grande puede interferir con el entalle de la prenda y una vista más pequeña puede voltear al exterior de la prenda cuando se usa. .

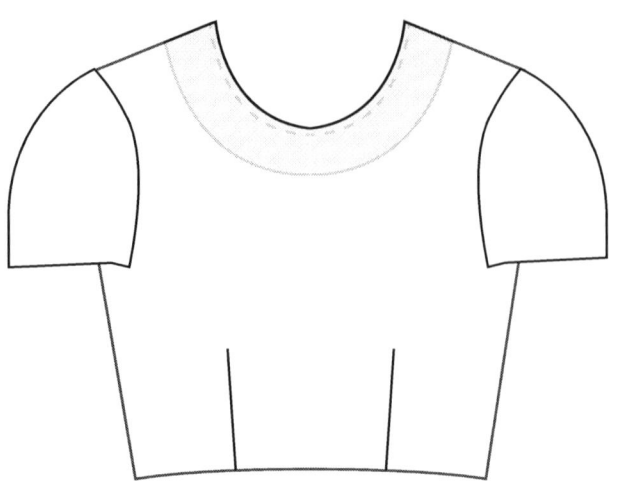

PASO 1

Prepare las partes del corpiño delantero y trasero como se mostró previamente. Para crear la vista del escote frontal, dibuje su patrón la vista directamente en el trazado del corpiño. Marque 1" (2,5 cm) alrededor del escote delantero.

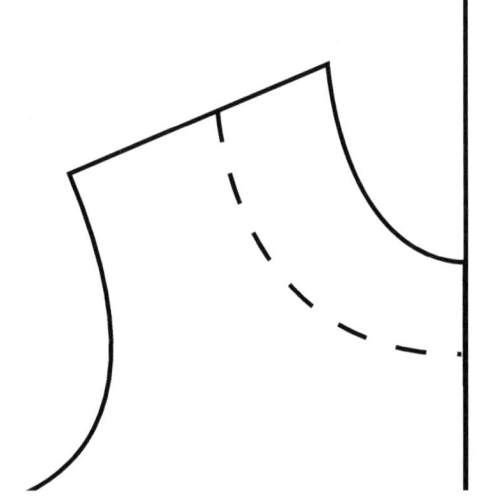

PASO 2

Trace el contorno la vista desde el boceto frontal. Asegúrese de transferir el hilo de la tela, elsentido del hilo. Para los margenes de costura, el escote es de 1/4" (6 mm) y los hombros son 1/2" (1,3 cm). El borde exterior de del forro no tiene margen de costura, ya que el forro generalmente no tiene ninguna costura.

La excepción sería si se añade un forro completo o un acabado de borde, pero esos temas no se tratan en este libro.

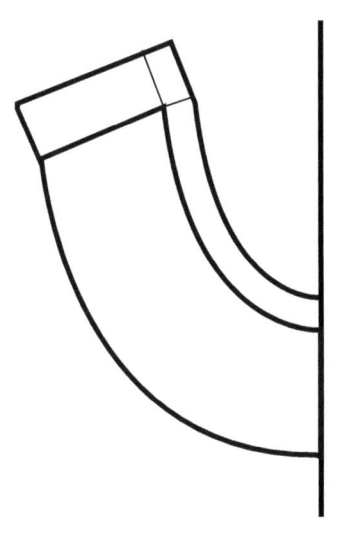

PASO 3

Para dibujar correctamente la vista de un corpiño, es necesario fijarse del cierre del corpiño. No se puede añadir una cremallera por la espalda, porque la abertura en la cintura no es lo suficientemente grande como para ir por encima de los hombros. Un botón trasero sería el cierre más apropiado. Repita los pasos del 1 al 10 para la parte posterior del Ejercicio Patrón 9.1. Para este boceto, se usa un botón de 1/2" (1,3 cm).

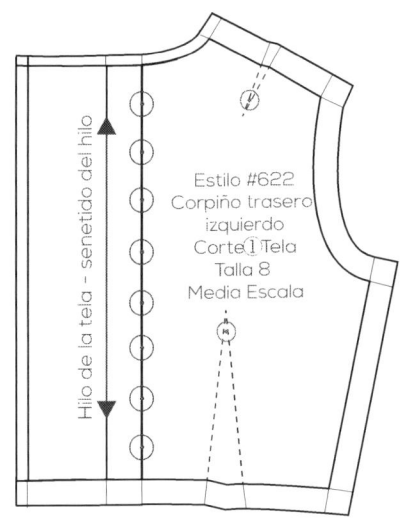

PASO 4

Doble en la línea de añadido y, a continuación, doble hacia atrás el margen de costura. Transfiera la línea de costura del añadido del forro con la rueda de trazado precisa o un trazado de lápiz.

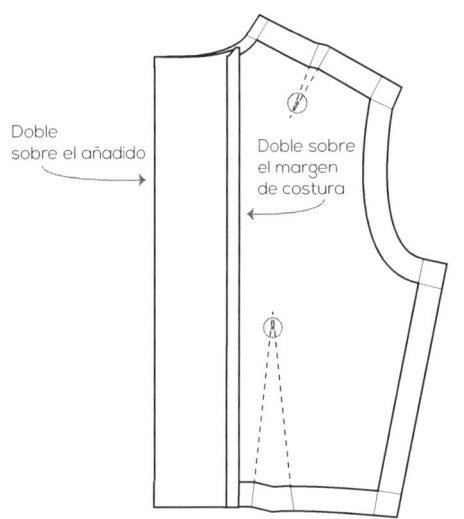

PASO 5

Repita las marcas de 1" (2,5 cm) alrededor del escote trasero para la vista del escote posterior. La línea de punteada vertical es donde termina el añadido frontal.

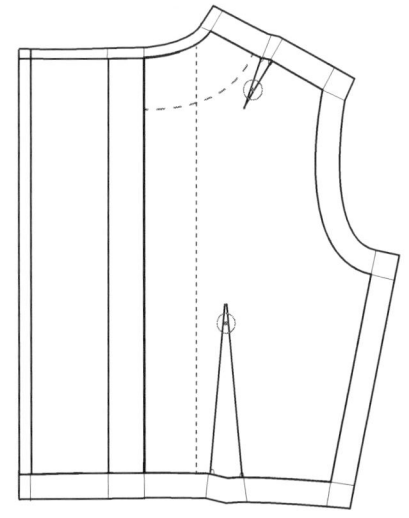

PASO 6

Copie la pequeña porción de la vista del escote entre la línea de extensión punteada y la costura del hombro. Añada 1/2" (1,3 cm) de margen de costura al hombro. Añada 1/4" (6 mm) de margen de costura al escote y al lado que se unirá a la extensión hacia el añadido del forro.

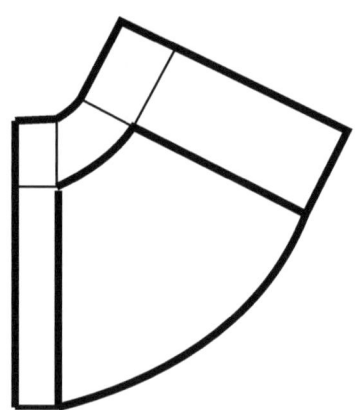

PASO 7

Realice el patrón completo de la vista frontal, además de un patrón derecho e izquierdo para la vista de parte posterior del escote. Complete los patrones como se mostró previamente.

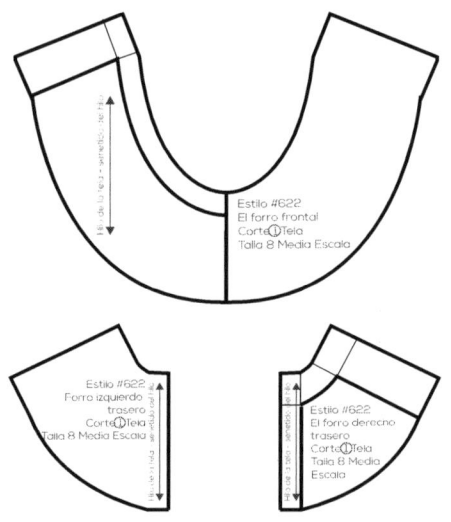

PASO 8

Cree una copia de cada patrón de la vista para la entretela.

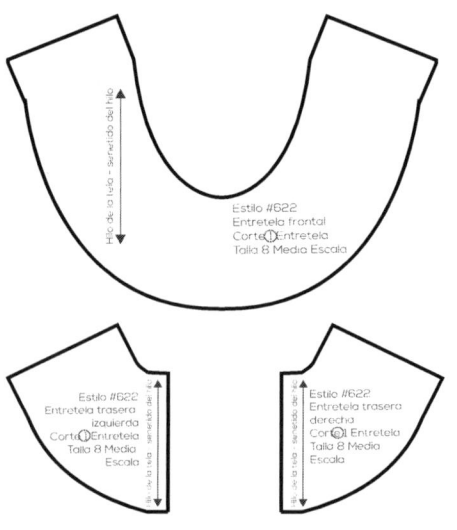

PASO 9

Complete el patrón del corpiño delantero como se mostró previamente.

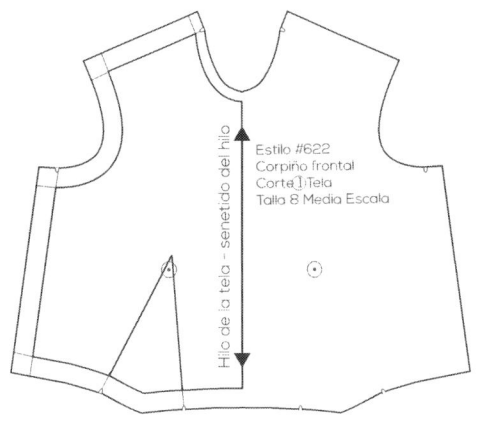

EJERCICIO DE COSTURA 12.1

VISTA DEL CUELLO

PASO 1

Fusione la entretela con las piezas del patrón de la vista. Cosa los hombros de la vista juntos y planche las costuras abiertas.

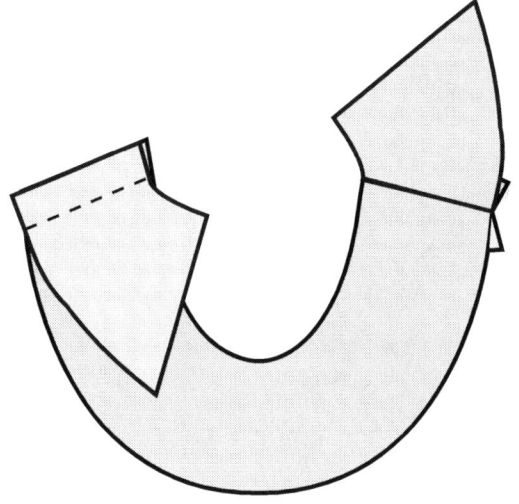

PASO 2

Fusione la entretela con el añadido posterior del corpiño. Cosa las pinzas, y luego las costuras de los hombros del corpiño juntos. Planche la costura del hombro abierta. Es más fácil coser el forro antes de coser las costuras laterales juntas.

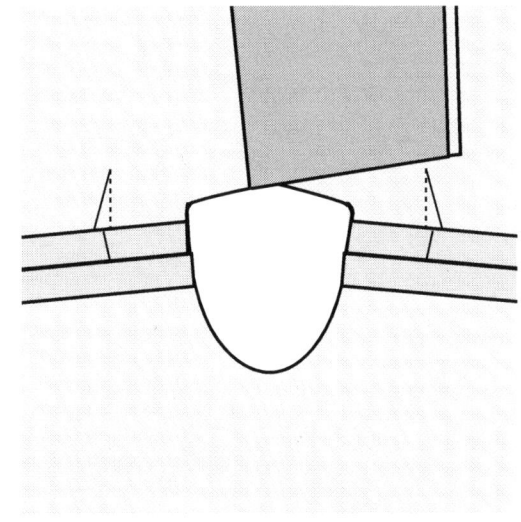

PASO 3

Cosa la vista de escorte trasero en el añadido trasero. Planche el margen de la costura en el lado del añadido. Coloque el lado derecho de la vista hacia el lado correcto del corpiño. Comience a sujetar las piezas, alineando las costuras del hombro. Cosa todo el escote, incluyendo el añadido del escote con 1/4" (6 mm) margen de costura.

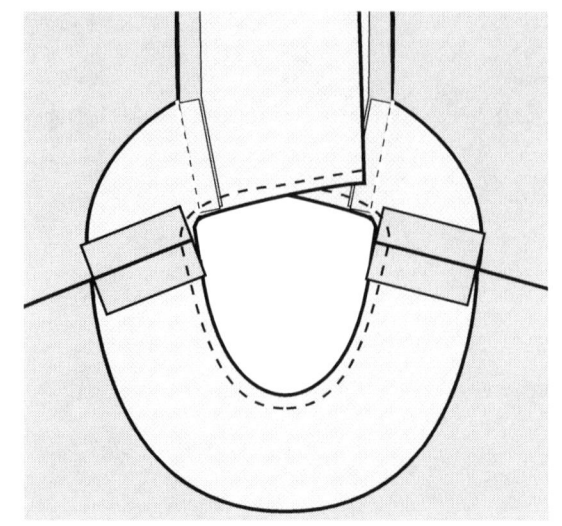

PASO 4

Planche todos los márgenes de costura del escote hacia el lado frontal de la prenda. Un pespunte de seguridad a 1/16" desde la primera puntada, uniendo el margen de costura a la vista. Cuando esté completa, la vista se enrollará naturalmente hacia el interior de la prenda. Complete la extensión de costura como se ha demostrado anteriormente.

PASO 5

Resfuerze la vista en los hombros con cualquier manera que sigue. Cosa en la línea de costura en el exterior de la prenda. La forma preferida es agarrar los márgenes de costura por debajo, y coser entre las dos capas para hacer una puntada escondida.

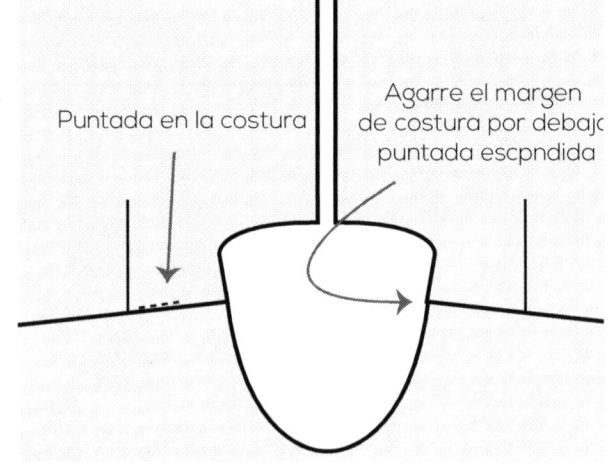

Puntada en la costura

Agarre el margen de costura por debajo puntada escpndida

EJERCICIO DE PATRONES 12.2

FALDA DE TIRO BAJA, VISTA, CREMALLERA SOLAPADA

En este ejercicio, la altura de la cintura se deja caer para que no se caba en el lugar natural de la cintura. Este ejercicio incorpora una cremallera solapada.

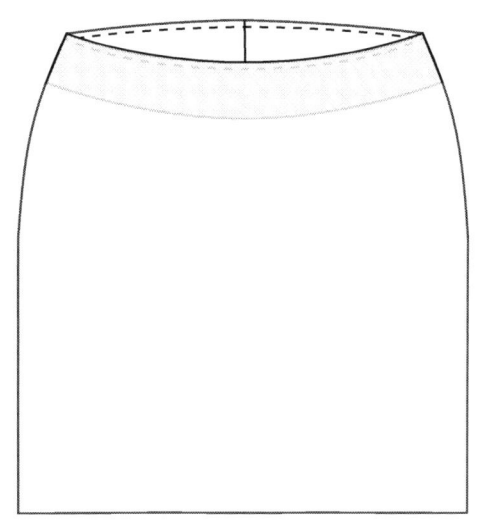

PASO 1

Prepare el boceto de la falda frontal como se mostró anteriormente. En este ejercicio, el frente se dejará caer 1" (2,5 cm) para media escala. Una parte de la pinza permanecerá igual. Cierre la pinza temporalmente para dar forma a la cintura.

El boceto no quedará plano. Dibuje la nueva forma de la cintura a 1" (2,5 cm) por debajo de la línea de cintura original. Corte en la cintura dibujada.

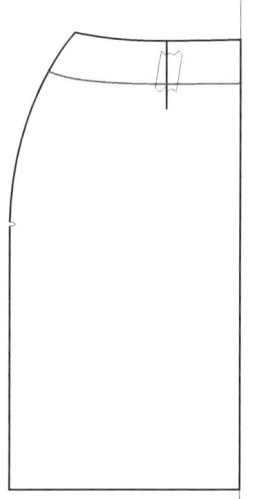

PASO 2

Abra la parte restante de la pinza en la falda. Es posible mantener una pinza en la cintura baja pero, la parte restante de la pinza es de sólo 1" (2,5 cm) de longitud y 1/4" (6 mm) de ancho. La pinza se elimina con propósitos estéticos. La cantidad de la pinza se borra y se elimina de la costura lateral de la falda con una suave pendiente.

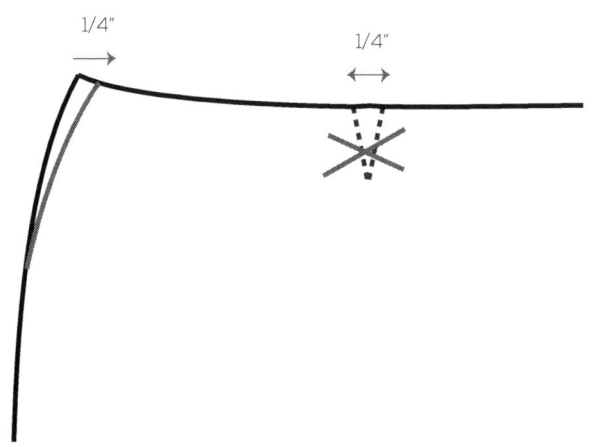

PASO 3

Prepare el boceto de la falda trasera como se mostró previamente. En la pieza del patrón posterior, repita los pasos completados en la parte delantera para la cintura baja. Corte en la cintura dibujada. A diferencia de lo que sucede en el frontal de la falda, las pinzas traseras son más grandes en tamaño.

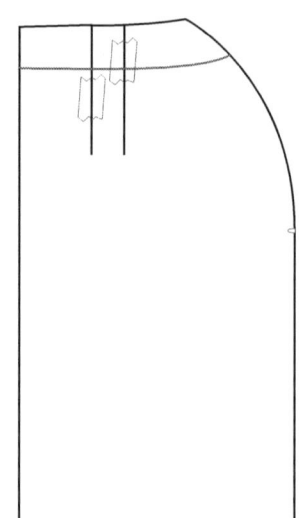

PASO 4

La parte posterior de una falda generalmente requiere darle más forma. Mantenemos la pinza más cercana al centro trasero. Para eliminar la segunda pinza, mida la anchura y divídala por dos.

Tome la mitad de la cantidad y retírela de la costura lateral. Tome la otra mitad de la cantidad y aumente el tamaño restante de la pinza como se muestra en la imagen. Centre el punto de fuga de la pinza restante entre las patas la pinza.

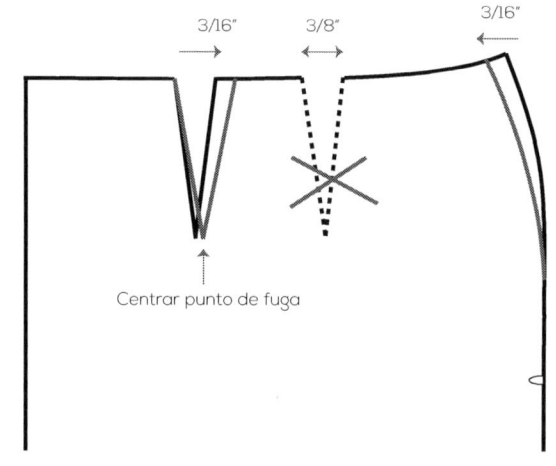

PASO 5

Para la vista, utilice la regla cuadriculada y mida 1" hacia abajo (2,5 cm) de la cintura en la falda delantera y trasera. Recuerde que 2" (5 cm) es el estándar para el trazado a escala completa.

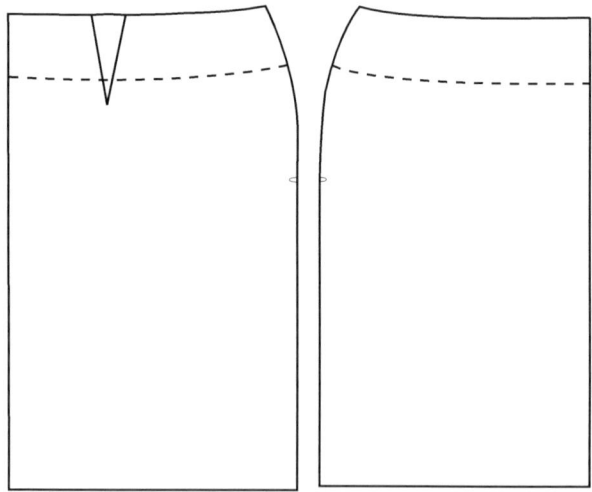

PASO 6

Copie los bocetos de las vistas traseras y frontales en otra hoja de papel. En la vistas no hay pinzas, pero la pieza transferida hacia atrás tiene una pinza. Se puede eliminar, cerrando la pinza simplemente y pegándola permanentemente.

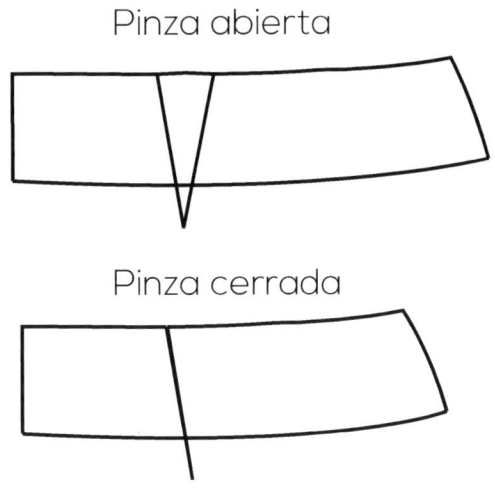

Pinza abierta

Pinza cerrada

PASO 7

Para completar estas piezas del patrón, agregue un margen de costura de 1/2" (1,3 cm) en la cintura y la costura lateral. Se usa 1/2" (1,3 cm) en la cintura para tener en cuenta el desgaste por uso de la cintura. El margen de costura de 1/4" (6 mm) puede desgastarse demasiado rápido. Debido a que se va a trazar la falda con una cremallera solapada, añada 3/4 "(2 cm) de margen de costura a la costura centro trasero. No se necesita ningún margen de costura en el borde inferior de la vista, porque no se le cose nada.

Forro frontal

Forro trasero

PASO 8

Complete el patrón de la vista como se mostró anteriormente. Cree un patrón para el frente y haga patrónes traseros de derecha e izquierda. Copie estos patrones para crear patrones de la entretela.

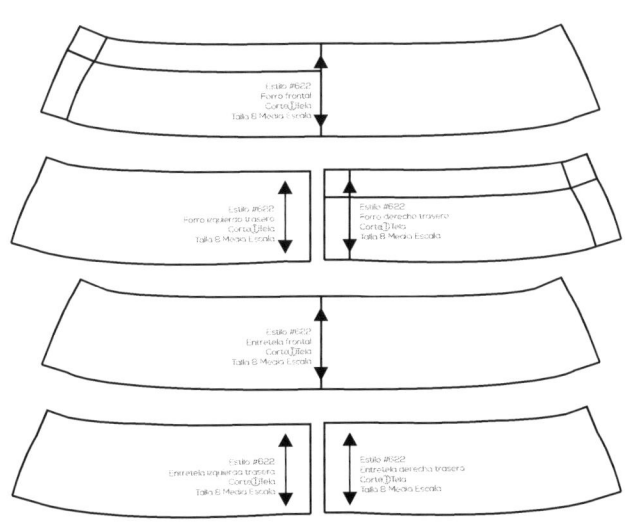

PASO 9

Para completar el patrón de falda, necesitamos agregar los detalles del patrón para la cremallera solapada en la parte posterior. La longitud de la cremallera es de 3 1/2"- 4 1/2" (8,9 cm – 11,4 cm) se utiliza con la muestra de media escala o 7"- 9" (17,8 cm – 22,9cm) para escala completa. En la parte posterior central, marque la longitud de la cremallera desde la línea de costura y agregue un margen de costura de 3/4" (2 cm) para la construcción de la cremallera solapada en la costura posterior central. Complete todos los patrones como se ha demostrado anteriormente.

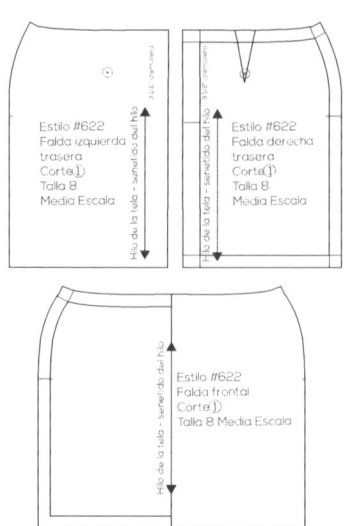

EJERCICIO DE COSTURA 12.2.A

CREMALLERA SOLAPADA

PASO 1

Cosa la costura central trasera de la falda desde la muesca de la cremallera hasta el dobladillo. Haz pespuntes en ambos extremos en el margen de 3/4" (2 cm).

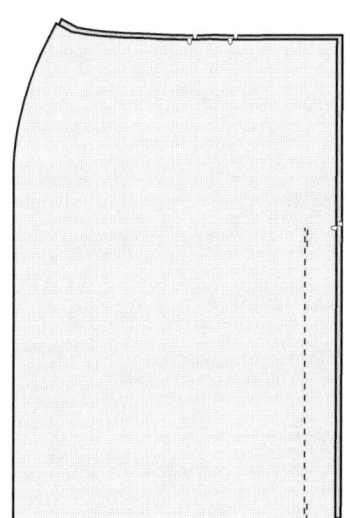

PASO 2

Planche para abrir toda la costura, incluyendo la porción sin unir en la parte superior de la falda en el margen de costura de 3/4" (2 cm).

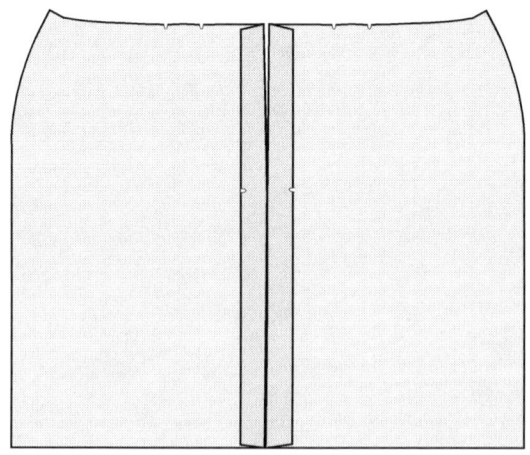

PASO 3

En el lado derecho de la prenda, observe el lado acabado limpio de la falda, use sus dedos para enrollar el margen de la costura prensada 1/4" (6 mm). Presione con el dedo y luego plánchelo. Esto proporcionará una superposición de 1/4" (6 mm) en el centro posterior como se muestra en la imagen.

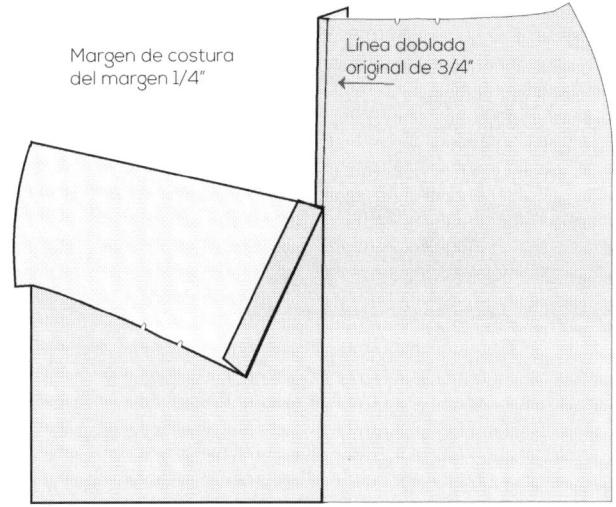

Margen de costura del margen 1/4"

Línea doblada original de 3/4"

PASO 4

Coja la cremallera y manteniéndola cerrada, coloque el borde doblado en el lado derecho hasta los dientes de la cremallera. Sujételo con alfileres en su localización.

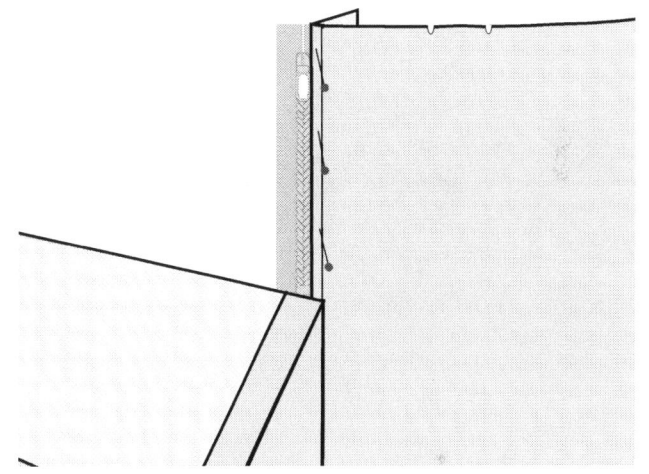

PASO 5

Cosa la cremallera en el margen de costura como se muestra en la imagen. Las puntadas no se mostrarán cuando la superposición esté en su lugar.

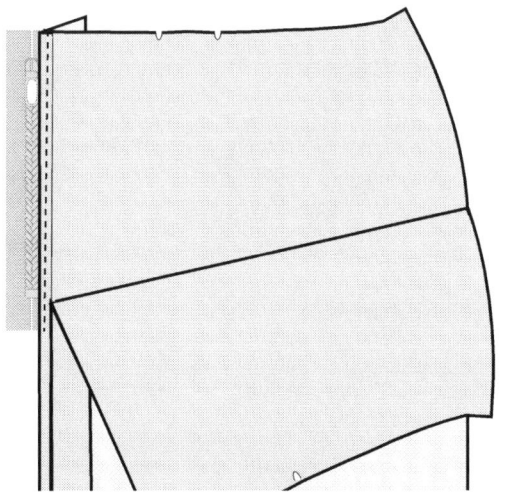

PASO 6

Con el lado derecho cosido, colóquelo el lado izquierdo de la costura encima del pliegue original Sujeto con afileres para que no se mueva. Fije la cremallera hacia el lado izquierdo con alfileres..

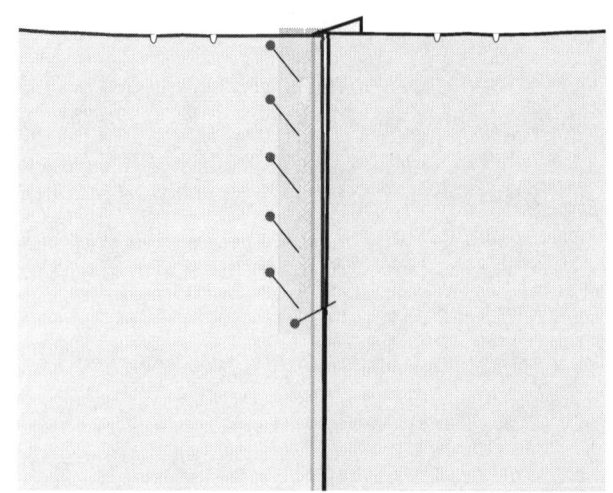

PASO 7

Cosa el lado izquierdo de la cremallera hacia abajo usando el prensatelas. Cuando llegue a la parte inferior de la cremallera, gira con la aguja hacia abajo y siga hasta la costura central. No cose más allá de la costura central, sino rezfuerce lapuntada con un pespunte al final.

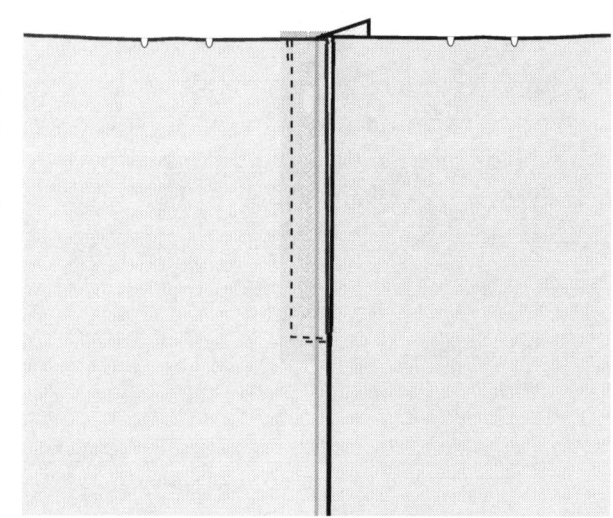

EJERCICIO DE COSTURA 12.2.B

FALDA DE TIRO BAJO Y VISTA

PASO 1

Fusione la entretela con la vista. Cosa las caras delanteras y traseras juntas en las costuras laterales. Planche las costuras abiertas.

PASO 2

Cosa la pinzas en la parte trasera de la falda. A continuación, cosa las partes de falda delantera y trasera juntos en las costuras laterales. Planche las costuras abiertas.

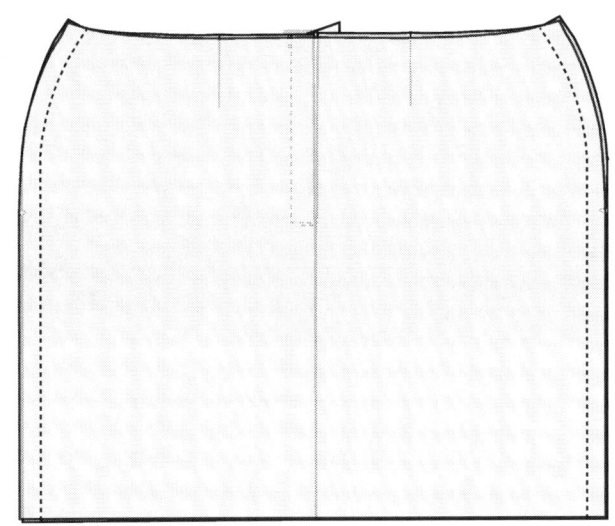

PASO 3

Alinee la cintura del la vista la cintura de la falda, con los lados derecho uno frente al otro. Coincide las costuras laterales de la vista a las costuras laterales de la falda. Cosa las cinturas juntas en el margen de costura de 1/2" (1,3 cm).

PASO 4

Planche el margen de costura hacia la vista y realice un pespunte de seguridad en el margen de costura de la vista.

PASO 5

En el lado de la cremallera que no muestra puntos en la cara de la prenda, cosa el borde de la vista al margen de costura de la falda solamente. Haga esto pellizcando el margen de costura de la falda con la vista doblado. Cosa slo estos bordes por debajo. No cosa a través de la cara de la falda. Este paso también se puede coser a mano.

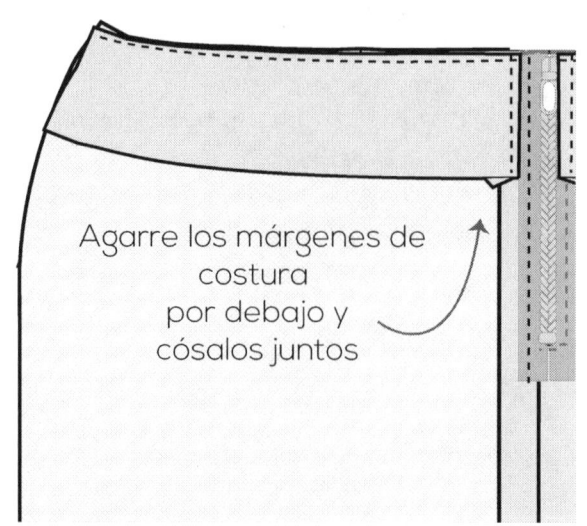

Agarre los márgenes de costura por debajo y cósalos juntos

PASO 6

En el lado restante, doble la vista hacia abajo y cosa por encima del pespunte visible en la cara de la falda. También puede coser esto a mano.

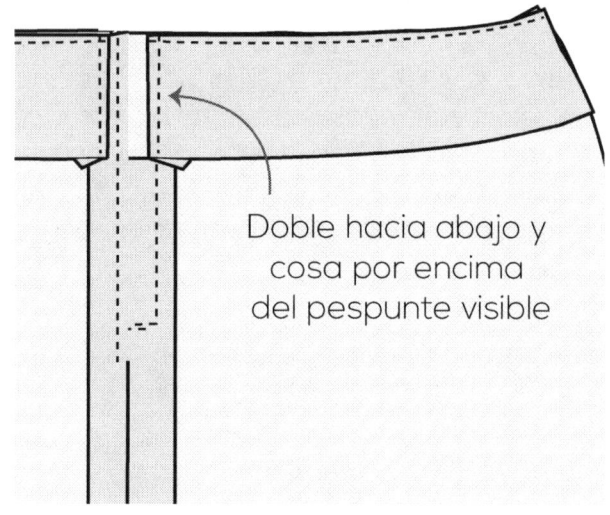

Doble hacia abajo y cosa por encima del pespunte visible

CAPÍTULO 13

DOBLADILLOS

El capítulo final de trazado cubre los dobladillos básicos. La mayoría de los dobladillos son fáciles de trazar, pero la costura puede variar ampliamente. Para entender completamente la elaboración de dobladillos, se han incluido dos técnicas de costura de dobladillos, una por máquina y otra a mano.

En este capítulo, se muestra el trazado de un simple dobladillo doble doblado en una falda recta y en una manga cónica. En futuros libros, se cubrirán más dobladillos y otras técnicas de costura.

Los dobladillos doblados pueden variar en tamaños de 1/4" a 2" (6 mm – 5 cm). Los accesorios para máquinas especiales se pueden encontrar para ayudar en la costura de un dobladillo doblado o enrollado, aunque ninguno se trata en este libro.

EJERCICIO DE PATRONES 13.1

DOBLADILLO RECTO

Un dobladillo redoblado en una falda generalmente se termina en 1" (2,5 cm). Esta cantidad de dobladillo se puede utilizar para patrones de falda a media y a escala completa. Dado que el dobladillo está doblado dos veces, la medida del dobladillo en sí será más grande que la medida acabada.

PASO 1

Prepare los trazados de la falda frontales y traseros como se demostró anteriormente. Extienda las líneas de las costuras delanteras, centrales traseras y laterales hacia abajo unos centímetros.

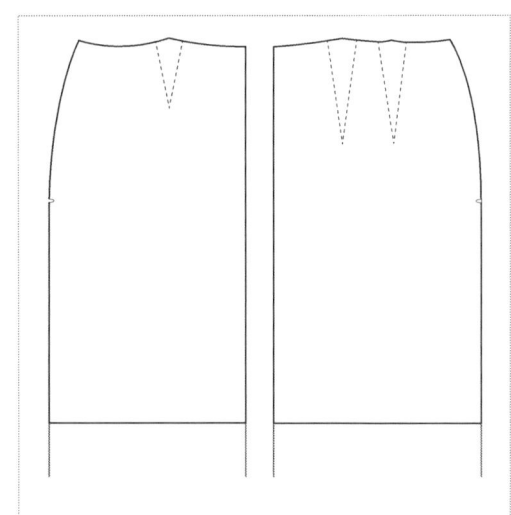

PASO 2

Dibuje una línea paralela a 1" (2,5 cm) a la parte inferior de la falda tanto en la parte delantera como en la trasera.

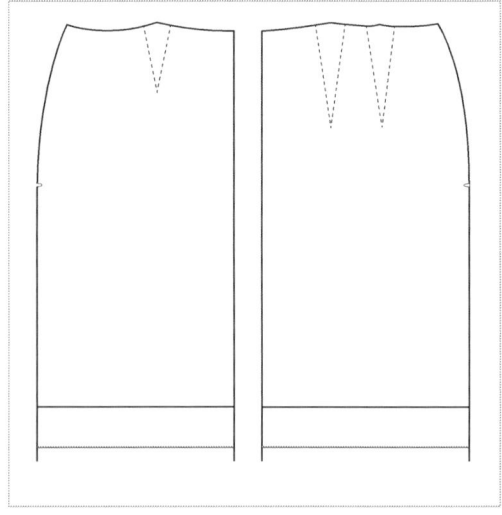

PASO 3

Añada 1/2" (1,3 cm) de margen de costura al dobladillo de la falda. Un margen de costura de 1/2" (1,3 cm) es más fácil de coser para principiantes. Para los más experimentados, se puede usar 1/4" (6 mm) de margen de costura en el dobladillo. Debido a que la medida de costura del dobladillo puede variar, se requieren muescas en el dobladillo y la capacidad de costura del dobladillo. Complete el patrón como se ha demostrado anteriormente.

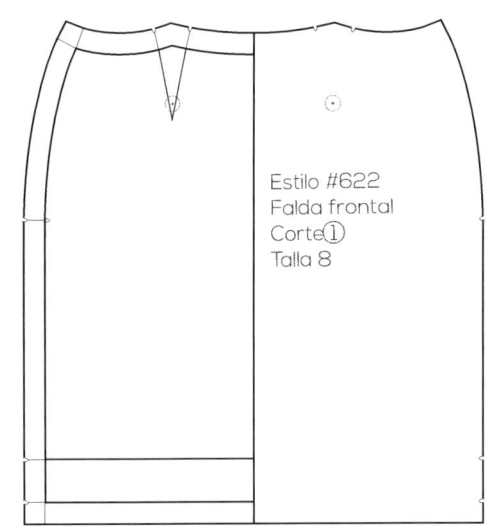

EJERCICIO DE COSTURA 13.1

DOBLADILLO COSIDO A MÁQUINA

PASO 1

El dobladillo es el último paso de una prenda. Primero se debe coser el resto de la prenda. Doble el dobladillo en el margen de costura y planchéla hacia arriba.

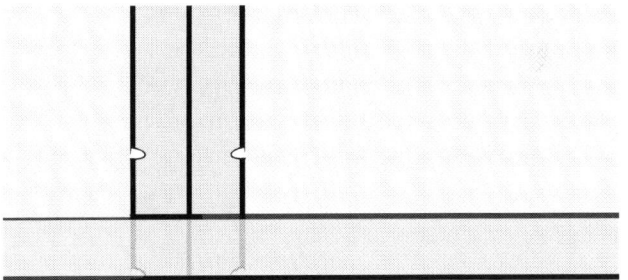

PASO 2

Doble y planche de nuevo en la línea del dobladillo para crear el doble pliegue.

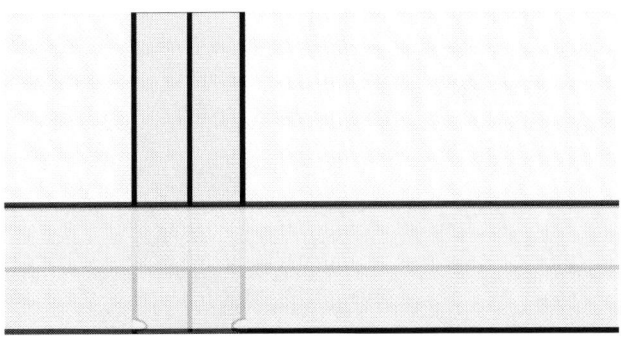

PASO 3

Cosa el dobladillo hacia abajo en el borde doblado interior a 1/16" hasta 1/8" (1,5 mm a 3 mm) lejos del pliegue.

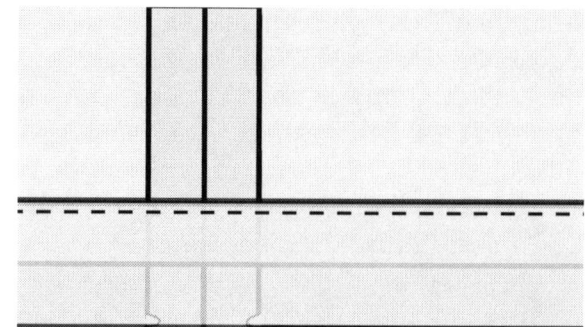

EJERCICIO DE PATRONES 13.2

DOBLADILLO CÓNICO

Un dobladillo doble en forma cónica es un poco diferente de lo que se mostró en el ejercicio anterior. Este ejercicio demuestra una puntada de deslizamiento de mano para el acabado. Utilice el patrón base de manga corta a escala completa para este boceto.

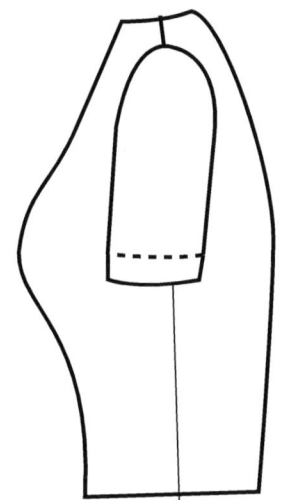

PASO 1

Este boceto también tendrá un dobladillo de 1" (2,5 cm), pero el tamaño del dobladillo puede realizarse según la preferencia individual. Dibuje una línea paralela de 1" (2,5 cm) en la parte inferior de la manga.

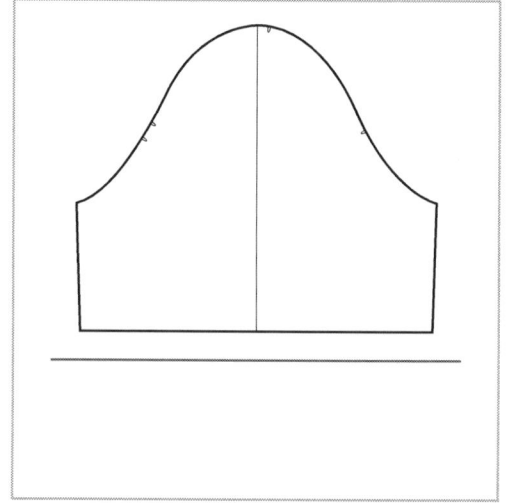

188 | ACABADOS

PASO 2

Sólo en el dobladillo, dibuje en el margen de costura de 1/2" (1,3 cm) con una segunda línea paralela.

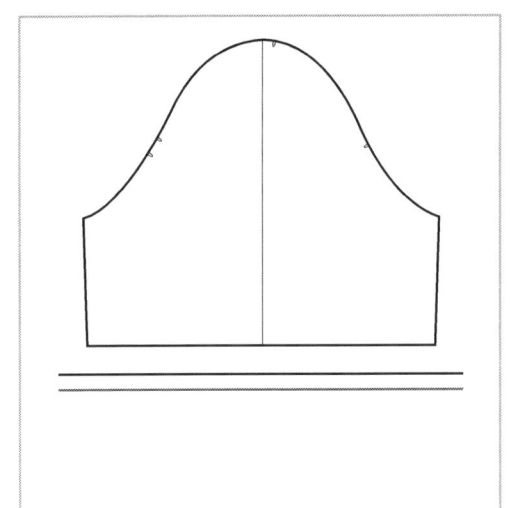

PASO 3

Corte en el exterior del margen de costura inferior. Doble el margen de costura a 1/2" (1,3 cm) y de nuevo en la línea de dobladillo de 1" (2,5 cm).

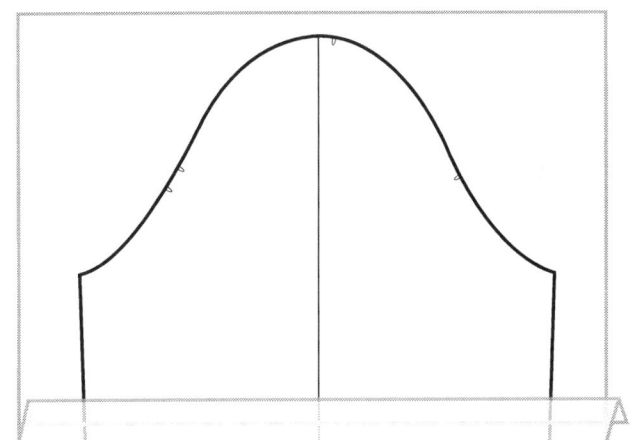

PASO 4

Coja la ruleta de marcado y trace las dos líneas de costura laterales de la manga.

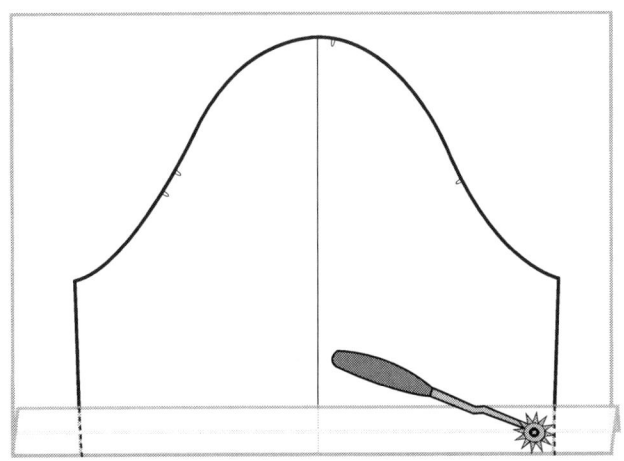

PASO 5

Desdoble y dibuje en la forma de las líneas de costura. Complete el resto del patrón como se ha demostrado anteriormente.

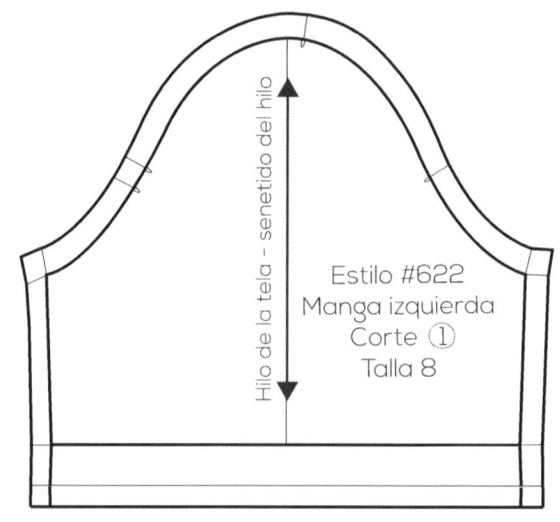

EJERCICIO DE COSTURA 13.2

DOBLADILLO CON COSTURAS DESLIZANTES

PASO 1

Cosa la costura de las axilas y planche para abrir. Doble en el margen de costura y de nuevo en la línea del dobladillo. Sujete con alfiler en el lugar, para evitar que se tuerza al coser a mano. El tejido se puede mover fácilmente mientras se manipula el dobladillo.

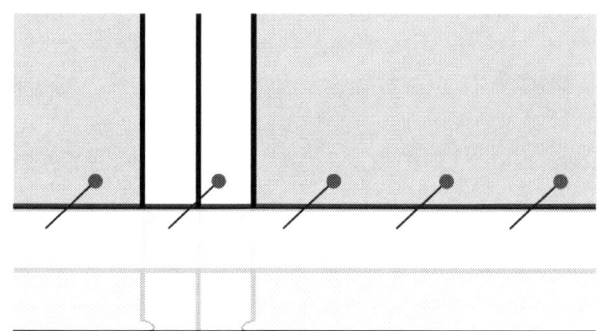

PASO 2

Con una aguja roscada, coloca el extremo anudado del hilo dentro del pliegue entre la asignación de costura y el dobladillo. Utilice un hilo para coser a mano. Anude solo un extremo, no ambos como se ha demostrado anteriormente.

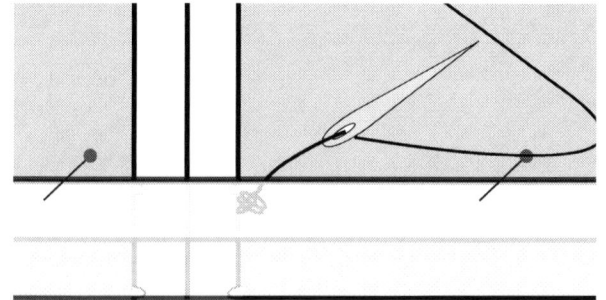

PASO 3

Coja una 1-2 hilos de la tela en el lateral de la falda. Esto asegura que la puntada es prácticamente invisible en el exterior de la falda.

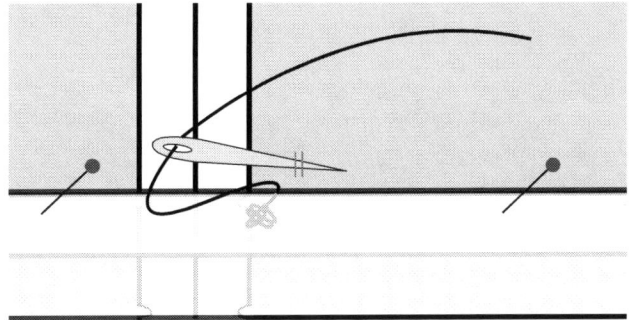

PASO 4

Pase la aguja diagonalmente a través del borde del dobladillo a 1/4" (6 mm) de distancia del hilo. Repita el proceso para la longitud del dobladillo.

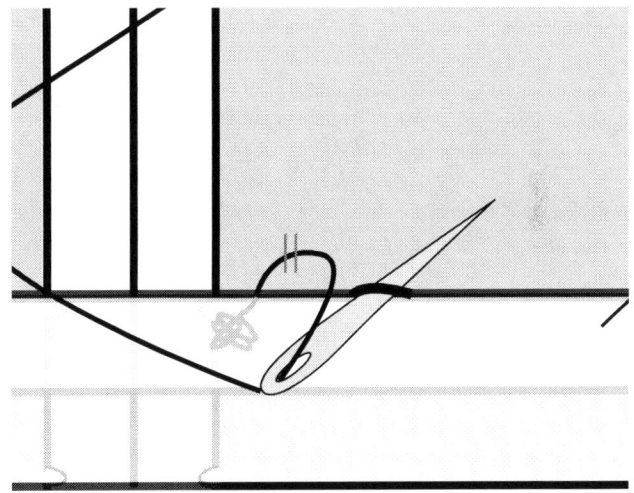

PATRONES BASE

Los patrones base de este libro están a media escala y están diseñados para adaptarse a la forma de vestidos de mujer marca PGM, talla 8. En esta sección se encuentran herramientas adicionales, incluyendo una curva francesa a media escala y una curva sastre de cadera

En esta sección también se incluye un trazado de mano a media escala para la elaboración de bolsillos y un patrón base de manga corta a escala completa para los ejercicios de las mangas con dobladillos.

Recomiendo cortar estos patrones bases y las curvas con papel de etiquetas para usar las herramientas de manera repetida a lo largo de todos los ejercicios de este libro.

Este conjunto de patrones base a media escala también están disponibles para su descarga gratuita en nuestro sitio web en www.porcelynne.com. Para ayudar en el proceso de aprendizaje, tenemos patrones bases y guías a media escala en plástico. Son unidades limitadas que están disponibles y se pueden encontrar en nuestro sitio web bajo el título herramientas para realizar patrones.

CORTAR AQUÍ

Patrón base del corpiño frontal

1" Cuadrado

1 cm

Hilo de la tela – senetido del hilo

PATRÓN BASE 195

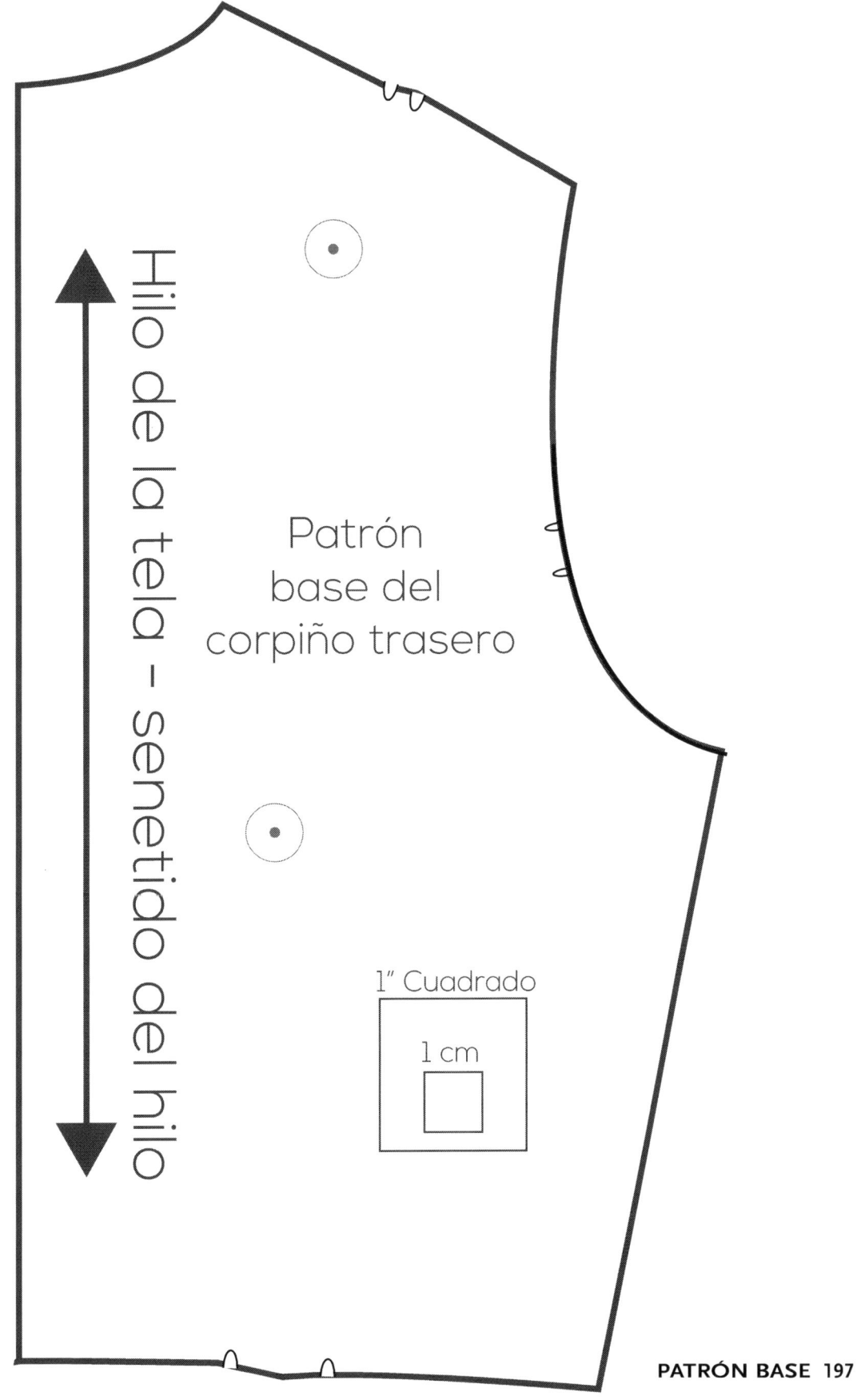

PATRÓN BASE 197

CORTAR AQUÍ

Patrón base
falda frontal

Hilo de la tela – senetido del hilo

1" Cuadrado

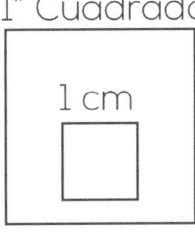

1 cm

PATRÓN BASE 199

CORTAR AQUÍ

Hilo de la tela – senetido del hilo

Patrón base
falda trasera

1" Cuadrado

1 cm

PATRÓN BASE 201

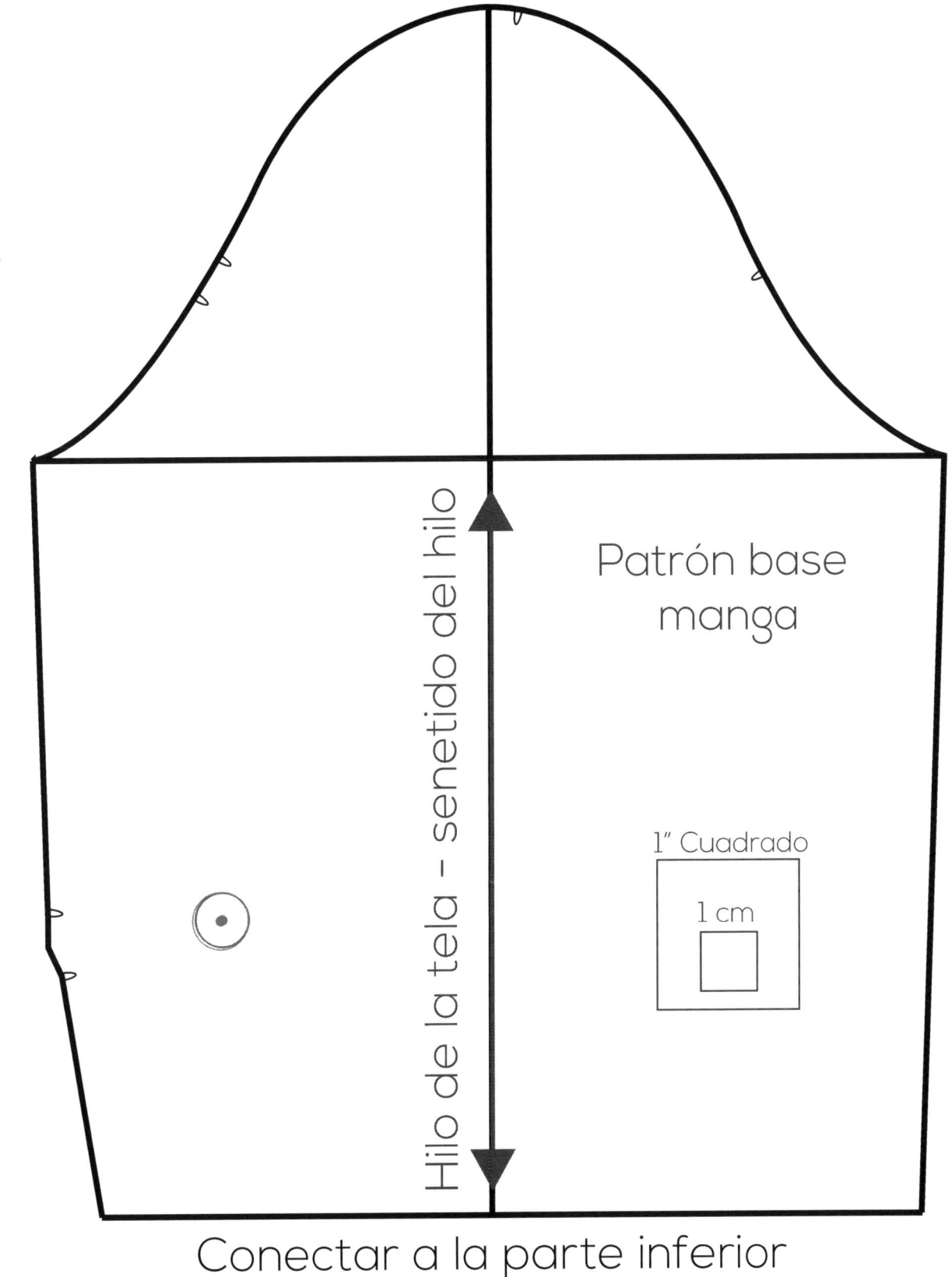

PATRÓN BASE 203

Patrón base de manga corta 3/4

Conectar a la parte superior de la manga a escala completa

Conectar a la parte superior de la manga a media escala

1" Cuadrado

1 cm

PATRÓN BASE 205

CORTAR AQUÍ

PATRÓN BASE 207

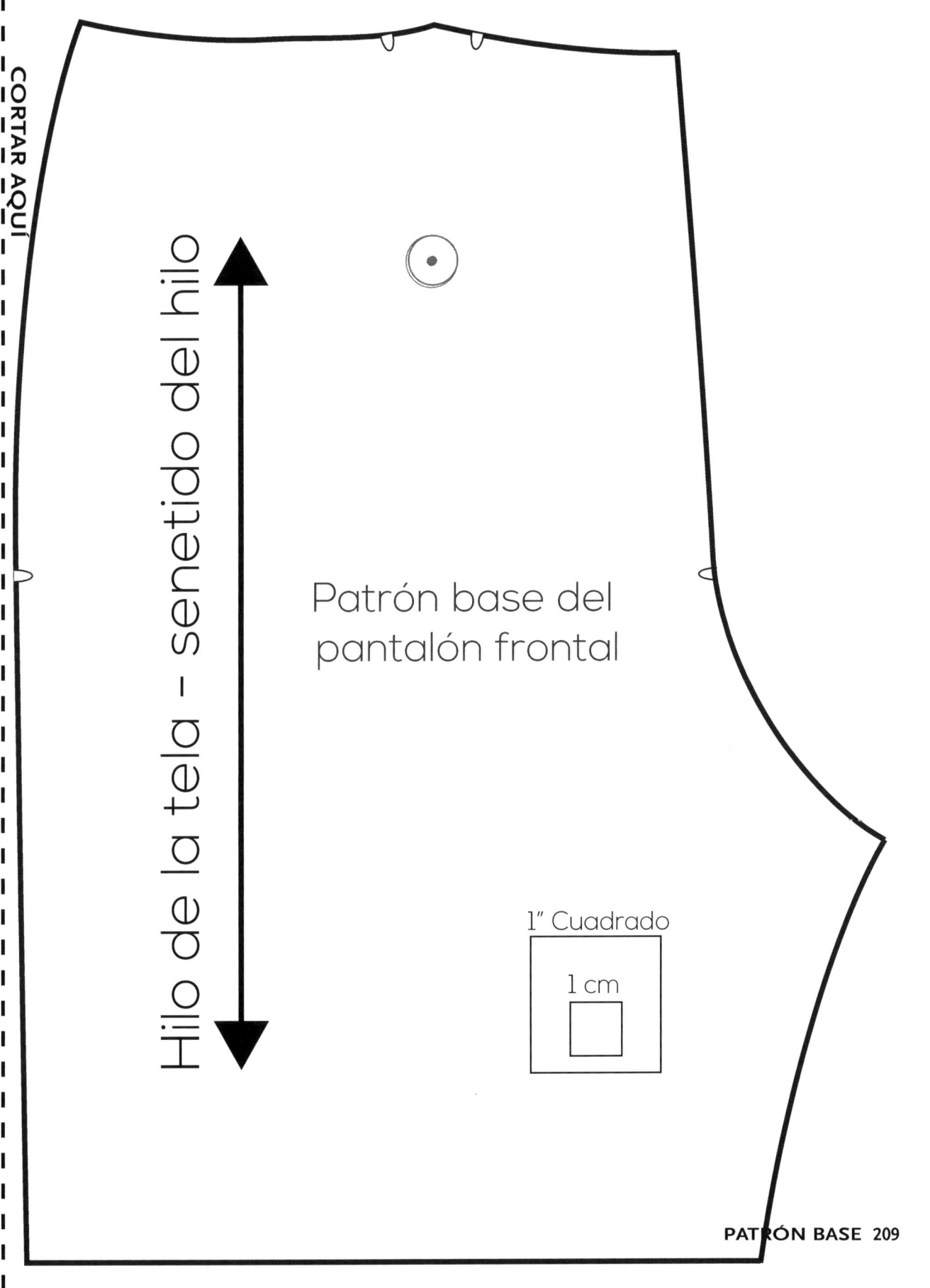

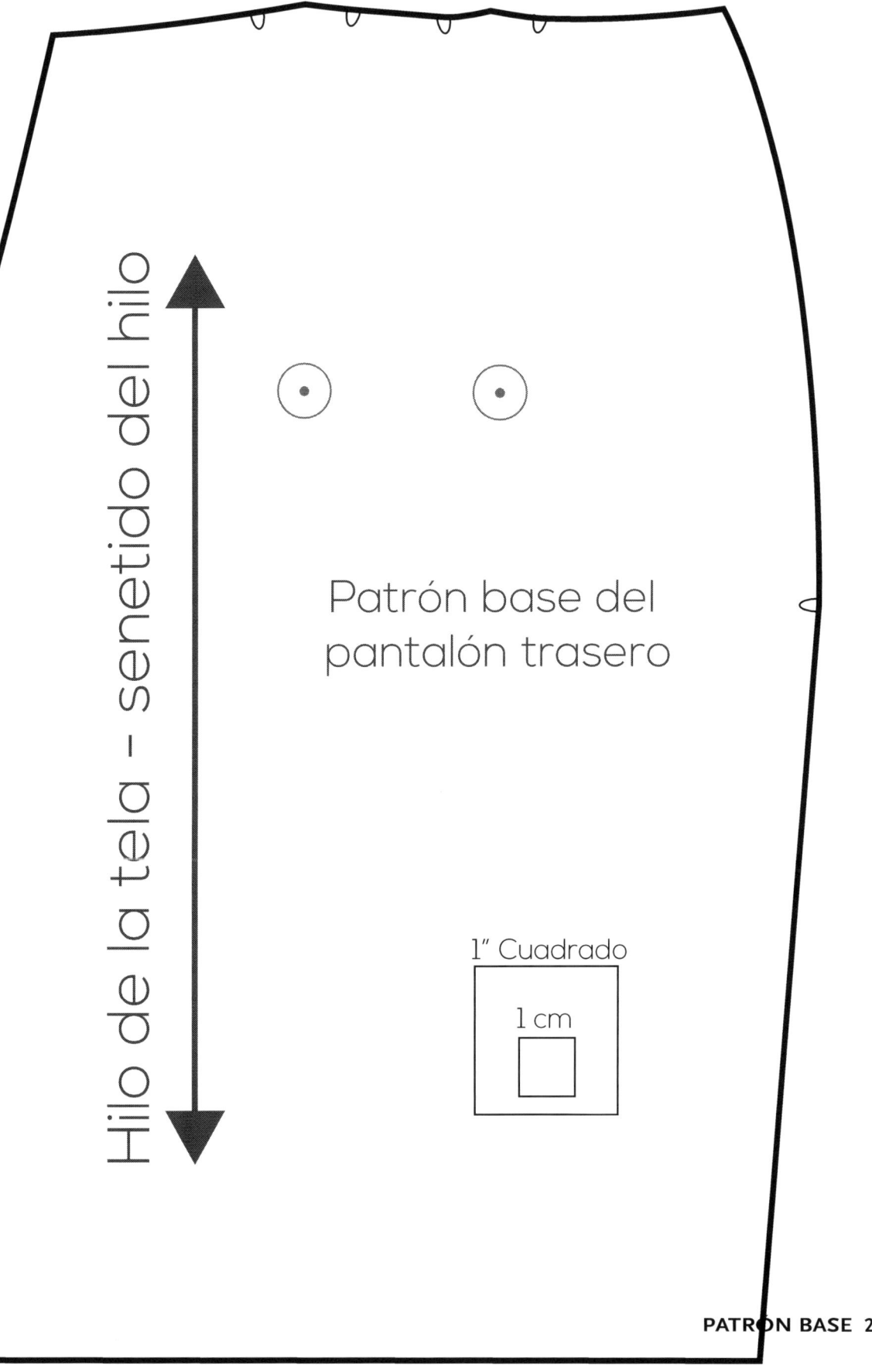

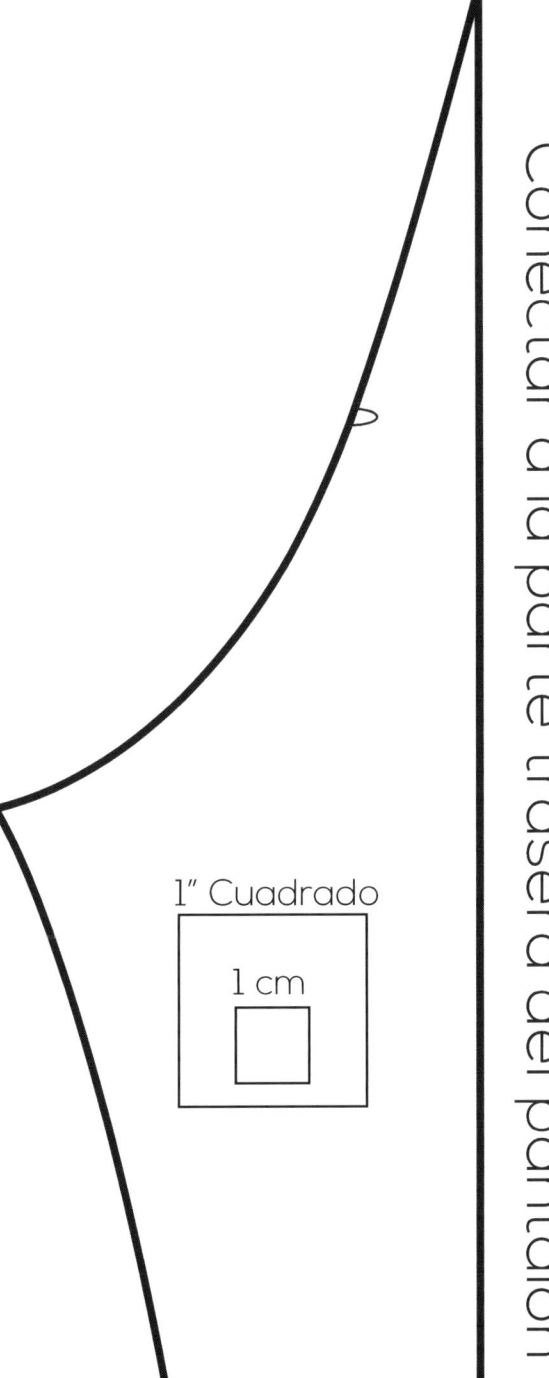

CORTAR AQUÍ

PATRÓN BASE 215

SOBRE EL AUTOR

Jennifer Lynne Matthews-Fairbanks ha estado trabajando como patronista profesional e independiente durante casi 20 años. Estudió diseño de moda en el Fashion Institute of Technology de Nueva York. Durante su estancia allí, centró sus estudios en la ropa íntima. J

Inició su primer negocio en 2002 en San Francisco, California. Diseñó en su estudio lencería y estilo ready to wear. En 2004, Jennifer abrió su primera boutique en el distrito Mission de San Francisco. Junto con la oficina del alcade, desarrolló y lanzó de la primera "incubadora" de moda de la ciudad y se convirtió en portavoz de la Sweat Free Coalition, una organización que promueve el rechazo de los talleres clandestinos y de explotación laboral del mundo de la moda.

Jennifer comenzó a enseñar en el Fashion Institute of Design and Merchandising (FIDM) en 2004, poco antes de abrir su tienda. Ayudó en el desarrollo del plan de estudios del moulage (drapeado) con su mentora y la presidenta del programa en FIDM, Dawn Marie Forsyth. En 2009 escribió su primer libro sobre cómo iniciar y dirigir una empresa pequeña llamado Fashion Unraveled.

En 2008, recibió el premio Mastermind de SF Weekly por sus diseños y su participación en la comunidad de diseño local. En 2009, recibió el Best of the East Bay por diseño de lencería por el East Bay Express.

En 2013, Jennifer fundó una pequeña escuela de diseño sin fines de lucro en Redlands, California. Durante los cuatro años en funcionamiento, Jennifer trabajó con escuelas chárter locales y el ROP local (Programa Ocupacional Regional) para educar a jóvenes y adultos jóvenes en el campo del diseño de moda.

A lo largo de los años, Jennifer ha escrito varios libros sobre diseño de negocios y lencería. Jennifer continúa produciendo material educativo para la industria de la moda, tanto escrito como en video. Para obtener más información sobre Jennifer, vaya a www.porcelynne.com.